Ulrike Becker

Lernzugänge

Ulrike Becker

Lernzugänge

Integrative Pädagogik mit
benachteiligten Schülern

VS VERLAG FÜR SOZIALWISSENSCHAFTEN

Bibliografische Information der Deutschen Nationalbibliothek
Die Deutsche Nationalbibliothek verzeichnet diese Publikation in der
Deutschen Nationalbibliografie; detaillierte bibliografische Daten sind im Internet über
<http://dnb.d-nb.de> abrufbar.

1. Auflage 2008

Alle Rechte vorbehalten
© VS Verlag für Sozialwissenschaften | GWV Fachverlage GmbH, Wiesbaden 2008

Lektorat: Stefanie Laux

VS Verlag für Sozialwissenschaften ist Teil der Fachverlagsgruppe
Springer Science+Business Media.
www.vs-verlag.de

Das Werk einschließlich aller seiner Teile ist urheberrechtlich geschützt. Jede Verwertung außerhalb der engen Grenzen des Urheberrechtsgesetzes ist ohne Zustimmung des Verlags unzulässig und strafbar. Das gilt insbesondere für Vervielfältigungen, Übersetzungen, Mikroverfilmungen und die Einspeicherung und Verarbeitung in elektronischen Systemen.

Die Wiedergabe von Gebrauchsnamen, Handelsnamen, Warenbezeichnungen usw. in diesem Werk berechtigt auch ohne besondere Kennzeichnung nicht zu der Annahme, dass solche Namen im Sinne der Warenzeichen- und Markenschutz-Gesetzgebung als frei zu betrachten wären und daher von jedermann benutzt werden dürften.

Umschlaggestaltung: KünkelLopka Medienentwicklung, Heidelberg
Satz: format.absatz.zeichen, Niedernhausen
Druck und buchbinderische Verarbeitung: Krips b.v., Meppel
Gedruckt auf säurefreiem und chlorfrei gebleichtem Papier

ISBN 978-3-531-15836-5

... für Klaus, Philipp und Gabriel

Inhalt

Annedore Prengel: **Vorwort** 11

1	**Einleitung**	15
1.1	Fragestellung	15
1.2	Aufbau	21
1.3	Forschungsbeitrag und -methoden	23
2	**Integrationspädagogische Forschungen**	29
2.1	Entwicklungen im Bildungswesen	29
2.1.1	In der Bundesrepublik Deutschland	29
2.1.2	Im internationalen Vergleich	30
2.2	Klassifikationsprobleme	33
2.3	Forschungsüberblick	34
2.4	Forschungsschwerpunkte	40
2.5	Wertschätzen von Heterogenität	41
2.6	Forschungen zum Schulanfang	43
2.7	Beiträge zu Aufgabengebieten von Grund- und Sonderschullehrern	45
2.8	Untersuchungen zur Lehrerbildung	47
2.9	Resümee	49
3	**Sonderpädagogische Forschungen bei Lernbeeinträchtigungen**	50
3.1	Entwicklungen im Bildungswesen	50
3.1.1	In der Bundesrepublik Deutschland	50
3.1.2	Im internationalen Vergleich	54
3.2	Klassifikationsprobleme	56
3.3	Forschungsüberblick	56
3.4	Forschungsschwerpunkte	58
3.5	Forschungen zum Schulanfang	58
3.6	Beiträge zu Beeinträchtigungen im Arbeits- und Sozialverhalten	59
3.7	Untersuchungen zur Sozialstruktur	61
3.8	Historische Untersuchungen	65
3.9	Forschungen zur Didaktik	65
3.10	Resümee	66

4	Sonderpädagogische Forschungen bei Beeinträchtigungen in der emotionalen und sozialen Entwicklung	68
4.1	Entwicklungen im Bildungswesen	68
4.1.1	In der Bundesrepublik Deutschland	68
4.1.2	Im internationalen Vergleich	70
4.2	Klassifikationsprobleme	71
4.3	Forschungsüberblick	71
4.4	Forschungsschwerpunkte	73
4.5	Untersuchungen zu Konzeptionen der individuellen Förderung	74
4.5.1	Lernpsychologisch fundierte Prävention am Schulanfang	78
4.5.2	Lernpsychologisch fundierte Förderung	79
4.5.3	Konfrontative Pädagogik	82
4.5.4	Stärkung der Ich-Funktionen auf psychoanalytischer Grundlage	84
4.5.5	Life-Space-Konfliktlösungsintervention	85
4.6	Debatte über Entwicklungsmöglichkeiten des Systems Schule	86
4.6.1	Neues Selbstverständnis von Grundschul- und Sonderschullehrern	86
4.6.2	Beratung zur Unterstützung von Lehrern und Eltern	87
4.6.3	Kooperation zwischen Schule und Jugendhilfe	88
4.7	Resümee	88
5	**Lernzugänge als Innovation**	90
5.1	Zugang	90
5.1.1	Zur etymologischen Bedeutung	90
5.1.2	Zum Gebrauch des Begriffes Lernzugang	92
5.1.3	Zugang und Teilhabe am gesellschaftlichen Leben	93
5.1.4	Lernzugang als Tor zur Bildung für Schüler mit besonderen Bedürfnissen	97
5.1.5	Am Zugang zur Schule scheitern: Schüler mit Hyperaktivität	98
5.2	Lernzugänge als innovative Strukturen in der Primarstufe	107
5.2.1	Lernzugänge	107
5.2.2	Strukturen der Primarstufe im Wandel	112
5.2.3	Lernzugänge als innovative Strukturen	113
6	**Schüler mit Beeinträchtigungen in der emotionalen und sozialen Entwicklung in ganztägigen Grundschulen**	116
6.1	Einführung und Fragestellung	116
6.1.1	Sven	116
6.1.2	Fragestellung	119
6.2	Empirische Befunde zur gemeinsamen Erziehung	121

6.3	Förderung in der ganztägigen Grundschule	122
6.3.1	Individuelle Förderung	122
6.3.2	Ganztagsschule	122
6.4	Lernzugänge als Entwicklungschance	132
6.4.1	Mehrpersonensetting	132
6.4.2	Entwicklungsräume und -zeiten	133
6.4.3	Elternberatung	138
6.4.4	Lernbegleitung	142
6.5	Resümee	142
7	**Projekt „Übergang" – ein Förderansatz für Schüler mit erheblichen Beeinträchtigungen in der emotionalen und sozialen Entwicklung**	**143**
7.1	Fragestellung	143
7.2	Übertragungs- und Gegenübertragungsprozesse	145
7.3	Lernzugänge im Projekt „Übergang"	146
7.3.1	Setting	146
7.3.2	Entwicklungsräume und Entwicklungszeiten	149
7.3.3	Beratung von Lehrern	150
7.3.4	Beratung zwischen Schule und Jugendhilfe	153
7.3.5	Die „Übergangsklasse"	155
7.3.6	Qualifikationen für Lehrer in heterogenen Lerngruppen	159
7.4	Ergebnisse einer empirischen Untersuchung	161
7.5	Resümee	167
8	**Schuldistanz**	**168**
8.1	Begriff und Häufigkeit von Schuldistanz	170
8.1.1	In der Bundesrepublik Deutschland	170
8.1.2	Im internationalen Vergleich	172
8.2	Erklärungsansätze für Schuldistanz	174
8.2.1	Umweltzentrierte Erklärungsansätze	174
8.2.2	Individuumzentrierte Erklärungsansätze	179
8.2.3	Schuldistanz als multifaktorielles Bedingungsgefüge	180
8.2.4	Handlungsstrategien in Schulverweigererprojekten	181
8.3	Lernzugänge für Schüler mit Schuldistanz	182
8.3.1	Lehrer-Schüler-Beziehung	183
8.3.2	Ganztägige Bildungseinrichtung als „sozialer Ort"	184
8.3.3	Elternberatung	185
8.3.4	Qualifizierung von Lehrern, Erziehern und Sozialarbeitern	189

8.3.5	Werkstatttage	190
8.3.6	Entwicklungsräume und -zeiten	191
8.4	Resümee	191
9	**Zum Scheitern verurteilt?**	193
10	**Literatur**	196

Annedore Prengel

Vorwort

Auch jene Kinder und Jugendlichen gehören zum Bildungswesen, die die Schule ablehnen, die Lernen verweigern und eine unkontrollierte Wut auf MitschülerInnen und Lehrkräfte haben. Wenn sie andere gefährden und sich selbst behindern – das Recht auf Bildung gilt dennoch auch für sie: Die *UN-Menschenrechtskonvention über die Rechte von Menschen mit Behinderungen*, die am 13.12.2006 in der Generalversammlung der Vereinten Nationen zur Ratifikation freigegebenen wurde, verbrieft Ansprüche auf Selbstbestimmung, Diskriminierungsfreiheit und gleichberechtigte gesellschaftliche Teilhabe ausnahmslos für sie alle (vgl. Bielefeldt 2006; Overwien/Prengel 2007). Der Ansatz der *Disability Studies* korrespondiert mit diesem Anspruch: Als problematisch gelten nicht so sehr individuelle Beeinträchtigungen sondern vielmehr ausgrenzende gesellschaftliche Bedingungen, Vorurteile und eingeschränkter Zugang zu gesellschaftlicher Teilhabe (Disability-Studies 2007, Degener 2007). Für das Bildungswesen folgt daraus das Konzept einer demokratischen Schule (Heinzel und Geiling 2004), die Anerkennung und Partizipation für alle Kinder und Jugendlichen mit ihren verschiedenen Lern- und Lebensweisen ermöglicht.

Wie können solche menschenrechtlichen Prinzipien für Kinder und Jugendliche wirksam werden, die in schweren Konflikten mit der Schule liegen? Die verbreiteten Handlungsansätze im Bildungswesen erscheinen hochproblematisch. In Integrationsklassen sind Kinder mit Verhaltensproblemen und Schuldistanz die am schwersten zu integrierende Gruppe (Deppe u.a. 1990). Die separierende Schule wirkt eher problemverschärfend (Preuss-Lausitz 2005). Die punktuellen sozialpädagogischen Interventionen erzielen keine nachhaltige Änderung. Hilfesysteme versagen, weil sie Kinder mit Biografien, die vom Kreislauf der Gewalt geprägt sind, immer wieder zwischen Schulen und Einrichtungen verschieben. Eine recht hohe Zahl professioneller Helfer kann durchaus beteiligt sein, aber sie bleiben wegen des Mangels an Kontinuität erfolglos (Stähling 2006).

Auf der Suche nach den Ursachen von Schulverdrossenheit und falschem bis hin zu gewalttätigem Verhalten von Kindern und Jugendlichen findet sich in der Bindungstheorie ein Ansatz, der aufschlussreich ist. Die umfassend empirisch fundierte Bindungstheorie belegt, dass Kinder Halt in verlässlichen kontinuierlichen Beziehungen brauchen. Bei Kindern und Jugendlichen mit Schulversagen und aggressiven Verhaltensmustern kann man in der Regel Biografien entdecken, die schon früh von Haltlosigkeit, Brüchen, Gewalt und vom Mangel an „Bindung" gezeichnet sind. In der Schule verhalten sich Kinder mit derart problematischer Sozialisation so problematisch, dass sie von anderen Kindern ebenso abgelehnt werden, wie von den Lehrerinnen und Lehrern (Oswald 2006). Gerade die Kinder, die zu Hause keinen Halt haben, finden ihn auch nicht in der Schule in der Gleichaltrigengruppe und bei den Lehrern. Kinder, die durch familiäre Gewalt gefährdet sind oder die selbst andere gefährden, wandern durch verschiedene Institutionen und können nirgendwo Wurzeln schlagen (Stähling 2006). Die Zersplitterung der Hilfeangebote spiegelt die Zersplitterung in den Kinderbiografien wider und verstärkt so ihre verheerenden Folgen für die kindliche Entwicklung anstatt sie zu überwinden.

In dieser Situation macht der Ansatz des „Projekts Übergang", der in dem vorliegenden Buch beschrieben und analysiert wird, ein anderes Angebot: Kinder mit den Förderschwerpunkten Lernen sowie emotionale und soziale Entwicklung müssen in Krisensituationen nicht mehr in andere Institutionen wechseln. Die zuständige Grundschule bleibt auch bei schweren Verhaltens- und Lernproblemen zuständig für die notwendigen professionellen Interventionen. Nicht das Kind muss zu anderen Stellen wandern um Hilfe zu bekommen, sondern das Kind bleibt in seinem Umfeld und die Hilfe kommt zum Kind. Die fachliche Kompetenz für Lern- und Verhaltensstörungen kommt aber nicht nur zum Kind, sondern auch zu den verantwortlichen Klassenlehrerinnen und Klassenlehrern. Sie werden durch Sonderpädagoginnen und Sonderpädagogen so unterstützt und gecoacht, dass auch sie durch ihr alltäglich-kontinuierliches Handeln fachlich fundiert Hilfe geben können. Das „Projekt Übergang" ist ein Modell für die Bereitstellung einer pädagogischen Umgebung, die ermöglicht, dass Bindungen wachsen können. Es bietet eine Alternative zu den im Umgang mit schulfernen Kindern und Jugendlichen vorherrschenden fragmentierten und fragmentierenden Interventionen.

Die Chance Kindern die Erfahrung von Zugehörigkeit, die sie bisher nur unzureichend machen konnten, zu ermöglichen, beruht auf mehreren in diesem Buch beschriebenen Prinzipien, dazu gehören: Die angemessene und verlässliche Gestaltung des Settings, also der raum-zeitlichen Strukturen, die Halt gebende Lehrer-Schüler-Beziehung sowie die Förderung der Gleichaltrigenbeziehungen. Diese Prinzipien bauen aufeinander auf. Wenn sich ein Schulkollegium mit seinen Grund- und Sonderschullehrern, Erziehern und Sozialpädagogen gemeinsam ein den Bedürfnissen der Kinder entsprechendes Setting schafft, können sich Zeiten und Räume für die langfristige Beziehungsarbeit zwischen allen Beteiligten etablieren. Die Arbeit mit den Kindern wird darüber hinaus verbunden mit Lernprozessen der Erwachsenen, also mit Fortbildung, Supervision und Elternarbeit.

Die Studien zum Berliner „Projekt Übergang" belegen, dass die verbreitete Option Kinder im Krisenfall an andere Institutionen weiterzuleiten, in der Regel nicht die Intervention der Wahl ist. Eine Schule, die ohne Ausgrenzung Lernzugänge für Kinder mit den Förderschwerpunkten Lernen sowie emotionale und soziale Entwicklung ermöglicht und so ihr Recht auf Bildung und Teilhabe im Sinne der Menschenrechte einlöst, ist realisierbar.

Literatur

Bielefeldt, Heiner (2006): Zum Innovationspotential der UN-Behindertenkonvention. Deutsches Institut für Menschenrechte, Essay Nr. 5, Berlin 2006. Im Internet unter: http://files.institut-fuer-menschenrechte.de/437/IUS-025_DIMR_E_BK_RZ_WEB_ES.pdf (Stand 24.12.2007).

Degener, Theresia (2007): Behinderung neu denken. Disability Studies. In: Partizip. Im Internet unter: http://www.partizip.de/Illustrierte/Reportagen/Neu_denken/neu_denken.html (Stand 4.1.2008).

Deppe-Wolfinger, Helga/Prengel, Annedore/Reiser, Helmut (1990): Integrative Pädagogik in der Grundschule. Bilanz und Perspektiven der Integration behinderter Kinder in der Bundesrepublik Deutschland 1976-1988, München.

Disability-Studies (2007), Disability-Studies in Deutschland. Behinderung neu denken. Im Internet unter: http://www.disability-studies-deutschland.de/index.php (Stand 24.12.2007).

Heinzel, Friederike/Geiling, Ute (Hg.) (2004), Demokratische Perspektiven in der Pädagogik, Wiesbaden.

Oswald, Hans/Krappmann, Lothar (2006): Soziale Herkunft, Ungleichheit in der Schulklasse und Schulerfolg – unter besonderer Berücksichtigung von Kindern ausländischer Eltern. In: K.-S. Rehberg (Hrsg.), Soziale Ungleichheit, Kulturelle Unterschiede – Verhandlungen des 32. Kongresses der Deutschen Gesellschaft für Soziologie in München 2004, Teil 2, 52-764.

Overwien, Bernd/Prengel, Annedore (2007): Recht auf Bildung. Zivilgesellschaftliche Stimmen zum Besuch von Venor Muñoz in Deutschland. Leverkusen-Opladen

Preuss-Lausitz, Ulf (2005): Verhaltensauffällige Kinder integrieren.

Stähling, Reinhard (2006): „Du gehörst zu uns" Inklusive Grundschule. Hohengehren.

United Nations (2006): Convention on the Rights of Persons with Disabilities. Im Internet unter: http://www.un.org/disabilities/default.asp?id=259 New York (Stand 24.12.2007).

1 Einleitung

1.1 Fragestellung

In allen Bundesländern vollzieht sich gegenwärtig eine Reform der Grundschule. Diese Reform weist in jedem Bundesland länderspezifische Besonderheiten auf. Eine Gemeinsamkeit der gesetzlichen Zielformulierungen aller Bundesländer besteht in einer Verwandlung der Grundschule in eine „Schule für alle". Hierunter ist eine Schule zu verstehen, die dafür Sorge trägt, dass alle Kinder und Jugendlichen, auch die mit Behinderungen, innerhalb des allgemeinen Bildungssystems auf der Basis von Chancengleichheit ohne Diskriminierung ihr Recht auf Bildung realisieren können (Behörde für Schule, Jugend und Berufsausbildung Hamburg 2001, Christiani 2004, Senatsverwaltung Berlin für Bildung, Jugend und Sport 2005a). Eine der tragenden Säulen

Der „Schule für alle" stellt der Schulanfang dar: In 15 Bundesländern wurde inzwischen eine „Schuleingangsstufe" oder „Schulanfangsphase" eingeführt (Faust 2005). Diese ersetzt die Klassenstufen 1 und 2 der bisherigen Grundschule. Je nach individuellem Entwicklungsstand können Kinder diese „Schulanfangsphase" oder „Schuleingangsstufe" in einem bis zu drei Schuljahren durchlaufen. Eine längere Verweildauer in dieser Phase wird nicht als Wiederholung einer Klassenstufe betrachtet. Ein vorgezogenes Einschulungsalter von fünfeinhalb Jahren sowie neue grundschulpädagogische Fördermaßnahmen runden das Angebot des „neuen" Schulanfanges ab. Darüber hinaus sollen Kinder mit Beeinträchtigungen in der emotionalen oder kognitiven Entwicklung in der „Schulanfangsphase" oder „Schuleingangsstufe" so gefördert werden, dass die Klassen 1 und 2 der Sonderschulen überflüssig werden. In einigen Bundesländern wie Berlin und Schleswig-Holstein wurden diese Klassenstufen in der Schule für Schüler mit dem Förderschwerpunkt Lernen bereits abgeschafft. In Mecklenburg-Vorpommern, Schleswig-Holstein und Berlin wurde zunächst auch auf die Einrichtung der Klassen 1 und 2 der Schule für Erziehungshilfe verzichtet. In Mecklenburg-Vorpommern gibt es seit dem Schuljahr 2006/2007 wieder Klassen der Klassenstufe 2 für Schüler mit sonderpädagogischem Förderbedarf im Bereich der emotionalen Entwicklung. In Hamburg existiert seit 1999 keine Schule für Erziehungshilfe mehr (Kapitel 4).

Die Grundschule wird auch in ihren höheren Schuljahren zunehmend mit der Aufgabe konfrontiert, flächendeckend im Sinne einer integrativen Pädagogik Schüler mit Beeinträchtigungen im Lernen sowie in der emotionalen Entwicklung sozial zu integrieren und kognitiv zu fördern (Minister und Senatoren der Länder Berlin, Brandenburg, Bremen und Mecklenburg-Vorpommern 2005, Senatsverwaltung Berlin für Bildung, Jugend und Sport 2005a, 2005b).

Als Reaktion auf die Neugestaltung des Schulanfanges und der Grundschule insgesamt können in der schulischen Praxis zwei Tendenzen beobachtet werden: Zum einen zeigen die neuesten Erhebungen zur Anzahl von Schülern in bundesdeutschen Sonderschulen, dass diese trotz rückläufiger Schülerzahlen an allgemein bildenden Schulen für den Zeitraum von 1992 bis 2005 stetig gestiegen ist. 1992 machten 3,85 Prozent der Schüler Sonderschüler aus. 2003 stellten die Sonderschüler 4,379 Prozent der Schülerschaft dar. Im Sommer 2004 ist erstmalig ein minimaler Rückgang von 0,015 Prozent der Anzahl von Sonderschülern an der Gesamtschülerzahl der allgemeinen Schule festzustellen. Im Jahr 2004 waren 4,364 Prozent der Schülerschaft an bundesdeutschen Schulen Sonderschüler. Es ist festzustellen, dass die Anzahl der Sonderschüler von 1992 bis 2004 trotz integrativer Bemühungen um 0,514 Prozent von 3,85 Prozent auf 4,36 Prozent gestiegen ist. Die vorläufigen Ergebnisse des Statistischen Bundesamtes für das Schuljahr 2005/2006 besagen, dass sich der prozentuale Anteil von Sonderschülern erstmalig in diesem Schuljahr um 0,7 Prozent vermindert hat (Statistisches Bundesamt 2006). Trotz integrativer Bemühungen sowie der Neugestaltung des Schulanfanges bleibt die Tendenz bestehen, Kinder mit Beeinträchtigungen in Sonderschulen zu unterrichten. Der geringe prozentuale Rückgang von Sonderschülern im Jahr 2006 ist zu vernachlässigen und kann bisher noch nicht als durchschlagender Erfolg der Reformbemühungen im Hinblick auf die Neugestaltung des Schulanfanges gewürdigt werden. Es stellt sich die Frage, ob nicht ein Teil der Kinder, die früher als lernbehindert eingestuft wurden, heute anderen Förderschwerpunkten zugeordnet werden, um ihnen den Besuch einer Sonderschule zu ermöglichen, weil sich Grundschulpädagogen mit der Aufgabe der Förderung von Kindern mit Lernbeeinträchtigungen überfordert fühlen. Die Zahlen von Kindern an Sonderschulen für Schüler mit dem Förderschwerpunkt Lernen hat sich von 230.899 Schülern im Schuljahr 2001/2002 auf 213058 im Schuljahr 2004/2005 verringert. Die Anzahl der Schüler in Sonderschulen für Kinder mit Beeinträchtigungen in der emotionalen Entwicklung stieg bundesweit von 27.573 Schülern im Schuljahr 2001/2002 auf 30862 Schüler im Schuljahr 2004/2005 an (Statistisches Bundesamt 2006). Die Schülerzahlen von Sprachheilschulen erhöhten sich von 34.458 im Schuljahr 2001/2002 auf 35.886 im Schuljahr 2004/2005. Die Schulen für Schüler mit dem Förderschwerpunkt geistige Entwicklung wurden im Schuljahr 2001/2002 von 66.780 Schülern und im Schuljahr 2004/2005 von 71.784 Schülern besucht. Diese Tendenz wird sich bei unzureichender personeller Ausstattung der Schulanfangsphase erneut verstärken (Faust 2005): „Die Bilanz zur neuen Schuleingangsstufe hat jedoch gezeigt, dass (…) das Modell, das mit dieser Veränderung der Einschulung eng verbunden und für die Realisierung dieser Perspektiven genuin geeignet ist, nicht flächendeckend und weiterhin ohne die modellnotwendigen Rahmenbedingungen realisiert wird. Parallel werden die schulvorbereitenden Maßnahmen aufgegeben. Bei nicht gelingender Förderung werden in den ersten Grundschuljahren die Sitzenbleiberraten und die Anträge auf Umschulung in den Förderschulen ansteigen" (Faust 2005, 19).

Zum anderen lässt sich als eine zweite Tendenz beobachten, dass sich einzelne Grundschulen der Aufgabe stellen, heterogene Lerngruppen zu unterrichten, und Konzepte zur Integration und Förderung aller Kinder entwickeln. So ist u.a. in Berlin 1997 das Projekt „Übergang" in der Werbellinsee-Grundschule in Berlin-Schöneberg entstanden (Kapitel 7), das Kinder mit erheblichen Beeinträchtigungen in der emotionalen und der kognitiven Entwicklung integrativ fördert (Becker 1997a, 1998a, 2001). Im Verhalten beeinträchtigte Kinder werden üblicherweise durch die Ordnungsmaßnahme „Schulverweis" zunächst zwischen Grundschulen verschoben (Schmetz/Wachtel 1998), bevor sie in einer Schule für Erziehungshilfe ankommen, in der sie auf andere Kinder treffen, die ebenfalls eine lange ‚Odyssee' durch Grundschulen hinter sich haben. Aufgrund ihrer negativen Schulerfahrungen zeigen diese Schüler dann häufig eine ausgeprägte Schulunlust, bleiben oft dem Unterricht fern und verhalten sich in der Schule vorrangig aggressiv (Fritsch 2006, Seifried 2005). Die Häufung von Kindern mit emotionalen Beeinträchtigungen in einer Schule bedingt Nachahmungseffekte und Identifikationsprozesse bei Schülern, die sie zusätzlich beim Lernen sowie in ihrem Verhalten behindern und die die psychische Belastung von Lehrern im Unterricht begünstigen (Behörde für Schule, Jugend und Berufsausbildung Hamburg 2001, Hillenbrand 2002, Reiser 1988, 1997).

Im Projekt „Übergang" verbleiben diese Kinder in ihrem Grundschulklassenverband mit nichtbehinderten Kindern und besuchen viermal wöchentlich von 10.00 bis 11.30 Uhr die temporäre Lerngruppe „Übergangsklasse", in der sie in einer Vierergruppe aus Schülern mit erheblichen Beeinträchtigungen in der emotionalen Entwicklung gefördert werden. Das Konzept sieht starke Verknüpfungen zwischen Regelunterricht und temporärer Lerngruppe vor: Die beeinträchtigten Kinder bringen einmal wöchentlich ein Gastkind aus ihrer Grundschulklasse in die temporäre Lerngruppe mit und stellen einmal monatlich ein Experiment aus dem Lernbereich „forschendes Lernen", das sie in der temporären Lerngruppe erarbeiten, in der Grundschulklasse vor. Der Lernbereich „forschendes Lernen" wird in der Grundschule normalerweise nicht unterrichtet, kann aber eine Stärke von Kindern mit emotionalen Beeinträchtigungen darstellen und weckt häufig ein großes Interesse bei den meisten Grundschulkindern (Becker/Hansen 2004d, e). Hier werden behinderte Kinder in einem Bereich gefördert, der ihnen hohe Anerkennung bei den Nichtbehinderten verschafft.

Der Förderansatz Projekt „Übergang" rückt Kooperation, Beratung, Anerkennung und Vernetzung in den Mittelpunkt der Förderung (Becker 1997a, 1998a, 2006a). Er besteht aus Lernzugängen, die synergetisch zusammenwirken. Unter Lernzugängen verstehe ich auf der schulorganisatorischen Ebene Strukturen, die Raum für Beziehungen in Schule schaffen. Diese Lernzugänge sind: Beratung von Lehrern und Eltern, Setting, Entwicklungsräume und -zeiten, temporäre Lerngruppe „Übergangsklasse", Beratung und Kooperation zwischen Schule und Jugendhilfe sowie Qualifikationen für Lehrer in heterogenen Lerngruppen (Becker 1997a, 1998a, 2006a). Die Aufnahme von Kindern in das Projekt „Übergang" wird durch die mehrmals jährlich stattfindende Integrationsfachkonferenz geregelt. Die Verweildauer der Kinder im Projekt „Übergang" beträgt ein bis drei Jahre. Sie verbleiben nach diesem Zeitraum der Förderung in ihrer Schule.

Mit der Arbeitsweise im Projekt „Übergang" knüpfe ich als Pädagogin in der Schule wie als Forscherin einerseits an die Tradition der Frankfurter Psychoanalytischen Pädagogik (Leber 1979, 1983, 1985) an, die das Verstehen der Übertragungs- und Gegenübertragungsphänomene in den Vordergrund der Beratung von Lehrern sowie Eltern rückt. Andererseits greife ich auf die in Frankreich bzw. in der Schweiz entstandenen Beiträge von Maud Mannoni und Fritz Morgenthaler zurück, die dem Setting eine besondere Berücksichtigung in ihren Arbeiten einräumen (Mannoni 1982, Morgenthaler 1991). Das Setting wirkt im Projekt „Übergang" wie ein „Hilfs-Ich", das die „synthetisierende Funktion des Ichs" (Becker, S. 1990) unterstützt und somit zum emotionalen Wachstum der Schüler beiträgt. Mannoni zeigt in ihren Arbeiten, wie das Setting Vertrauen schafft und Ängste bei den zu fördernden Kindern wie bei ihren Eltern und Lehrern reduziert (Mannoni 1982). Daher verringern sich aggressive Verhaltensweisen schwieriger Kinder, die eine Abwehr von Ängsten darstellen (Freud, S. 1920, 1926, Heinemann 1992, Leber 1983).

Der Förderansatz Projekt „Übergang" wurde von mir konzipiert und 1997 als ein Gemeinschaftsprojekt der Werbellinsee-Grundschule in Berlin-Schöneberg, der Senatsverwaltung für Schule, Jugend und Sport, des Instituts für Interkulturelle Erziehung der FU Berlin, des Schulpsychologischen Dienstes in Berlin-Tempelhof-Schöneberg sowie des Förderzentrums Prignitz-Schule implementiert (Becker 1997a, 1998a). Seit 1998 wurde der Förderansatz Projekt „Übergang" an weiteren fünf Berliner Grundschulen für die Klassenstufen 1bis 6 installiert. Zwei sonderpädagogische Förderzentren haben ebenfalls das

Projekt „Übergang" eingerichtet und weitere Grundschulen haben Lernzugänge dieses Förderansatzes übernommen. Das Landesinstitut für Schule und Medien (LISUM) in Berlin bietet seit sieben Jahren mit Marina Koch-Wohsmann und mir als Referentinnen Fortbildungen zum Förderansatz Projekt „Übergang", zur Beratung an Schulen und zum sozialen Lernen an. Nach 36 Doppelstunden erhalten die Teilnehmer ein Fortbildungszertifikat. Bisher haben 28 Lehrer dieses Zertifikat erworben und etwa 250 Lehrer an einzelnen Lernzugängen dieser Fortbildung im Umfang von 9 Doppelstunden teilgenommen. Das Projekt „Übergang" und seine Folgen für die Schüler mit Beeinträchtigungen in der emotionalen Entwicklung werden regelmäßig durch Fragebogenerhebungen, Expertenbefragungen sowie die Auswertung von Zeugnissen untersucht (Kapitel 7):

Die Fragebögen richten sich an die Klassen- und Fachlehrer der schwierigen Schüler und dienen dazu, die Auswirkungen der Förderung auf die Lehrer-Schüler-Beziehungen sowie die Schüler-Schüler-Beziehungen hin zu untersuchen. Die Schulsituation und die weitere Schulbiographie der betreffenden Kinder wurde durch Expertenbefragungen erhoben. Die in der Untersuchung befragten Experten sind Lehrer, die an den jeweiligen Schulen die temporären Lerngruppen im Projekt „Übergang" leiten und an den Fortbildungen im LISUM teilgenommen haben. Die Fragebogenerhebung sowie die Expertenbefragung spiegeln das subjektive Erleben der befragten Lehrer wider. Sie werden durch die Erhebung objektiver Daten zu den Schulleistungen und den Schulbesuch ergänzt. Die Erhebung dieser Daten erfolgt durch die Auswertung der Zeugnisse (Becker 2007b). Insgesamt fanden von 1999 bis 2006 vier verschiedene Untersuchungen statt. Dabei sind erstaunliche Ergebnisse zu Tage getreten:

Im Sommer 1999 wurden zunächst die acht Klassen- sowie Fachlehrer der ersten im Projekt „Übergang" geförderten Viererguppe befragt. 2005 wurden Interviews mit den gegenwärtigen Klassenlehrern dieser vier Schüler zu ihrer Schulsituation in der Oberschule geführt. 2004 fand auf der Basis der Expertenbefragung eine Erhebung über die Entwicklung der weiteren 14 Schüler statt, die zwischen 1999 und 2004 im Projekt „Übergang" gefördert wurden (Becker 2007b). Im Sommer 2006 wurden weitere dreiundzwanzig Klassen- und Fachlehrer über die Entwicklung der von 2004 bis 2006 geförderten 23 Schüler befragt. Hierzu wurden halbstandarisierte Fragebogen verwandt und es fand eine Auswertung der Zeugnisse statt (Becker 2007b). Da alle Lehrer geantwortet haben, konnten auch bei dieser Befragung alle geförderten Schüler erfasst werden (Becker 2007b).

Die wichtigsten Ergebnisse aller bisherigen Erhebungen sind: 1998 bis 2005 wurden 40 Kinder im Projekt „Übergang" in Berlin gefördert. 100 Prozent der geförderten Kinder konnten den Platz an ihrer Grundschule behalten und verbesserten ihre individuellen Schulleistungen. Die Beziehungen zwischen Lehrern, Eltern und Schülern verbesserten sich erheblich im Verlauf der Förderung. Die Zufriedenheit von Lehrern, Eltern und Schülern mit diesem Förderansatz war hoch. 25 Prozent der Kinder hatten zum Zeitpunkt ihres Wechsels an die Oberschule keinen sonderpädagogischen Förderbedarf mehr. 75 Prozent benötigten auch an der Oberschule sonderpädagogische Förderung. Der Besuch der Oberschule fand bei 90 Prozent regelmäßig statt, während 10 Prozent der Schüler im Verlauf des Besuchs der Oberschule in eine Heimeinrichtung aufgenommen wurden. Keiner der im Projekt „Übergang" geförderten Schüler entwickelte in dem untersuchten Zeitraum ein schuldistanziertes Verhalten (Kapitel 7.6 und 8).

Die Ergebnisse dieser Erhebung belegen, dass die in diesem Förderansatz realisierten Elemente Beratung, Vernetzung und Kooperation die soziale Integration wie auch die Förderung schwieriger Kinder begünstigen. Eine neue Untersuchung zur Integration von Kindern mit Beeinträchtigungen in der emotionalen Entwicklung (Preuss-Lausitz/Textor 2006) stützt diesen Befund: Preuss-Lausitz und Textor haben die Entwicklung von Kindern mit Beeinträchtigungen in der emotionalen Entwicklung, die in Berliner Grundschulklassen durch „Einzelintegration" gefördert werden, untersucht. „Einzelintegration" meint eine individuelle sonderpädagogische Förderung im Umfang von zwei bis vier Wochenstunden, in denen ein Kind mit Beeinträchtigungen durch einen Sonderschullehrer meist außerhalb des Klassenraumes parallel zum Klassenunterricht gefördert wird. Dabei sind Preuss-Lausitz und Textor zu dem Ergebnis gelangt, dass die Kooperation zwischen Schule und Jugendhilfe sowie die Vernetzung zwischen schulischen und außerschulischen Hilfen erheblich zur Verbesserung der Förderqualität beiträgt.

In empirischen Erhebungen zum oben genannten Untersuchungsgegenstand wurde wiederholt festgestellt, dass offener Unterricht nicht per se Schulerfolg von Kindern in kognitiv und emotional erschwerten Lernsituationen ermöglicht. Im Gegenteil, je offener und unstrukturierter das pädagogische Angebot ist, desto größer ist die Gefahr, dass diese Kinder nicht ausreichend zum systematischen Lernen kommen (Bennett 1998, Deppe-Wolfinger/Prengel/Reiser 1990, Faust-Siehl/Garlichs 1996, Faust-Siehl 2001, 2004).

Im Projekt „Übergang" scheint durch Kooperation, Vernetzung und Beratung etwas zu gelingen, was den schwierigen Kindern, die in der Regel von Einrichtung zu Einrichtung weitergereicht werden, die Teilhabe am Unterricht ermöglicht. Das vorliegende Buch geht angesichts der Befunde der Fragebogenerhebung über den Förderansatz Projekt „Übergang" in ihren verschiedenen Teilen einer zentralen Frage nach: Wie ist die soziale Entwicklung für Schüler in erschwerten sozialen Lebenslagen, die Beeinträchtigungen beim Lernen und/

oder ihrer emotionalen Entwicklung aufweisen, in der Grundschule gelungen, so dass ihnen der Zugang zu Bildung und Erziehung in der allgemein bildenden Schule möglich wurde? Wie ist ein solches Gelingen theoretisch zu verstehen?

1.2 Aufbau

Das Buch gliedert sich in 9 Kapitel, von denen die Kapitel 1-5 den Teil 1 und die Kapitel 6-9 den Teil 2 bilden:

1. Der erste Teil stellt den aktuellen Forschungsstand der Integrativen Pädagogik (im Kapitel 2), der Sonderpädagogik zur Förderung von Kindern mit Lernbeeinträchtigungen (im Kapitel 3) sowie die Ergebnisse der sonderpädagogischen Untersuchungen zur Förderung von Kindern mit Beeinträchtigungen in der emotionalen und sozialen Entwicklung (im Kapitel 4) vor. Es zeichnen sich für jede dieser drei erziehungswissenschaftlichen Teildisziplinen Forschungsstände ab, die ich unter dem Aspekt der Verbesserung von Zugangsmöglichkeiten zur Bildung von Kindern mit Beeinträchtigungen in der Grundschule herausarbeite. Im Kontext einer systematischen Lektüre der einschlägigen Literatur analysiere ich ihren Forschungsbeitrag zu den Fragestellungen: Worin werden die Ursachen für das schulische Scheitern von Schülern mit Beeinträchtigungen im Lernen und in der emotionalen Entwicklung gesehen? Was muss aus der Sicht der drei Teildisziplinen sonderpädagogische und integrationspädagogische Förderung leisten, um die Integration dieser Kinder zu gewährleisten? Wie wird die Bedeutung von Strukturen, die Schülern mit Beeinträchtigungen im Lernen sowie in der emotionalen Entwicklung die Integration erleichtern, und die Frage der Passung von Förderangeboten thematisiert?

Ergebnis der Analysen der Forschungsstände der untersuchten Teildisziplinen ist, dass der Begriff Zugang weder in der sonderpädagogischen noch in der integrationspädagogischen Forschung bewusst Verwendung findet. So benutzt ihn Katzenbach (2005) synonym mit dem Begriff Eingang, ohne ihn näher auszuführen. Ansonsten wird der Begriff Zugang in erziehungswissenschaftlichen Publikationen ausschließlich in der Erwachsenenpädagogik (Ludwig/Petersheim 2003), in der Feldforschung (Flick 1995) und in der Medienpädagogik (Ludwig 1996, 1999, Ludwig/Petersheim 2003) gebraucht.

Aus der Analyse der Forschungsstände der Integrationspädagogik (Kapitel 2) sowie der Sonderpädagogik (Kapitel 3 und 4) resultiert, dass ich den Begriff Lernzugang in die Sonderpädagogik und die Integrationspädagogik einführe. Ich formuliere die These, dass sich die Frage der Lernzugänge für Schüler mit Beeinträchtigungen im Lernen sowie in der emotionalen Entwicklung als eine

Schnittstelle zwischen integrativer Pädagogik, der Pädagogik bei Schülern mit dem Förderschwerpunkt Lernen sowie der Pädagogik bei Schülern mit dem Förderschwerpunkt emotionale und soziale Entwicklung erweist.

Die Erkenntnisse der Kapitel 2 bis 4 münden in das darauffolgende Kapitel 5 „Lernzugänge als Innovation". Im Kapitel 5.1 referiere ich die Ergebnisse von Beiträgen zum Themenbereich „Zugang". Ich gelange zu der Erkenntnis, dass diesen Schülern aufgrund erschwerter sozialer Lebenslagen der Zugang zu in der Schule relevanten sozialen und kulturellen Erfahrungen fehlt und sie deshalb in dieser Institution scheitern. Sie haben dann sonderpädagogischen Förderbedarf. Es stellt sich die Frage, was die sonderpädagogische Förderung für diese Schüler leisten muss, um ihnen Lernzugänge zu eröffnen.

Daran schließt sich das Kapitel 5.2 „Lernzugänge als innovative Strukturen in der Primarstufe" an. Ich fasse Lernzugänge auch als innovative Strukturen, um die prozesshaften wie die strukturellen Dimensionen dieses Begriffes zu verdeutlichen. Entlang meiner Untersuchungen sind Lernzugänge einerseits als individuelle Prozesse der lernenden Subjekte bei der Erschließung der Schule als sozialen Raum und andererseits als Strukturen zu verstehen, die Raum für Beziehungen schaffen, in denen sich diese Prozesse vollziehen können.

Das Kapitel 5 wirkt als Nexus zwischen den beiden Teilen des Buches. Es wird die Verzahnung von Teil 1 und Teil 2 verdeutlicht. Dies konkretisiert sich in der zentralen Fragestellung des Buches, die im Kapitel 5 Bearbeitung findet: Welche Strukturen sind nötig, damit Schule als Zugang zum Lernen von Kindern mit Beeinträchtigungen in der emotionalen Entwicklung und im Lernen genutzt werden kann?

Ich leite sechs notwendige Strukturen ab, die ich Lernzugänge nenne. Diese Lernzugänge sind: Setting (räumliche, zeitliche und personelle Rahmenbedingungen), Lehrer-Schüler-Beziehung, Entwicklungsräume und -zeiten, Beratung, temporäre Lerngruppe, Qualifikationen für Lehrer in heterogenen Lerngruppen. Hierbei nutze ich die Methode des abduktiven, deduktiven und induktiven Schließens. Die sechs Lernzugänge formieren als Einheit eine Gesamtstruktur, die sich in einem Prozess ständiger Veränderung befindet (Luhmann 1988) und als gemeinsames Charakteristikum haben, dass sie Raum für Beziehungen in Schule schaffen.

2. Im Teil 2 des Buches, den Kapiteln 6-8 zeige ich exemplarisch an drei Praxisfeldern der allgemein bildenden Schule auf, welche besonderen Fragestellungen sich in ihnen im Hinblick auf die Integration und Förderung von Schülern mit Beeinträchtigungen in der emotionalen und sozialen Entwicklung oder im Lernen ergeben. Als Antworten auf diese Fragen adaptiere ich die von mir in Kapitel 5 formulierten Lernzugänge an die spezifischen Situationen, die sich in

den Praxisfeldern ergeben, und zeige, wie sie dort wirksam werden, indem sie Raum für Beziehungen in der Institution Schule schaffen. Die von mir gewählten Praxisfelder sind: Integration von Kindern mit Beeinträchtigungen in der emotionalen und sozialen Entwicklung in die ganztägige Grundschule, Projekt „Übergang" zur Förderung und Integration von Schülern mit erheblichen Beeinträchtigungen in der emotionalen und sozialen Entwicklung in allgemein bildenden Schulen und Unterstützung des regelmäßigen Schulbesuchs bei Schülern mit Schuldistanz in der Sekundarstufe I und in vorberuflichen Bildungsgängen.

Das Buch endet mit dem Kapitel 9 „Zum Scheitern verurteilt?", in dem ich exemplarisch am Amoklauf bei der Eröffnung des Berliner Hauptbahnhofes im Mai 2006 aufzeige, wie das Scheitern am Zugang zur Schule und das Scheitern am Zugang zur Teilhabe am gesellschaftlichen Leben ineinander greifen. Nicht zuletzt wird deutlich, wie das Scheitern von einzelnen Schülern am Zugang zur Schule als Bumerang auf die Mitglieder unserer Gesellschaft wirken kann, die über den Zugang zu Bildung, Arbeit und anderen Gütern verfügen. Solch ein Bumerangeffekt kann ökonomische und psychische Schäden mit sich bringen, die um ein Vielfaches höher sind, als die Kosten und Kräfte, die eine gelingende Integration schwieriger Kinder im Grundschulalter kosten würde.

1.3 Forschungsbeitrag und -methoden

Die Kapitel 1-5 und 9 sind Teil meiner Habilitationsschrift, die ich im November 2006 an der Humanwissenschaftlichen Fakultät der Universität Potsdam einreichen konnte. Die Kapitel 6-8 sind danach entstanden. Dieses Buch berücksichtigt Publikationen, die bis Mai 2007 erschienen sind. Ich fasse den Forschungsbeitrag dieses Buches in sechs Punkten zusammen:

- Dieser Band zeigt die Bedeutung der sozialen Lebenslage für das Scheitern von Kindern mit Beeinträchtigungen im Lernen wie in der emotionalen Entwicklung in der Schule auf.
- Unter Rückgriff auf meine bisherigen Publikationen und vor dem Hintergrund der Arbeiten von Rifkin (2000) begründe ich in diesem Buch theoretisch den Begriff Lernzugang und definiere ihn als den Eingang zu dem komplexen räumlichen, geistigen, sozialen und kulturellen Raum Schule, der sich dem Subjekt nur unter Bedingungen erschließt, die diesem Raum selbst immanent sind. Lernzugang meint einerseits den Prozess des Erschließens eines sozialen Raumes, der einen Wissensbereich umgibt, und andererseits Strukturen am „sozialen Ort" Schule, die den gegenstandsbezogenen Zugang zu diesem „sozialen Ort" begünstigen, in dem sie Raum für Beziehungen in Schule schaffen. Der Begriff Lernzugang besitzt somit eine prozesshafte wie

eine strukturelle Dimension (Kapitel 5). Die Bedingungen des Zuganges zur Schule sind für Außenstehende nicht immer erkennbar, ähnlich dem Eingang eines Labyrinthes, der vom Eintrittswilligen erst gesucht werden muss. Die Schule ist für Schüler aber vorrangig ein sozialer Raum, in dem die Bedingungen des Zuganges durch den Diskurs der teilhabenden Subjekte entstehen und in einem Prozess ständigen Veränderungen unterliegen (Luhmann 1988).
- Das Buch verdeutlicht, dass das Scheitern in der Schule als Folge eines fehlenden Zuganges zu diesem sozialen Raum zu verstehen ist. „Im sozialen Raum begegnen wir uns als gemeinschaftliche ‚Raum-Zeit-Wesen' und konstruieren zugleich über zweckgebundene Handlungen die gemeinsame und geteilte Arbeitswelt" (Ludwig/Petersheim 2003, 265). Fehlt Schülern der Zugang zu diesem sozialen Raum, so kann man entlang der Ausführungen von Ludwig schließen, dass auch die Konstitution der gemeinsamen und zugleich miteinander geteilten Welt durch zweckgebundene gemeinsame Handlungen, wie das schulische Lernen, nicht zustande kommt.
- Ich würdige die Bedeutung des Rechtes auf den Zugang zu Bildung. Dieses wird inzwischen weltweit als ein Menschenrecht anerkannt (UNESCO 1994). Vom schulischen Lernen Ausgeschlossenen wird der Zugang zu wesentlichen Bereichen des öffentlichen Lebens versperrt (UNESCO 1994).
- Mit diesem Buch führe ich den Begriff Lernzugang in die integrationspädagogische und sonderpädagogische Forschung ein und formuliere Bedingungen für die Entwicklung von Zugängen zum schulischen Lernen.

Ich konkretisiere sechs innovative Strukturen als Lernzugänge zur Unterstützung der sozialen Integration und Förderung von Kindern mit Beeinträchtigungen. Sie zeigen den Einfluss innovativer Strukturen auf die individuelle Entwicklung der Kinder sowie ihre soziale Integration und formulieren den Fortbildungseffekt für Lehrer einschließlich der Konsequenzen für die Lehrerbildung. Ich spreche im Kontext von Lernzugängen für Schüler mit Beeinträchtigungen in der Primarstufe von innovativen Strukturen, um der prozesshaften wie der strukturellen Dimension des Begriffes Lernzugang Rechnung zu tragen.

Durch die Zusammenführung von Erkenntnissen der Sozialisationsforschung, der integrationspädagogischen und der sonderpädagogischen Forschung schaffe ich einen Rahmen für den Transfer sonderpädagogischer und sozialpädagogischer Kompetenz in die Schule, wodurch eine entscheidende Voraussetzung für das Gelingen der Integration von Schülern mit Beeinträchtigungen im Lernen und in der emotionalen Entwicklung am Schulanfang erfüllt wird.

In meinen Untersuchungen erscheine ich als Wissenschaftlerin sowie als Handelnde im Forschungsfeld. Auf diese Weise profitiere ich bei der Theoriebildung von meiner kontinuierlichen Präsenz im Feld und meiner über viele Jahre erworbenen umfassenden Feldkompetenz, die ich stets mit Forschungsergebnissen anderer verknüpft und kritisch reflektiert habe.

„Das Wesentliche dieser Form der Forschung sind nicht die angewandten Methoden, sondern das In-Gang-Setzen eines Prozesses, bei dem Handeln in der Praxis und Reflexion dieser Erfahrungen stetig und immer wieder aufeinander bezogen werden" (Bannach 2002, 135). Die Zweiheit aus Forschung und Handlung in einer Person besitzt somit erhebliche Vorteile, birgt aber auch die Gefahr der Betriebsblindheit, die durch das Handeln im Forschungsfeld den Blick auf den Forschungsgegenstand und damit den Erkenntnisprozess subjektiv trüben kann. Diese Gefahr versuche ich durch Supervision, kollegiale Gespräche wie den Einsatz einer Vielfalt an wissenschaftlichen Methoden zu mindern. In meinen Beiträgen zur Forschung nutze ich Textanalysen wissenschaftlicher und literarischer Werke, Fallstudien aus der Praxis des Projektes „Übergang", ethnoanalytische Untersuchungen des Übertragungs-Gegenübertragungsgeschehens in diesem Projekt sowie Rekonstruktionen anhand des Szenischen Verstehens (Leber 1983, Lorenzer 1970). Für die letzten beiden Methoden ist die Reflexion des Übertragungs- und Gegenübertragungsgeschehens des Forschenden die eigentliche Quelle des Erkenntnisgewinnes. Hierfür ist die emotionale Verstrickung des Forschers unerlässlich: „Die emotionale Verstrickung (Devereux 1984) mit den Menschen, die eigenen emotionalen Reaktionen in der fremden Kultur ermöglicht mir erst Erkenntnis. Diese Erkenntnis wird in der Ethnopsychoanalyse neben der mit anderen Methoden gewonnenen Einsicht in das Verhalten des Menschen über die Reflexion der Gegenübertragung erhalten. Die Selbstreflexion des Forschers ist damit wichtige Erkenntnisquelle" (Heinemann 1990, 21).

In meinen Publikationen nutze ich für diesen Prozess Textanalysen wissenschaftlicher und literarischer Werke, ethnoanalytische Untersuchungen des Übertragungs- und Gegenübertragungsgeschehens, Fallstudien aus der Praxis des Projektes „Übergang" sowie Rekonstruktionen anhand des Szenischen Verstehens in diesem Projekt (Kapitel 1; Leber 1983). Ich nutze die Methode des abduktiven, deduktiven und induktiven Schließens (Peirce 1991/1903), die gegenwärtig von Hoffmann und Steiner in der Erziehungswissenschaft wieder aufgegriffen werden (Kapitel 1; Hoffmann 2003, Steiner 2005). Beim Verfassen dieses Buches gebrauche ich neben der Deduktion und der Induktion in besonderem Maße die Abduktion zur Erkenntnisgewinnung. Dieses von Charles S. Peirce entwickelte Verfahren zur Theoriebildung, das neben der Deduktion und Induktion die Abduktion als Methode vorsieht, findet gegenwärtig als Forschungsverfahren insbesondere in der Mathematik Anwendung (Hofmann 2003, Peirce 1991/1903, Steiner 2005, Straub 1999). Diese Forschungsmethode ist durch die Verbindung von Abduktion, Deduktion und Induktion ein auf

Selbstkorrektur angelegter Forschungsprozess, der für meine Untersuchungen von wissenschaftlichen und literarischen Werken, Szenen aus Beratungen und Fallvignetten besonders geeignet ist.
Durch abduktives und induktives Schließen greife ich auf Theorie provozierende Fallvignetten zurück. Das schulische Feld wirkt hierbei als „Attraktor" (Greschik 1998), der für die Fragestellung relevante Theorien von nicht relevanten Theorien trennt und somit eine „Filterfunktion" übernimmt. Auf diese Weise werden Erkenntnisse von sonderpädagogischen Erhebungen, von Untersuchungen der Sozialisationsforschung und von integrationspädagogischen Beiträgen berücksichtigt, die Relevanz für den individuellen Zugang von Schülern mit Beeinträchtigungen im Lernen sowie in der emotionalen Entwicklung zum Lernen in der Schule besitzen. Die Fallstudien und theoretischen Analysen lassen die zentrale Bedeutung der sozialen Lebenslage von Schülern mit Beeinträchtigungen im Lernen sowie in der emotionalen Entwicklung für die Eröffnung von Zugängen zu ihrer schulische Integration sichtbar werden und unterstützen somit den theoretischen Erkenntnisprozess.

Nach Peirce (1991/1903) stellen sich für theoretische Studien folgende Problemstellungen: die Entstehung und Formulierung von geeigneten Hypothesen sowie die Stärkung oder Schwächung dieser Hypothesen (Peirce 1991/1903). Peirce entwickelt als Lösung für diese Problemstellungen ein Verfahren zur Theoriebildung, das inzwischen als Forschungsmethode umgesetzt wird (Hoffmann 2003, Steiner 2005). Dieses ist durch die Verbindung von Abduktion, Deduktion und Induktion ein auf Selbstreflexion angelegter Forschungsprozess und deshalb besonders für meine Arbeit, in der es stark um Untersuchungen im eigenen Praxisfeld geht, geeignet.

Durch abduktives und induktives Schließen verbinde ich wissenschaftliche Beiträge und exemplarische Fallvignetten, um die Theoriebildung weiterzubringen. Dabei wirkt die schulische Praxis als „Attraktor".

Die Feldkenntnis beruht auf meinen Erfahrungen in der École Expérimentale in Bonneuil sur Marne (Mannoni 1982), die Entwicklung, Implementation und Evaluation des Projektes „Übergang", meine Tätigkeit an einer Schule für Lernbehinderte, die Beratung an Schulen sowie meine Tätigkeit in der Sozialarbeit mit Kindern und Jugendlichen in erschwerten sozialen Lebenslagen. Der Begriff „Attraktor" entstammt der Chaostheorie und „zeigt Zustände an, auf die sich ein System im Laufe der Zeit zubewegt. Zum Beispiel bleibt ein Pendel ohne Energiezufuhr nach kurzer Zeit stehen, es scheint von einem Punkt angezogen zu werden" (Greschik 1998). Der „Attraktor" trennt für die Fragestellung relevante Theorien von nicht relevanten Theorien. Er übernimmt eine Filterfunktion.

„Die Abduktion ist der Vorgang, in dem eine erklärende Hypothese gebildet wird. Es ist das einzige logische Verfahren, das eine eigene neue Idee einführt" (Peirce 1991/1903, 400). „Die Abduktion ist eng mit der Wahrnehmung verknüpft. Es gibt keine Wahrnehmung ohne abduktives Schließen" (Peirce 1991/1903, 401).

Mit dem Begriff der Abduktion kann das eigentlich kreative Element von Lern- und Forschungsprozessen beschrieben werden: „Die abduktive Vermutung (suggestion) kommt uns wie ein Blitz. Sie ist ein Akt der Einsicht, obwohl extrem fehlbare Einsicht. Zwar waren die verschiedenen Elemente der Hypothese schon in unserem Verstande, aber erst die Idee, das Zusammenzubringen, welches wir uns vorher nicht hätten träumen lassen, lässt die neu eingegebene Vermutung vor unserer Betrachtung aufblitzen" (Peirce 1991/1903, 404).

Die Abduktion ist in der Forschung eng mit dem Prozess der Hypothesenbildung verknüpft. Die Abduktion ermöglicht verschiedene Aspekte eines Sachverhaltes in einen neuen Zusammenhang zu stellen, so dass die Abduktion bei jeglicher Form der Deutung und Interpretation eine Rolle spielt (Steiner 2005). Abduktive Verfahren der Theoriebildung sind z.b. das Szenische Verstehen nach Lorenzer (Lorenzer 1970) sowie die Objektive Hermeneutik nach Oevermann (Oevermann 1979). „Um eine Induktion handelt es sich, wenn wir eine Anzahl von Fällen, für die etwas wahr ist, verallgemeinern und schließen, dass dasselbe von der ganzen Klasse wahr ist. Oder, wenn wir finden, dass etwas Bestimmtes in einem bestimmten Verhältnis von Fällen wahr ist, und schließen, dass es im selben Verhältnis von der ganzen Klasse wahr ist" (Peirce 1991/1903, 414).

„Die Abduktion vermutet bloß, dass etwas der Fall sein mag" (Peirce 1991/1903, 400) und erlaubt „einer Masse an Fakten", eine Theorie nahezulegen (Peirce 1905, zitiert nach: Fann 1970, 31 ff.). Die Deduktion beweist, dass etwas der Fall sein muss, indem sie logische Konsequenzen ableitet und bereitet die Hypothese auf die „Testphase", die sogenannte Induktion vor (Steiner 2005). Die Induktion untermauert die durch die Abduktion entstandene Hypothese durch weitere Forschungsmethoden. Die Induktion schließt vom Besonderen auf das Allgemeine. Insofern bilden Abduktion, Deduktion und Induktion eine Kette an Forschungsschritten, die mit einer theoretischen Fragestellung abgearbeitet werden können. Dies möchte ich exemplarisch an folgender Fragestellung vertiefen:

Frage: Welche Hilfe benötigen Kinder mit Beeinträchtigungen in der emotionalen und kognitiven Entwicklung, um einen Zugang zum schulischen Lernen zu finden?
- Ich führe eine Analyse wissenschaftlicher Texte durch und stoße auf die Bedeutung von „Elternberatung".
- Ich greife auf meine Feldkenntnis zurück und erinnere mich: Ein Schüler

zeigt gewalttätiges Verhalten im Unterricht, wenn schriftliche Leistungen von ihm verlangt werden.
- Ein Beratungsgespräch mit dem Vater führt vorübergehend zu einer Leistungsbereitschaft des Jungen sowie zu einer Reduktion des gewalttätigen Verhaltens.
- Schlussfolgerung: Das Elternberatungsgespräch eröffnet diesem Jungen einen Lernzugang (Abduktion).
- Ich analysiere vor dem Hintergrund des Übertragungs- und Gegenübertragungsgeschehens im Unterricht, dem ich nach dem Beratungsgespräch beigewohnt habe, die Änderung der Übertragungsbeziehung zwischen Schüler und Lehrer. Infolgedessen ändert sich die Leistungsbreitschaft des Schülers.
- Schlussfolgerung: Beratung ist in diesem Fall als Lernzugang wirksam (Deduktion).
- Die Analyse weiterer Fallvignetten sowie die vorangegangene Diskursanalyse bestätigen die Hypothese.
- Schlussfolgerung: Ich schließe induktiv, dass Elternberatung als Organisationsstruktur Lernzugänge für Kinder mit Beeinträchtigungen in der emotionalen Entwicklung schaffen kann (Induktion).

Diese Erkenntnis trägt zur Weiterentwicklung der Theorie bei. Hieraus können neue Untersuchungen zur Gestaltung von Strukturen für Elternberatung in der Schule entstehen. Die von mir angewandte Forschungsmethode führt zu Synergieeffekten in meinen theoretischen Untersuchungen, da sie ein auf Selbstkorrektur angelegtes Verfahren ist, dass dem Forscher Sackgassen und Irrwege der Forschung anzeigt (Hoffmann 2003, Steiner 2005).

2 Integrationspädagogische Forschungen

2.1 Entwicklungen im Bildungswesen

2.1.1 In der Bundesrepublik Deutschland

1976 wurde in der Bundesrepublik Deutschland die erste Integrationsklasse in der Fläming-Grundschule in Berlin-Friedenau eingerichtet. Es folgten weitere Modellversuche zur Integration behinderter Kinder in der Uckermark-Grundschule in Berlin-Schöneberg (Heyer 1993), in der Peter-Petersen-Schule in Köln-Hohenhaus, in der Evangelischen Grundschule Bonn-Friedorf sowie in der Gesamtschule Bonn-Beuel (Deppe-Wolfinger/Prengel/Reiser 1990). 1979 startete der Modellversuch zur „Förderung behinderter und von Behinderung bedrohter Schüler durch Sonderschullehrer an den drei Hamburger Grundschulen Bovestraße, Max-Eichholz-Ring und Fiddigshagen (Deppe-Wolfinger/Prengel/ Reiser 1990). 1982/83 wurde erstmalig eine Integrationsklasse mit behinderten Schülern, die ausschließlich dem Förderschwerpunkt der praktisch Bildbaren zugeordnet waren, in der hessischen Grundschule Königstädten in Rüsselsheim eingerichtet. 1983/84 begann ein Modellversuch mit Integrationsklassen an der Hartenberg-Grundschule in Mainz sowie der Keune-Grundschule in Trier. 1984 startete ein weiterer Modellversuch mit dem Ziel der wohnortnahen Integration in der Robinsbalje Grundschule in Bremen (Deppe-Wolfinger/Prengel/Reiser 1990).

Seit dem Beginn der Einrichtung von Integrationsklassen in Modellversuchen hat es eine verstärkte Integration von behinderten und von Behinderung bedrohten Schülern sowie eine Zunahme begleitender wissenschaftlicher Untersuchungen gegeben (Wocken 1988), die der Theoriebildung in der Integrationspädagogik den Boden bereiteten. In fast allen Bundesländern wurde inzwischen der Vorrang der gemeinsamen Erziehung im Schulgesetz verankert (Drave/Rumpler/Wachtel 2000).

Wie wirken sich die Veränderungen der gesetzlichen Rahmenbedingungen auf die Zugänge von Lehrern und Schülern zum schulischen Lernen aus? Hierzu betrachte ich im Folgenden Untersuchungen zur integrationspädagogischen Praxis im internationalen Vergleich.

2.1.2 Im internationalen Vergleich

In vergleichenden Untersuchungen wird zwischen Ländern unterschieden, die die Integration gesetzlich verordnen und solchen, die durch Initiativen von Eltern und Lehrern auf diesen Weg kommen. Die bundesdeutsche Entwicklung der Integration kann als eine Mischform bezeichnet werden: In der Bundesrepublik Deutschland begann die Integration behinderter Kinder in die Grundschule zunächst mit Modellversuchen, die auf Elterninitiativen hin zustande gekommen waren (Heyer 1993). Erst später wurde der Integration der Vorrang gegenüber dem Besuch von Sonderschulen in Bundesländern wie Brandenburg und Berlin gesetzlich eingeräumt.

Die Integration wurde in den USA, in Kanada sowie in Spanien durch gesetzliche Verordnungen installiert (Wilfert de Icaza 1999). Für die bundesdeutsche integrationspädagogische Forschung, die sich auf den Zeitraum seit der gesetzlichen Einführung eines Vorranges der Integration behinderter Kinder gegenüber dem Besuch von Sonderschulen in verschiedenen Bundesländern bezieht, sind daher die Bildungsansätze der USA, Kanadas und Spaniens von besonderem Interesse.

Die integrationspädagogischen Forschungen von Jühlich (1996), Opp (1993) und Wilfert de Icaza (1999) zur Integration in Spanien und den USA kommen zu zwei zentralen Erkenntnissen:
- Die durch Gesetze eingeführte Verpflichtung zur integrativen Beschulung wirkt sich sowohl negativ auf die Motivation der Lehrer zur Unterrichtung behinderter Kinder als auch auf ihre Motivation zur Teilnahme an integrationspädagogischen Fortbildungen aus: Durch die Verpflichtung zur integrativen Beschulung bleibt die Motivation der Lehrer gering. Dies bestätigen Untersuchungen über deren Durchführung in den USA, Kanada und Spanien gleichermaßen (Wilfert de Icaza 1999). Der Zugang von Lehrern zu Fortbildungen erscheint entlang der Forschungserkenntnisse durch eine gesetzliche Verpflichtung zur Integration und einer daraus resultierenden niedrigen Motivation blockiert.
- Bezüglich der Förderung behinderter Kinder in Regelklassen kommen die nordamerikanischen wie die spanischen Forschungen zu dem Ergebnis, dass die Kinder im Unterricht der Grundschulklasse verbleiben, aber im Klassenraum selbst kaum Förderung erfahren. Diese erfolgt vorrangig durch Stützlehrer, die die Kinder wenige Wochenstunden aus dem Unterricht herausnehmen, um sie einzeln außerhalb des Klassenraumes zu fördern. Dies trifft insbesondere auf die Kinder mit Lernbeeinträchtigungen zu: „(...) dass mit diesen Kindern innerhalb der Klasse ‚no pasa nada'– nichts passiert. Tatsächlich wird also die Klasse selber eher als eine Art ‚Abstellgleis' für

die behinderten Schüler betrachtet, und es sind de facto nur die Stützlehrer, die den Kindern durch ihren Einzelunterricht Aufmerksamkeit zukommen lassen und Fortschritte ermöglichen" (Wilfert de Icaza 1999, 244). Die wissenschaftlichen Beiträge lassen erkennen, dass sich in den USA und Spanien in der schulischen Praxis eher eine „responsible inclusion", die durch eine temporäre Herausnahme aus dem Unterricht geprägt ist, als eine „full inclusion" durchsetzt (Jühlich 1996).

Jühlich hat von 1994 bis 1996 nach der Einführung der „Integration per Gesetz" im Jahre 1975 in den USA, die sechszehn vorliegenden Jahresberichte „Annual Reports" zur Dokumentation der Entwicklung der Integration in den USA untersucht.

In der Untersuchung von Jühlich wird deutlich, dass sich die Inklusive Pädagogik in den USA neben einer sonderpädagogischen Praxis behaupten muss (Opp 1993, Pijl/Meijer/Hegarty 1997) und sich eine Einführung der ‚Integration per Gesetz‚, zumindest in den USA, als problematisch erweist. Sie schreibt resümierend: „Man kann nämlich weder sagen, dass die Bemühungen um Integration in den USA eindeutig gescheitert wären, noch dass sie zweifellos geglückt wären" (Jühlich 1996, 310). Es zeigt sich weiterhin, dass in den USA Schüler mit schweren Behinderungen trotz der gesetzlich verordneten Integration noch 16 Jahre später in Sondereinrichtungen beschult werden (Jühlich 1996, 315). Denn: „Insgesamt kann man feststellen, dass es sehr wohl einige Schulen gibt, an denen Integration beispielhaft umgesetzt wurde. Andere Schulen scheinen sich dagegen gar nicht erst um eine verstärkte Eingliederung von Kindern und Jugendlichen bemüht zu haben. Am bedenklichsten ist aber wahrscheinlich die Beobachtung, dass viele Schulen Kinder und Jugendliche mit sonderpädagogischem Förderbedarf zwar integriert haben, die dazu notwendige entsprechende Bereitschaft des Personals allerdings nicht immer gegeben war, und entsprechende Stützmaßnahmen bzw. Modifikationen im Unterricht und Schulleben nicht durchgeführt wurden" (Jühlich 1996, 310). Nach der Untersuchung über die nordamerikanische Einführung der „Integration per Gesetz" warnt Jühlich 1996 vor einer ähnlichen Entwicklung in der Bundesrepublik: „Obgleich die Zielsetzung gemeinsamen Lernens als solche nicht in Frage gestellt werden darf, muss deshalb andererseits doch offen diskutiert werden, dass die Verwirklichung schulischer Integration sehr wohl auch Schwierigkeiten und Folgeprobleme mit sich bringt, für die bisher, weder in den USA noch in Deutschland, völlig zufrieden stellende Lösungsmöglichkeiten gefunden werden konnten" (Jühlich 1996, 323). Die Erhebungen von Jühlich in den USA sowie die von Wilfert de Icaza zeigen, dass durch die Einführung der „Integration per Gesetz" der Rahmen für die Unterrichtung behinderter Kinder in allgemein bildenden Schulen geschaffen wird, der Erfolg integrationspädagogischer Bemühungen aber mit den personellen Ressourcen allgemein bildender Schulen steht und fällt. Ob Kinder mit Beeinträchtigungen Zugang zum schulischen Lernen finden, hängt entscheidend von den personellen Ressourcen der Schule ab. Bei zu knappen Ressourcen, wie in den untersuchten spanischen Schulen (Wilfert de Icaza 1999), ist für Kinder mit Beeinträchtigungen der Zugang zum Lernen erschwert.

In der internationalen integrationspädagogischen Literatur finden sich bisher keine Untersuchungen, in denen das Thema „Zugang zum schulischen Lernen" explizit erforscht wird. Trotzdem sind Forschungen zur Integrationspädagogik erkennbar, die sich indirekt mit diesem Thema befassen. So leisten z.B. Forschungen zum kanadischen „body program" und „summer program", Untersuchungen zum System von Hilfsmüttern als Unterstützer im kanadischen Unterricht und wissenschaftliche Beiträge zu persönlichen Zukunftskonferenzen in den USA auch einen wichtigen Beitrag zur Frage nach den Zugangsmöglichkeiten von behinderten Kindern zum schulischen Lernen (Boban/Schumann 2005).

Italien verfügt über eine achtjährige Einheitsschule, in der seit 1977 die integrative Unterrichtung behinderter Kinder gesetzlich festgeschrieben wurde. Da das Bildungssystem in Italien nicht mit dem der Bundesrepublik vergleichbar ist, verzichte ich an dieser Stelle auf die Darstellung der integrationspädagogischen Forschungen über Italien. Ich vernachlässige ebenfalls die Darstellung der Forschungen über die integrationspädagogische Praxis in Dänemark, Schweden und Norwegen, da diese Länder über eine Einheitsschule bis Klasse 9 verfügen, die mit dem bundesdeutschen Bildungssystem in keiner Weise vergleichbar ist. So wurde beispielsweise in Schweden der „Sonderunterricht" für Schüler mit Behinderungen in den 70er und 80er Jahren in das „Normalschulwesen" integriert und es ist ein differenziertes System von sogenanntem „koordiniertem Spezialunterricht" entstanden (Hössl 1982, 76): „Der Unterricht kann in ‚Arbeitseinheiten', in denen zwei oder auch mehrere Klassen eines Schülerjahrganges zusammengeschlossen werden, organisiert sein. Die Schüler einer Arbeitseinheit können wiederum in leistungshomogene ‚Unterrichtsgruppen' differenziert werden, wobei die Dauer des Bestehens der Gruppen von dem Kenntnisstand, dem sozialen Verhalten, den Wünschen der Gruppenmitglieder u.a. abhängt" (Hössl 1982, 77). Auf diese Weise verlagerte sich die Beschulung von behinderten Schülern in Sondereinrichtungen auf die Unterrichtung dieser Kinder im „schwedischen Normalschulwesen" (Hössl 1982, 77). Dieser Prozess ist auch in Dänemark und Norwegen zu beobachten (Deppe-Wolfinger/Prengel/ Reiser 1990, 19).

2.2 Klassifikationsprobleme

In den Untersuchungen zur Unterrichtung behinderter sowie von Behinderung bedrohter Kinder und Jugendlicher in der allgemein bildenden Schule wird seit dem Beginn der 70er Jahre von der Integrativen Pädagogik, der Integrationspädagogik sowie seit 2002 (Hinz 2002) von der Inklusiven Pädagogik gesprochen. Mit der Einordnung der Integrationspädagogik in eine Pädagogik der Vielfalt (Preuss-Lausitz 1993, Prengel 2006) verfügt diese Disziplin über erkenntnis- und wissenschaftstheoretische Bezüge. Die Zusammenführung der Integrationspädagogik, der Feministischen Pädagogik sowie der Interkulturellen Pädagogik unter dem Dach der Pädagogik der Vielfalt stellt ein erstes Theoriengebäude für den Umgang mit Heterogenität dar.

Die Klassifikation wissenschaftlicher Beiträge zum Themenkomplex der Integration behinderter Schüler ist problematisch, da sie zwar eindeutig der Pädagogik der Vielfalt zugeordnet werden können, aber weder eindeutig als Beiträge der integrationspädagogischen Forschung noch als Untersuchungen der Inklusiven Pädagogik oder der Sonderpädagogik benannt werden können (Geiling/ Hinz 2005). Es gibt Beiträge, in denen sich die Autoren um eine Abgrenzung der Disziplinen bemühen (Opp/Kulig/Puhr 2005). Kriterien zur Klassifikation sind hierbei die Sichtweise auf Segregation und Nichtsegregation, die Etikettierungs- und Stigmatisierungsdebatte sowie die Würdigung von Heterogenität bei didaktischen Überlegungen.

So vermeidet die Inklusive Pädagogik Etikettierungsprozesse durch Diagnostik sowie die Segregation in der allgemein bildenden Schule durch Förderung außerhalb des Klassenverbandes und formuliert als Ziel die „full inclusion" als „optimierte Integration" (Hinz 2005, Sander 2002): „Einige Autoren verstehen unter Inklusion jedoch eine verbesserte, weiterentwickelte, von Fehlformen bereinigte Integration. Aus ihrer Sicht ist das Inklusionskonzept die notwendige Antwort auf die realen Unvollkommenheiten der Integrationspraxis, die sich in manchen Schulen beobachten lassen. Integration oder ‚Mainstreaming' kann nämlich dazu führen, dass die zusätzliche Unterstützung streng auf das behinderte Kind in der Regelklasse fokussiert wird, während der Unterricht sich insgesamt nicht ändert; dann ist Integration nur eine Addition von sonderpädagogischen Hilfen in der unveränderten allgemein bildenden Schule. Integration sollte aber eigentlich – wie wir es in vielen anderen Klassen beobachten können – den ganzen Unterricht verbessern und zur Berücksichtigung der Bedürfnisse aller Mitschüler und Mitschülerinnen führen. Eine solche optimierte Integration wird auch Inklusion genannt" (Sander 2002, 146). In der Vorstellung einer inklusiven Pädagogik wird Behinderung als ein Aspekt von Verschiedenheit in einer heterogenen Lerngruppe betrachtet. Integrationspädagogik teilt diese Auffassung, hält aber dennoch individuelle Förderung für notwendig, um durch die Behinderung bedingte Benachteiligungen maximal zu reduzieren. Integrationspädagogische Beiträge problematisieren regelmäßig die Notwendigkeit und die Fallstricke von standardisierter Diagnostik (Schrödter 2006). Im Zuge meiner Literaturrecherche stelle ich fest, dass Autoren integrationspädagogischer Publikationen Etikettierungsprozesse als stigmatisierend wahrnehmen und diese kritisieren. Aber in der schulischen Praxis nehmen Vertreter der Integrationspädagogik trotzdem die Zuordnung zu Förderschwerpunkten als Notwendigkeit in Kauf, um sonderpädagogische Förderung im Kontext einer integrativen Unterrichtung zu erhalten.

Die Sonderpädagogik wertschätzt die Diagnostik und sieht die Etikettierung als Chance, um Förderung individuell zuzuschneiden und somit zu optimieren.

Es erweist sich oft als schwierig, Beiträge, die um die integrative Unterrichtung behinderter Schüler kreisen, eindeutig der integrationspädagogischen Forschung oder der sonderpädagogischen Forschung zuzuordnen. Dies muss aber nicht als Nachteil betrachtet werden. Vielmehr stellt dies den Spiegel der Entwicklung dieses Forschungsbereiches dar, der sich als relativ junge Disziplin mit einer dynamischen Entwicklung präsentiert, in der die Halbwertzeit von Erkenntnissen so kurz ist wie in aktuellen naturwissenschaftlichen Forschungen. Es ist auch zu beobachten, wie Erkenntnisse der Integrationspädagogik in die Sonderpädagogik einfließen und umgekehrt, so dass die unterschiedlichen Forschungsdisziplinen und damit verbundenen Sichtweisen zu Synergieeffekten beitragen (Rumpler/Wachtel 2005).

2.3 Forschungsüberblick

Nach einer umfangreichen Literaturrecherche unterteile ich den Zeitraum der Theoriebildung zur Integrationspädagogik in drei Etappen:

In der ersten Phase der integrationspädagogischen Forschung, die ich in den wissenschaftlichen Beiträgen von 1975 bis 1989 erkenne, standen Modellversuche wie die Fläming- und die Uckermark-Grundschule mit der Fragestellung, ob die Integration behinderter Kinder überhaupt geleistet werden kann, im Mittelpunkt der Forschung.

Die Fläming-Grundschule praktiziert nun seit dreißig Jahren als abweichende Organisationsform eine Integration, die eine Klasse mit fünfzehn Kindern, von denen fünf Kinder sonderpädagogischen Förderbedarf haben, vorsieht. Die Uckermark-Grundschule prägte das Konzept der wohnortnahen Integration (Heyer 1993, Deppe-Wolfinger/Prengel/Reiser 1990) und sah zu Beginn zwei Kinder mit sonderpädagogischem Förderbedarf in einer Lerngruppe mit achtzehn nichtbehinderten Schülern vor (Heyer 1993). Dieses Modell wird in Berlin nicht mehr praktiziert. Untersuchungen zu den Auswirkungen der Integration auf nichtbehinderte Mitschüler, zu den Lernzuwächsen behinderter Kinder sowie zur Interaktion zwischen den verschiedenen Schülergruppen bestimmten die damalige Forschung (Deppe-Wolfinger/Prengel/Reiser 1990, Eberwein 1975, Eberwein 1997, Haeberlin 1990). In diesem Kontext ergibt eine empirische Forschung von Haeberlin zur Integration lernbehinderter Schüler, die Erhebung von Wocken (Wocken/Antor 1987, Wocken/Antor/Hinz 1988) sowie die Untersuchung von Preuss-Lausitz (1997), dass sich die gemeinsame Unterrichtung von nichtbehinderten und behinderten Schülern nicht nachteilig auf die Schulleistungen der nichtbehinderten Kinder auswirkt: „Ein zweites Forschungsfeld ist, naheliegenderweise, die Schulleistung. Die bundesdeutschen wissenschaftlichen Begleitungen haben sich bislang im wesentlichen auf den Vergleich der Schulleistungen der ‚nichtbehinderten' Integrationsschüler mit denen aus Parallelklassen konzentriert. Dabei wurde sichtbar, dass es zumindest keine negativen Wirkungen der Integrationspädagogik auf die ‚nichtbehinderten' Kinder gibt (Wocken/Artor 1987, 302), in der Tendenz eher positive (Wocken/Artor 1987, 299)" (Preuss-Lausitz 1997, 301).

Der von Deppe Wolfinger, Prengel und Reiser herausgegebene Band „Integrative Pädagogik in der Grundschule gibt einen guten Überblick über den Stand der Integrationspädagogik in der Bundesrepublik Deutschland von 1976 bis 1988 (Deppe-Wolfinger/Prengel/Reiser 1990). In diesem Buch dokumentieren die Autoren zunächst die Integrationsprojekte von 1976 bis 1986 in der Bundesrepublik und stellen die Ergebnisse wissenschaftlicher Begleituntersuchungen anhand von Schlüsselthemen der Integration dar, die sie durch qualitative Interviews mit Lehrkräften und wissenschaftlichen Begleitungen sowie Schulaufsichtsbeamten ergänzen, bevor sie in einem letzten Teil des Buches Perspektiven der Integration entwerfen.

Das „Handbuch Integrationspädagogik" mit dem Untertitel „Kinder mit und ohne Behinderung lernen gemeinsam" von Eberwein (1997, 2002) ist ein Sammelband, der an das oben genannte Buch anknüpft und einen guten Überblick über die integrationspädagogische Praxis wie die integrationspädagogische Forschung der 80er und 90er Jahre gibt. In diesem Band von Eberwein wird die in diesem Zeitraum entstandene integrationspädagogische Theoriebildung deutlich, die sich in Aufsätzen zu folgenden Schwerpunktthemen zeigt: Nichtaussonderung als gesellschaftlicher Auftrag, veränderte Begriffsbildung und Begründung eines integrationspädagogischen Verständnisses, Veränderung der Schüler- und Lehrerrolle im Rahmen integrativer Pädagogik, Ergebnisse und Methoden der Integrationsforschung sowie Vorstellungen und Konzepte der Weiterführung integrativer Entwicklungen (Eberwein 1997, 9-12).

Das Handbuch von Eberwein steht repräsentativ für die zweite Etappe der integrationspädagogischen Forschung. In den 90er Jahren stellen Wissenschaftler die Integration behinderter Kinder auf theoretische Grundlagen, in dem sie sie mit der Feministischen Pädagogik sowie der Interkulturellen Pädagogik in eine Pädagogik der Vielfalt „einbetteten" (Hinz 2005, Prengel 2006, Preuss-Lausitz 1993). Die Pädagogik der Vielfalt ist eine theoretische Antwort auf die integrative Praxis mit heterogenen Lerngruppen und hebt die Integration auf die Plattform theoretischer Diskurse, während sie noch in den achtziger Jahren tendenziell der Handlungsforschung zugeordnet werden konnte (Kapitel 2.2). Die Pädagogik der Vielfalt als Theoriengebäude der integrationspädagogischen Forschung schafft den Rahmen für weitere theoretische und empirische Forschungen, die die Kooperation, die Beratung, den lernzieldifferenten Unterricht, die Anerkennung von Verschiedenheit, das Recht auf Individualisierung im Unterricht, neue Aufgabenfelder von Sonderschullehrern sowie die Lehrerbildung betreffen (Eberwein 1997).

Neben dem Handbuch von Eberwein möchte ich für die zweite Etappe integrationspädagogischer Forschungen auch die Publikationen von Katzenbach (1999), Hinz (1998) und Wocken (Wocken/Antor/Hinz 1988) zum Hamburger Modellversuch und den Sammelband zur wohnortnahen Integration, herausgegeben von Peter Heyer, erwähnen (Heyer 1993). Im Handbuch von Hildeschmidt und Schnell (1998) erscheint ein Beitrag von Feuser, der für didaktische Überlegungen in Integrationsklassen besondere Relevanz in der Lehre erhält.

Den Übergang von der zweiten zur dritten Phase der integrationspädagogischen Untersuchungen dokumentieren die Beiträge im Sammelband von Heyer, Preuss-Lausitz und Sack (2003) mit dem Titel „Länger gemeinsam lernen". In diesem Band knüpfen die Autoren an die PISA-Studie an und nutzen die positiven Ergebnisse der nordischen Länder, um „Länger gemeinsam lernen" auch für das bundesdeutsche Bildungswesen zu begründen. Mit dem Titel „Länger gemeinsam lernen" verbinden die Herausgeber einen Aufruf zur Ganztagsschule, zur Integration behinderter Schüler und zu einer „Schule für alle", die nicht nach Klasse 4 oder 6 Kinder in Schulen mit verschiedenen Bildungsgängen entlässt. Es ist gelungen, dass sich alle Autoren in ihren 45 Fachbeiträgen auf diese vier Dimensionen des Buchtitels beziehen, wobei der Integration behinderter Schüler ein besonderes Schwergewicht zukommt.

Der Sammelband von Heyer, Preuss-Lausitz und Sack ist in vier Teile untergliedert. Diese sind: Argumente, Forschung, andere Länder sowie Beispiele und Voraussetzungen. Besonders imponieren die empirischen Studien und Befunde, die nach meiner Einschätzung alle Beispiele exzellenter integrationspädagogischer Praxis darstellen:

Heyer würdigt in einem einleitenden Text, dass sich die Autoren Ziebarth, Podlesch und Portmann vor allem mit der Frage nach Problemfeldern der gemeinsamen Erziehung befassen: „Was ist mit Kindern, die den Unterricht stören? Was ist mit Kindern und Jugendlichen mit einer geistigen Behinderung oder mit einer schweren Mehrfachbehinderung, gilt das miteinander und voneinander lernen auch für sie? Was schließlich ist mit den Hochbegabten?" (Heyer 2003, 154). Preuss-Lausitz schildert entlang der Erfahrungen von Ziebarth, Podlesch und Portland, wie Schulen damit umgehen können, und dass „Extremfälle" der gemeinsamen Erziehung Lernanlässe für nichtbehinderte Schüler darstellen, die insbesondere deren soziale Kompetenz erweitern (Preuss-Lausitz 2003).

Die dritte Phase der integrationspädagogischen Forschung, in der wir uns jetzt befinden, beginnt mit der Betrachtung von Heterogenität als einer „zentralen" Aufgabe der Grundschule (Benkmann 2000, Geiling 2005, Hinz 2005, Katzenbach 2005, Prengel 2004, 2005, Salzberg-Ludwig 2005, Sander/Schnell 2004, Siepmann 2000). Die weitere Ausdifferenzierung integrationspädagogischer Fragestellungen wie auch internationale Diskurse führen am Ende der 90er Jahre zum Einzug der „Inklusiven Pädagogik" in die bundesdeutsche integrationspädagogische Forschung, die den Gedanken um Anerkennung von Differenz neu reflektiert (Hinz 2000b, 2002; Sander 2002).

Die integrationspädagogische Forschung blickt in der Bundesrepublik Deutschland auf eine dreißigjährige Geschichte zurück (Eberwein 1975, Knauer 2003, Schnell 2003). Im letzten Jahr feierte die bundesdeutsche Integrationsbewegung ihr dreißigjähriges Jubiläum, u.a. in der Barbarossa-Schule in Berlin (Schoeps 2005). In diesem Kontext ist auch der Beginn der Untersuchungen über die Geschichte der Integrationspädagogik zu sehen, die mit ihren Beiträgen von Deppe-Wolfinger (2004), Eberwein/Knauer (2003) und Schnell (2003) die Entwicklung der Wertschätzung von Heterogenität dokumentieren. In den Publikationen zur Geschichte der Integrationspädagogik finden sich auch einige aktuelle Untersuchungen zu den Gemeinsamkeiten und Unterschieden zwischen der Integrativen und Inklusiven Pädagogik (Brill 2005, Deppe-Wolfinger 2005, Hinz 2004).

Die Inklusive Pädagogik wird zunehmend zum Gegenstand integrationspädagogischer Forschung (Sander/Schnell 2004, Geiling/Hinz 2005), da sie als angemessene Pädagogik für heterogene Lerngruppen erscheint.

2004 und 2005 folgen zwei Sammelbände, die die Weiterentwicklung von der Integrationspädagogik zur Inklusiven Pädagogik sowie die Inklusive Pädagogik selbst in ihren verschiedenen Dimensionen thematisieren.

Der Sammelband von Sander und Schnell (2004) mit dem Titel „Inklusive Pädagogik" erscheint nach der deutschsprachigen Fachtagung „Inklusive Pädagogik verwirklichen" und beinhaltet Aufsätze zu folgenden Dimensionen der

Inklusiven Pädagogik: Schule, Arbeitswelt, Benachteiligung, europäische Entwicklungen und Lehrerbildung. Diesen vier Dimensionen werden drei Aufsätze von Deppe-Wolfinger, Hinz und von Sasse zur Grundlegung der Inklusiven Pädagogik vorangestellt.

Der Sammelband „Integrationspädagogik im Diskurs" (Geiling/Hinz 2005) ist nach einer Jahrestagung zur Integrationsforschung in Lutherstadt Wittenberg 2004 erschienen. In diesem Buch koexistieren die Begriffe Integrationspädagogik und Inklusive Pädagogik nebeneinander. Es geht den Autoren nicht um eine begriffliche Debatte, sondern um die Anregung einer Diskussion anhand der aktuellen Entwicklung von der Integrationspädagogik zur Inklusiven Pädagogik. „Der erste Teil des Bandes enthält drei Beiträge, die sich – auf unterschiedliche Art – aus verschiedenen Außenperspektiven mit dem Thema Integration und Integrationspädagogik auseinandersetzen" (Geiling/Hinz 2005, 9). Diese drei Beiträge stammen von Prengel, Maaz und Schönwiese (Prengel 2005, Maaz 2005, Schönwiese 2005). Im zweiten Teil des Buches werden fünf Brennpunktthemen nach je einem einleitenden Beitrag durch Kurzbeiträge beleuchtet. Geiling und Hinz benennen folgende Brennpunktthemen der Integrationspädagogik bzw. der Inklusionspädagogik: das disziplinäre und professionelle Selbstverständnis, Bildungsstandards und Bildungsbarrieren, Assistenz, Netzwerkbildung sowie Aus- und Fortbildung.

In der dritten Phase der integrationspädagogischen Forschung sind zwei Sammelbände zur internationalen Perspektive integrationspädagogischer Forschung erschienen. Der Sammelband von Sasse, Vitková und Störmer mit dem Titel „Integrations- und Sonderpädagogik in Europa" ist eine Dokumentation der Tagung von Dozentinnen und Dozenten der Sonderpädagogik in deutschsprachigen Ländern in „Brno"/Tschechien (Sasse/Vitková /Störmer 2004). Sonderpädagogen aus sechs europäischen Ländern diskutieren mit ihren Beiträgen für die Integration wie für die Sonderpädagogik relevante Themenfelder (Sasse/Vitková /Störmer 2004). Diese sind: Europäische Kontexte, Wohlfahrts- und sozialstaatliche Kontexte, theoretische Kontexte, Professionalisierung, Handlungskonzepte sowie schulische und berufliche Integration. Sasse gelangt zu der Erkenntnis, dass man bisher noch nicht von einer europäischen Integrations- oder Sonderpädagogik sprechen kann, da die Handlungsansätze in den osteuropäischen Ländern sehr stark von den gesellschaftlichen Transformationsprozessen abhängen. Als eine mögliche europäische Zielsetzung wird „das gemeinsame europäische Haus - das ‚je Besondere' des jeweiligen Landes ebenso umfasst, wie ‚das Allgemeine'" (Sasse in: Sasse/Vitková /Störmer 2004, 12) genannt.

2000 geben Hans und Ginnold einen Sammelband mit dem Thema „Integration von Menschen mit Behinderung – Entwicklungen in Europa" heraus. Dieses Buch gibt einen Überblick über den unterschiedlichen Stand der Integrationsbewegung in europäischen Ländern. Die Beiträge widmen sich verschiedenen Feldern der Integrationspädagogik und sind problemorientiert. Die Aufsätze machen ausgehend von Erfahrungsberichten deutlich, dass in einigen Ländern Inklusion und/oder Integration selbstverständlich sind und in anderen Staaten erst erkämpft werden muss.

In die dritte Phase integrationspädagogischer Forschungen fallen auch Beiträge zu der von mir in der Einleitung beschriebenen Neugestaltung der Schulanfangsphase.

Zu diesem Forschungsbereich sind vier Sammelbände erschienen, die vorrangig schulpraktische Erhebungen beinhalten. Diese sind „Schulanfang ohne Umwege" (Faust-Siehl/Speck-Hamdan 2001), das von Faust in Zusammenarbeit mit Hacker, Götz und Roßbach herausgegebene Buch zur Anschlussfähigkeit vorschulischer und schulischer Bildung (2004), die „Schuleingangsphase: neu gestalten" (Christiani 2004) sowie „die neue Schuleingansphase" (Burk/ Mangelsdorf/Schoeler 1998).

Die beiden Sammelbände von Faust u.a. widmen sich vorrangig dem Übergang vom vorschulischen zum schulischen Lernen während die Bücher von Burk u.a. (Burk/Mangelsdorf/Schöler 1998) und Christiani (2004) vor allem den Unterricht in der Schuleingangsphase fokussieren.

Gabriele Faust-Siehl und Angelika Speck-Hamdan verfolgen mit dem Sammelband „Schulanfang ohne Umwege" drei Ziele (Faust-Siehl/Speck-Hamdan 2001, 12):
- Die Herausgeber möchten auf die Bedeutung der vorschulischen Bildungsprozesse in der Kindertagesstätte wie im Elternhaus für das Gelingen des Schulanfanges aufmerksam machen.
- Sie verdeutlichen, dass Lern- und Entwicklungsprozesse bei Kindern individuell verlaufen.
- Sie möchten ein Reformmodell vorstellen, das mehr Flexibilität und individuelle Förderung im Unterricht zulässt und somit zu einem Gelingen des Schulanfanges beiträgt.

Die Herausgeber subsumieren die fünfzehn Beiträge unter vier Themenschwerpunkte, die sich auf die Vorschulzeit, die Schulfähigkeit, die neue Schuleingangsphase und auf Hilfen konzentrieren (Faust-Siehl/Speck-Hamdan 2001).

Der Sammelband „Anschlussfähige Bildungsprozesse im Elementar- und Primarbereich" (2004) knüpft inhaltlich an die Erkenntnisse des Buches „Schulanfang ohne Umwege" an. Faust, Götz, Hacker und Roßbach thematisieren in dem von ihnen 2004 herausgegebene Buch folgende Themenschwerpunkte: Bildungskonzepte für den Elementarbereich, Domänenspezifische Bildung im Vorschulalter, Langzeitentwicklungen im Vor- und Grundschulalter sowie Innovationen am Schulanfang. Die siebzehn Beiträge dokumentieren Ergebnisse aus theoretischen Untersuchungen wie aus empirischen Erhebungen und Erfahrungen. Dabei rücken die Herausgeber insbesondere internationale Forschungen in den Mittelpunkt und kommen zu dem Ergebnis, dass die Anschlussfähigkeit schulischer und vorschulischer Bildungspozesse entscheidend für das Gelingen des Schulanfanges ist (Faust/Götz/Hacker/Rossbach 2004).

Der Sammelband von Burk, Mangelsdorf und Schoeler gliedert sich in drei Teile: In den ersten drei Beiträgen, dem ersten Teil des Buches, thematisiert Karl-Heinz Burk die Einschulung als ein ungelöstes schulpraktisches Problem. Der zweite Teil des Buches stellt eine Dokumentation des Modellversuches zur Neukonzeption der Schuleingangsstufe in Hessen dar und verfolgt schwerpunktmäßig Fragen zur Schulaufnahme, zum jahrgangsübergreifenden Lernen sowie zu neuen Aufgabenfeldern von Sozialpädagogen. Im dritten Buchteil wird mit Beiträgen von Burk, Faust-Siehl und Roediger die neue Schuleingangsstufe als eine längerfristige Schulentwicklungsaufgabe problematisiert.

Das von Reinhold Christiani herausgegebene Buch „Schuleingangsphase: neu gestalten" (2004) greift Themenfelder auf, die für in der Schuleingangsphase tätigen Lehrer hohe Relevanz besitzen. Diese Themenfelder sind: die Lernstandsanalyse, die individuelle Förderung, der jahrgangsübergreifende Unterricht sowie die Kooperation zwischen Schule und Elternhaus. Der Sammelband besteht aus 14 Beiträgen. Die Autoren sind im Hochschulbereich, in der Schulaufsicht oder als Lehrer in der Grundschule tätig. Die Aufsätze beginnen mit einem Problemaufriss und münden fast alle in Vorschläge für die schulische Praxis (Christiani 2004).

2.4 Forschungsschwerpunkte

Die Beiträge der aktuellen integrationspädagogischen Forschungen (Faust/Götz/ Hacker/Roßbach 2004, Geiling/Hinz 2005, Katzenbach 2005, Prengel 2004, Preuss-Lausitz 2006, Sasse 2004, Schnell 2003) lassen sich unter folgende Forschungsschwerpunkte subsumieren: die Kritik des separierenden Schulsystems, Forschungen zum internationalen Vergleich integrationspädagogischer Praxis, Integrationspädagogik und Inklusive Pädagogik als Antwort auf Heterogenität, die Lehrerbildung, die neuen Aufgabenfelder von Grund- und Sonderschullehrern und den Schulanfang. Im folgenden Kapitel stelle ich die aktuellen Beiträge zu diesen Forschungsschwerpunkten dar. Dabei fokussiere ich meine Analyse auf die Frage nach der Thematisierung des Zuganges zur Bildung in den jeweiligen wissenschaftlichen Beiträgen.

2.5 Wertschätzen von Heterogenität

In den letzten Jahren wird Heterogenität bildungspolitisch zunehmend als Entwicklungschance betrachtet (Hinz 1993, Hinz 2005, Katzenbach 2005, Sander/Schnell 2004): „Heterogenität wandelt sich in der Schulpädagogik von der ‚Schere', die sich bedrohlich öffnet, zur ‚Chance', die Erneuerung verheißt" (Prengel 2004, 44). Ist die Anerkennung von Heterogenität in der Schule eine Chance für Kinder mit Beeinträchtigungen in der kognitiven und emotionalen Entwicklung, die ihnen einen „Zugang" zum schulischen Lernen eröffnet?

Die Integrationspädagogik befindet sich einerseits mit der Sonderpädagogik und andererseits mit der Inklusiven Pädagogik in einem wissenschaftlichen Diskurs. Aus den unterschiedlichen Dialogen kristallisieren sich gegenwärtig folgende Schwerpunkte der Forschung heraus:
- Die aktuellen Forschungen von Prengel beschäftigen sich mit der ‚Anerkennung' als Grundprinzip der Gestaltung des Unterrichtes von heterogenen Lerngruppen: „Zuallererst geht es darum, Schülerinnen und Schüler als gleichberechtigt anzuerkennen und elementare Menschenrechte durch das Recht auf Bildung ebenso wie durch eine grundlegende persönliche Anerkennung zu praktizieren. Diese Anerkennung lässt sich nur einlösen, wenn auch die Heterogenität der Schulkinder anerkannt wird, indem wir davon ausgehen, dass wir sie nicht kennen, dass jedes Kind einzigartig ist und dass unsere Noten und diagnostischen Begriffe nichts als vorläufige Arbeitshypothesen sein können" (Hinz 2005, Prengel 2005, 23, Reiser 2002). Prengel kommt zu dem Ergebnis, dass Anerkennung auf der Ebene Schüler-Lehrer, Schüler-Schüler, Schulleitung-Lehrer, Lehrer-Lehrer, Lehrer-Erzieher-Eltern-Schulleitung und Schulaufsicht eine bedeutende Rolle spielt. Offenbar eröffnet die Anerkennung Zugänge zu einer gelingenden Integration.

Die Anerkennung schafft die Voraussetzungen für eine gelingende Kooperation, die ein weiteres aktuelles Forschungsfeld integrationspädagogischer Untersuchungen darstellt. Die Autoren beschreiben „Professionelle Kooperation als zentrales Handlungskonzept zur Bewältigung der Vielfalt" (Wocken 1988a), auch wenn die Kooperation selbst neue Probleme in sich birgt. So stellen Reiser (1984) und Wocken (1988a) in ihren Untersuchungen fest: „Dabei ist ‚das Prinzip der multiprofessionellen Betreuung' (…) für die Arbeit mit heterogenen Gruppen, welches als Lösungsansatz angedacht war und von vielen im Gemeinsamen Unterricht Arbeitenden als wesentliches Moment betont wird (…) selbst zum zentralen Problem geworden" (Jacobs 2005, 90). Die Ursachen sehen die Autoren „in unterschiedlichen Erwartungshaltungen und Selbstverständnissen der zusammenarbeitenden Professionen" sowie in hierarchischen Schulstrukturen, die eine dialogfähige Kooperation erschweren (Jacobs 2005, 91).

Aus den wissenschaftlichen Arbeiten zur Anerkennung von Differenz und Individualität stellt sich die integrationspädagogische Forschung im Rückgriff auf Beiträge der inklusiven Pädagogik die Frage, inwieweit die Zwei-Gruppentheorie, d.h. die Aufteilung einer heterogenen Lerngruppe in behinderte und nichtbehinderte Kinder, eine Berechtigung hat: „Integrationspädagogik hat dann die Chance, in einer inklusiven Pädagogik aufzugehen, wenn sie sich zum einen für andere Heterogenitätsaspekte im Sinne der Pädagogik der Vielfalt (...) öffnet und zum anderen die hierarchisierende Zwei-Gruppen-Theorie aufgibt und Gleichheit und Differenz im Sinne einer „egalitären Differenz" (Prengel 2001) bei allen Personen und Heterogenitätsdimensionen im Sinne einer Erweiterung und Optimierung (...) reflektiert" (Jacobs 2005).

Aus diesen Überlegungen resultiert die Frage, inwieweit die sonderpädagogische Förderung einzelner Kinder in einer heterogenen Lerngruppe noch ihre Berechtigung hat. Öffnet oder blockiert sonderpädagogische Förderung den Zugang zum schulischen Lernen? Katzenbach geht dieser Frage nach und kommt zu dem Ergebnis, dass jedes Kind einer heterogenen Lerngruppe individualisierte Förderung benötigt und spricht sich dafür aus, anstelle einer individuumsorientierten Hilfe für behinderte Kinder Unterstützungen bei spezifischen Problemlagen für alle Kinder anzubieten. Katzenbach unterteilt die Hilfen bei bestimmten Problemlagen in vier Ebenen, die je nach personeller Ausstattung im Unterricht abzuarbeiten seien (Katzenbach 2005). Anstelle einer Sonderpädagogik plädiert Katzenbach für eine spezialisierte Pädagogik, die als Unterstützungssystem für die Allgemeine Pädagogik wirksam wird: „Ich halte es deshalb für angemessener, eher von bestimmten Problemlagen, als von irgendwie zu bestimmenden Menschengruppen auszugehen, und eine – wie auch immer zu bezeichnende – spezialisierte Pädagogik dadurch zu definieren, dass sie pädagogische Antworten auf spezifische Problemlagen zu geben vermag. Sie nimmt ihren Ausgangspunkt an Lern- und Entwicklungsprozessen, die unter erschwerten Bedingungen verlaufen und/oder in eine Krise geraten sind. Sie stellt damit ein Unterstützungssystem für die Allgemeine Pädagogik dar, das seine Begründung aus der prinzipiellen Krisenanfälligkeit von Bildungsprozessen ableitet. Sie definiert sich dabei nicht über eine speziell auszuweisende Klientel, sondern über ihr spezifisches Wissen und Know-how zu krisenhaften Entwicklungsverläufen" (Katzenbach 2005, 88). Im Sinne Katzenbachs sprechen sich Boban und Hinz für einen Vorrang nichtprofessioneller Hilfen, für eine unterstützende Assistenz im Lebensalltag durch Freunde, Nachbarn und Verwandte aus (Boban 2005, Jerg/Schönwiese 2005, Schumann 2005), um Behinderten Hilfen bei Problemlagen zukommen zu lassen.

Beiträge von Feuser, Hinz und von Stechow verfolgen aktuell, inwieweit die Integrationspädagogik als eine Pädagogik der Vielfalt einen Forschungsbeitrag zu einer „ersten Allgemeinen Pädagogik" (Feuser 2003) leistet.

Ich habe hier die Entwicklung der dritten Phase der integrationspädagogischen Forschung erneut aufgegriffen, um zu zeigen, dass die Forschungen zur Inklusiven Pädagogik eine organische Weiterentwicklung und Ausdifferenzierung der integrationspädagogischen Forschung der 90er Jahre darstellen. Hinz führt aus, dass die Forschungen zur Pädagogik der Vielfalt die theoretischen Grundlagen zu dieser Entwicklung liefern. Heute stellt entlang Hinz (2005) die Inklusive Pädagogik als Weiterentwicklung der Integrationspädagogik die angemessene Antwort auf Heterogenität in allen Lerngruppen dar (Hinz 2005), während Deppe-Wolfinger beschreibt, wie die Integrationspädagogik als additives Modell der Förderung behinderter Kinder in Grundschulen verkümmert (Deppe-Wolfinger 2004): „Integrationspädagogik hat die Schullandschaft pluralisiert, verkürzt sich in der Praxis jedoch zunehmend auf Additionspädagogik und schreibt damit den Aussonderungsblick von Lehrer(inne)n fest. In der Theorie hat sie den Kindern aus randständigen Milieus zu wenig Aufmerksamkeit gewidmet" (Deppe-Wolfinger 2004, 35). „Und mit der Inklusiven Pädagogik gibt es eine Perspektive, in der Integration im doppelten Sinne aufgehoben wird: im Sinne der Tradierung und Optimierung der ‚einen Schule für alle'. Zwar widerspricht inklusive Pädagogik dem kulturellen Zeitgeist, aber sie ist eine ‚notwendige antizyklische Bewegung, notwendig für die Entwicklung einer zugleich humanen und qualitätvollen Schule' (Sander 2002c, 158)" (Deppe-Wolfinger 2004, 36).

2.6 Forschungen zum Schulanfang

Die Untersuchungen zum Schulanfang lassen sich unter drei Forschungsschwerpunkte subsumieren. Diese sind: Die Anschlussfähigkeit von Bildung (Hacker 2004), historische Forschungen (Götz 2004) sowie begleitende Untersuchungen zur Einführung neuer Modelle des Schulanfanges in verschiedenen Bundesländern seit 1993 (Arbeitskreis wissenschaftliche Begleitung 2000, Carle 2000, Christiani 2004, Faust-Siehl 2005).

Ein Großteil der Untersuchungen zum letztgenannten Themenkomplex zielen auf die Gestaltung einer „Schule für alle" und erforschen, inwieweit diese in den jeweiligen Bundesländern mit verschiedenen Modellen gelungen ist (Burk/Mangelsdorf/Schöler 1998, Christiani 2004, Siepmann 2000, 2005, Faust/Götz/Hacker/Roßbach 2004). Die Autoren dieser Beiträge erarbeiten, inwieweit ein Lernklima am Schulanfang geschaffen werden kann, dass durch Anerkennung geprägt ist und somit die Unterrichtung von Schülern mit Beeinträchtigungen oder Behinderungen unterstützt. Inwieweit eröffnen neue Organisationsstrukturen am Schulanfang Zugänge zum schulischen Lernen? Prengel kommt zu dem Ergebnis, dass Modelle zum flexiblen Schulanfang in heterogenen Lerngruppen für Kinder mit Lernbeeinträchtigungen günstig sind, da ein Klima der Anerkennung (Prengel 2005), individualisierte Diagnostik und Förderung sowie die soziale Integration in heterogenen Lerngruppen ermöglicht, dass Schüler im Sinne Specks ein „Heimatgefühl" entwickeln, in dem sie ihre Ressourcen „mit Freude" mobilisieren. In diesem Kontext ist Lernen sinnstiftend, basiert auf Nachahmungs- und Identifikationsprozessen, die sich in der Zukunft vermutlich positiv auf das Arbeits- und Sozialverhalten auswirken (Preuss-Lausitz/Textor 2006).

Die historische Untersuchung von Götz erwähne ich hier exemplarisch für Beiträge zum Vergleich zwischen der Reform des Schulanfanges in den 60er Jahren und der Reform des Schulanfanges seit 1993, die Götz als „alten Wein in neuen Schläuchen" benennt. Bereits damals wurde das 5. Lebensjahr als Einschulungsalter avisiert und eine zweijährige altersgemischte Eingangsstufe in der Grundschule installiert (Deutscher Bildungsrat 1970), um soziale Benachteiligungen auszugleichen: „Für die Einlösung dieses Anspruchs galt die Einrichtung der Schuleingangsstufe als eine besonders Erfolg versprechende Maßnahme, weil mit ihr nicht erst im Verlauf, sondern bereits am Beginn der Schullaufbahn durch die soziale Herkunft bedingte Bildungsbarrieren abgebaut werden konnten" (Götz 2004, 256). Götz vergleicht die Zielsetzungen sowie die Konzepte beider Reformen und kommt zu dem Ergebnis, dass sich die alte sowie die neue Reform des Schulanfanges nicht konzeptionell, aber hinsichtlich einer ihrer Zielsetzungen unterscheiden. Heute wie damals sollte das faktische Einschulungsalter sinken und Benachteiligungen durch soziale Herkunft reduziert werden. In den 60er Jahren wurde als ein weiteres Ziel der Eingangsstufe eine leistungshomogene Lerngruppe angestrebt, während heute das Ziel formuliert wird, Heterogenität anzuerkennen und als Entwicklungschance für alle am Bildungsprozess beteiligten Personen zu erkennen (Götz 2004). Hierzu merkt Rauschenberger kritisch an, dass die Anerkennung von bildungsfernen Lebenswelten der Schulanfänger dazu führen kann, dass Förderung ausbleibt, die gerade notwendig ist, um durch die soziale Herkunft entstandene bildungshemmende Blockaden abzubauen (Rauschenberger 2001).

Ein weiterer Schwerpunkt der Untersuchungen zum Schulanfang stellt die Anschlussfähigkeit vorschulischer und schulischer Bildungsprozesse dar (Hacker 2004, Siepmann 2000). Ein Sammelband von Siepmann vereint Autoren, die in ihren Beiträgen aus der Perspektive der Kintertagesstätte sowie aus derjenigen der Schule solche Modelle und Förderprogramme für entwicklungsverzögerte Kinder vorstellen und solche untersuchen, die sich auf die Anschlussfähigkeit von Frühförderung, vorschulischer und schulischer Bildung konzentrieren.

Hacker wiederum vergleicht die Bildungsprozesse in Kindertagesstätten und am Schulanfang in der Grundschule auf der Theorie-, Konzept- und Realebene, um zu dem Ergebnis zu gelangen, dass diese in der Bundesrepublik Deutschland gegenwärtig nur begrenzt anschlussfähig sind. Dies führt er im Wesentlichen auf zwei Faktoren zurück:

- Erzieher in der Kintertagesstätte und Lehrer in den Schulen vertreten unterschiedliche Bildungskonzepte, wobei die Kintertagesstätte vorrangig die Interessen der Kinder in den Mittelpunkt der Bildung stellt. Entlang Hacker knüpft dabei ein Großteil der bundesdeutschen Kindertagesstätten an den Situationsansatz (Zimmer 1998) an. Die Lehrer in der Schule gehen davon aus, dass spezifische Kenntnisse, wie beim Schriftspracherwerb vermittelt werden müssen, so dass sich die Vorstellungen von Erziehern und Lehrern weitgehend unterscheiden.
- Die Kultusministerkonferenz hat in den 60er Jahren Empfehlungen zur Kooperation zwischen Schule und Kindertagesstätte ausgesprochen, wobei entlang Hackers Erkenntnissen Empfehlungen nicht ausreichen, um eine notwendige „prozessorientierte Kooperation" (Hacker 2004) zu initiieren, die eine wesentliche Voraussetzung für die Anschlussfähigkeit von schulischen und vorschulischen Bildungsprozessen darstellt (Robinsohn 1973).

Die mangelnde Anschlussfähigkeit schulischer und vorschulischer Bildungsprozesse erschwert Kindern den Zugang zum schulischen Lernen. Um Kindern aus bildungsfernen Familien das Erschließen des sozialen Raum Schule zu erleichtern, ist nicht nur das Gelingen der Anschlussfähigkeit von vorschulischen und schulischen Bildungsprozessen von besonderer Bedeutung. Zur Verbesserung der Möglichkeiten zum Auffinden von Zugängen zum schulischen Lernen ist es erstrebenswert die Anschlussfähigkeit zwischen Sozialisationsbedingungen der Kinder in ihrem Elternhaus und vorschulischen sowie schulischen Bildungsprozessen gelingen zu lassen.

2.7 Beiträge zu Aufgabengebieten von Grund- und Sonderschullehrern

Wocken (Wocken/Antor/Hinz 1988), Heyer (1993) und Haeberlin (Haeberlin/Jenny-Fuchs/Moser-Opitz 1992) haben Ende der 80er und zu Beginn der 90er Jahre hierzu einige Studien vorgelegt. Die sich verändernden Aufgabenfelder von Grund- und Sonderschullehrern sind aktuell nur selten Inhalt wissenschaftlicher Forschungen (Reiser 1996, 1997, 2002). Eine Ausnahme stellen die Arbeiten von Reiser dar. Er hat sich bezogen auf die Unterstützung von Schülern mit dem Förderschwerpunkt emotionale und soziale Entwicklung seit 1996 damit befasst

(Reiser 1996, 1997, 2002). Inwieweit eröffnen die neuen Aufgabenfelder beider Berufsgruppen, die mit der Einführung neuer Schulgesetze in einem Großteil der Bundesländer verbunden sind, Zugänge zur Integrationspädagogik oder wirken neue Aufgabenfelder beider Berufsgruppen eher als Blockade in der Kooperation? Hier besteht eine Forschungslücke (Reiser 2002).

Bisher geben uns die Ausführungsvorschriften der Bundesländer Hinweise auf die neuen Aufgabenfelder von Grund- und Sonderschullehrern. Dies möchte ich exemplarisch an der Verordnung „VO Sonderpädagogik" des Landes Berlin (Senatsverwaltung für Schule, Jugend und Sport 2005b) verdeutlichen: Die Unterrichtung weicht zunehmend den Aufgabenfeldern Beratung, lernbegleitende Diagnostik sowie der Förderung von Kindern mit Beeinträchtigungen am Schulanfang. Sonderschullehrer sollen außerdem zunehmend für Kinder mit Behinderungen sonderpädagogische Förderung an der allgemein bildenden Schule anbieten sowie Statusdiagnostik zur Feststellung sonderpädagogischen Förderbedarfes durchführen (Senatsverwaltung Berlin für Bildung, Jugend und Sport 2005a, 2005b). Umso mehr erstaunt es, dass in der VO Sonderpädagogik Berlin die Notwendigkeit der Kooperation mit Fachdiensten wie der Schulpsychologie oder dem Jugendamt betont wird, während die Bedeutung der Kooperation mit Grundschullehrern in keiner Weise erwähnt wird. Dies gilt genauso für den Paragraphen 31, der sich auf die Feststellung des sonderpädagogischen Förderbedarfes in der Grundschule bezieht, wie für den Paragraphen 19, der den gesetzlichen Rahmen der Gestaltung des gemeinsamen Unterrichts darstellt.

Die Grundschulordnung des Landes Berlin wiederum (Senatsverwaltung Berlin für Bildung, Jugend und Sport 2005a, 2005b), die sich in den Paragraphen 14 bis 18 unter dem Thema „Fördermaßnahmen" der Gestaltung der lernbegleitenden Diagnostik und Förderung beeinträchtigter Kinder widmet, erwähnt in Paragraph 14 (Grundsätze der Förderung) mit keinem Wort Sonderpädagogen als Kooperationspartner. Stattdessen deklariert die Grundschulordnung „Fördern" eindeutig als eine Aufgabe der Grundschullehrer, die in Kooperation mit Eltern und Schulleitung Förderung planen, umsetzen und evaluieren. Die Sonderpädagogen finden im Paragraphen 15 (zur besonderen Förderung bei vermutetem sonderpädagogischen Förderbedarf) Erwähnung, wenn es um die Erläuterung des Verfahrens zur Feststellung sonderpädagogischen Förderbedarfes geht. Sie werden nicht als Kooperationspartner genannt, sondern vielmehr als Mitarbeiter einer anderen Institution, nämlich dem Förderzentrum, an das die Aufgabe der Feststellung des Förderbedarfes delegiert wird.

In beiden gesetzlichen Verordnungen wird die Existenz der anderen Berufsgruppe negiert. Meine schulpraktischen Erfahrungen in Berlin sowie Rückmeldungen von Sonderschullehrern und Grundschullehrern in Fortbildungen zeigen mir, dass sich dies in der integrationspädagogischen Praxis abbildet. Die Grundschullehrer äußern oft ihren Unmut darüber, dass sie entlang der neuen Grundschulverordnung in Berlin alle Förderangebote sowie die lernbegleitende Diagnostik selbst übernehmen müssen und keine Sonderschullehrer zur Verfügung stehen. Die Sonderschullehrer beschweren sich häufig über mangelnde Kooperationsbereitschaft und Ignoranz von Grundschullehrern. Diese Äußerungen sind als subjektive Wahrnehmungen von Lehrern zu verstehen, die nur Tendenzen beschreiben können, deren Relevanz noch nicht durch Erhebungen überprüft wurde. Es wäre interessant zu erforschen, wie die Verleugnung der unterschiedlichen Berufsgruppen in den gesetzlichen Bestimmungen den Boden für eine geringe Kooperationsbereitschaft, mangelnde Akzeptanz und gegenseitige Enttäuschungen bereitet. Leider sprengt es den Rahmen meiner aktuellen Untersuchungen, zu erheben, ob und wie solche Prozesse eine dialogfähige Kooperation, die wiederum eine entscheidende Voraussetzung für eine gelingende Integration darstellt, erschweren.

Die Verordnung „VO Sonderpädagogik" in Berlin basiert auf einem additiven Verhältnis von Grundschul- und Sonderpädagogik (Senatsverwaltung Berlin für Schule, Jugend und Sport 2005b). Das Beispiel der Berliner Verordnung „VO Sonderpädagogik" stützt die Forschungsergebnisse von Deppe-Wolfinger (2004) und zeigt die Diskrepanz zwischen der antizyklischen Entwicklung von der Integration zur Inklusion bei einer gleichzeitigen zyklischen Entwicklung auf, die weiterhin ein Zwei-Gruppen-System in der Grundschule stabilisiert und die Ergebnisse der aktuellen integrationspädagogischen Forschung verwirft (Deppe-Wolfinger 2004). Hier wird deutlich, dass das oberste Grundprinzip einer gelingenden Integration, die gegenseitige Anerkennung, in den neuesten Ausführungsvorschriften des Landes Berlin fehlt (Senatsverwaltung Berlin für Bildung, Jugend und Sport 2005a, 2005b).

In der Zusammenarbeit zwischen Grund- und Sonderschullehrern sind Reibungsverluste vorprogrammiert. Es fehlen bisher Forschungen, die beleuchten, inwieweit Zugänge durch die mangelnde Kooperation zwischen verschiedenen Berufsgruppen blockiert werden.

2.8 Untersuchungen zur Lehrerbildung

„Um eine inklusive Pädagogik zu verwirklichen, müssen Konsequenzen in der LehrerInnenbildung gezogen werden (…) In Fort- und Weiterbildungen, vor allem aber auch schon in der ersten Phase der Ausbildung, müssen angehende LehrerInnen ein Grundwissen für den Umgang mit den immer schon heterogenen SchülerInnengruppen erwerben" (Obolenski 2001, 2004). Obolenskis Arbeiten entwerfen Richtlinien für die Qualifizierung von Lehrerinnen, deren Darstellung den Rahmen dieses Buches sprengen würde (Obolenski 2004). Fragestellungen der Integrationspädagogik sind Bestandteil der Studiengänge für zukünftige Sonderschullehrer. In dieser Ausbildung werden aber allgemeinpädagogische Aufgaben nur sehr randständig berücksichtigt. Dies beklagen Eberwein (2002) und Knauer (2003) für die Ausbildung an der FU Berlin. Knauer beschreibt in ihrem neuesten Beitrag wie bis zu 150 Studenten in einer Lehrveranstaltung sitzen, um neben dem „Ausländerschein" auch noch einen „Behindertenschein" zu erlangen. Die Motivation der Studierenden sei gering. Die Qualität der Veranstaltungen aufgrund mangelnder personeller Ressourcen nicht gut (Knauer 2003). Die Frage des Zuganges von Studenten der Grundschulpädagogik zur Integrationspädagogik wird nicht explizit thematisiert, aber es wird deutlich, dass gesetzliche Verpflichtungen in Kombination mit zu knappen personellen Ressourcen der Universität zu einer deutlichen Reduktion der Motivation der Studenten beitragen.

Beiträge zur Lehrerbildung zeigen, dass die Ausbildung zu einer inklusiven Pädagogik gegenwärtig im deutschsprachigen Raum nur in einem EU-finanzierten Masterstudiengang EUMIE in Oberösterreich realisiert wird (Feyerer 2004). Es finden sich auch Studiengänge zur Inklusiven Pädagogik an Fachhochschulen, die aber nicht auf das Lehramt vorbereiten (Markowetz 2005).

Die Beiträge von Gehrmann befassen sich mit dem Bielefelder Modell der Lehrerbildung, dass als Nebenfach im Studium der Erziehungswissenschaft Heterogenität vorsieht. Das Bielefelder Modell der Lehrerbildung ist wegweisend für eine Ausbildung, die frühe Spezialisierung zugunsten einer Vorbereitung auf heterogene Schülergruppen verhindert und auf die „Grundschule für alle" vorbereitet: „Mit dem Bielefelder Modell zur Lehrerausbildung ist eine Reform der Lehrerbildung eingeleitet worden, die das allgemeinpädagogische und das sonderpädagogische Studium verzahnt (...)" (Gehrmann 2005, 198). „Die Professionalisierung der angehenden LehrerInnen erfolgt somit unter der Prämisse, dass Heterogenität der Normalfall und Homogenität dagegen ein zu überwindendes pädagogisches Konstrukt ist. Damit kann eine notwendige Bewusstseinsdisposition geschaffen werden, die die Grundlage für eine gemeinsame Erziehung aller Kinder bildet" (Gehrmann 2005, 199). Aktuell kann eine Forschungslücke im Hinblick auf die Anforderungen an eine Lehrerbildung, die auf der Grundlage der Erkenntnisse einer Pädagogik der Vielfalt auf die „Grundschule für alle" vorbereitet, beklagt werden.

2.9 Resümee

Von Autoren der integrationspädagogischen Forschungen werden sonderpädagogische individuelle Hilfen für behinderte Kinder sowie die Zuordnung zu einem sonderpädagogischen Förderschwerpunkt wegen etikettierender und stigmatisierender Wirkungen als problematisch betrachtet. Die Frage des Zuganges emotional und kognitiv beeinträchtigter Kinder aus erschwerten sozialen Lebenslagen zum schulischen Lernen wird nur randständig thematisiert. Vielmehr findet man Forschungen zur Schaffung einer „Schule für alle", in denen Mitschüler Vorbildfunktion im Hinblick auf Sozialkompetenz von Kindern mit Beeinträchtigungen übernehmen. Die Diskursanalysen integrationspädagogischer Forschungen machen u.a. deutlich, dass die Anerkennung aller Mitglieder einer heterogenen Lerngruppe, Hilfen bei spezifischen Problemlagen für alle Kinder sowie dialogfähige Kooperation das Gelingen integrationspädagogischer Praxis ermöglichen. integrationspädagogische Forschungen bilden somit wichtige Voraussetzungen für meine Untersuchungen über „Lernzugänge als innovative Strukturen in der Primarstufe". Die integrationspädagogischen Forschungen lassen aber u.a. Arbeiten vermissen, die Strukturen untersuchen, welche Brücken zwischen Schule und bildungsfernen Elternhäusern schlagen. Aufgrund meiner schulpraktischen Erfahrungen weiß ich, dass dies notwendig ist, um Kindern aus erschwerten sozialen Lebenslagen das Auffinden von Zugängen zum schulischen Lernen in der allgemein bildenden Schule zu erleichtern (Becker/Hansen 2004).

Garlichs (Faust-Siehl/Garlichs/Ramseger/Warm 1996) zeigt, dass Kinder mit Beeinträchtigungen in der emotionalen Entwicklung Schwierigkeiten haben, sich sozial in Integrationsklassen zu integrieren, die Formen offenen Unterrichtes praktizieren. Der von Preuss-Lausitz 2004 herausgegebene Sammelband zur Integration dieser Schüler vereint positive Beispiele für gelingende schulische Integration von Kindern mit Beeinträchtigungen im Sozialverhalten (Kapitel 1). Die integrationspädagogischen Untersuchungen haben bisher nicht gezeigt, welche Strukturen diese Kinder benötigen, um hinsichtlich ihrer Schulleistungen sowie ihrer sozialen und emotionalen Entwicklung vom offenen Unterricht zu profitieren. Die Untersuchungen über „Lernzugänge als innovative Strukturen" leisten eine Annäherung an dieses Forschungsfeld.

3 Sonderpädagogische Forschungen bei Lernbeeinträchtigungen

3.1 Entwicklungen im Bildungswesen

3.1.1 In der Bundesrepublik Deutschland

In den einzelnen Bundesländern der Bundesrepublik Deutschland entwickeln sich unterschiedliche Formen des Schulbesuches für Schüler mit Lernbeeinträchtigungen. Seit der Wiedervereinigung erhöhte sich die Quantität von schulischen Angeboten, da das in der ehemaligen Deutschen Demokratischen Republik entwickelte Modell einer spezialisierten und ausdifferenzierten Förderung den Ausgangspunkt der Entwicklungen in den ostdeutschen Bundesländern darstellte und anschließend von verschiedenen westdeutschen Bundesländern und deren bildungspolitischen Strömungen geprägt wurde.

Die Entwicklung des Sonderschulwesens in der ehemaligen Deutschen Demokratischen Republik ging auf die Weimarer Republik (Liebers 1997, 54) zurück, bevor es von der Bildungspolitik der SED reformiert wurde. „Vorhandene reformerische Strömungen wurden bald durch den Einfluss der SED auf die Pädagogischen Wissenschaften und das Bildungswesen sowie durch den zunehmenden Einfluss der sowjetischen Defektologie verdrängt" (Liebers 1997, 57). Es entstand ein stark differenziertes Sonderschulwesen. Liebers schildert, wie soziale Ursachen von Lernbehinderung verleugnet wurden. In der ehemaligen Deutschen Demokratischen Republik wurde die Genese von Lernbehinderung ausschließlich in biologischen Faktoren gesehen (Liebers 1997, 63).

Im Bildungsgesetz von 1965 wurde als Ziel gesetzt „(...) dass auch die geschädigten Kinder und Jugendlichen das sozialistische Bildungs- und Erziehungsziel vollständig oder nach den von ihnen verbliebenen Möglichkeiten erreichen sollen" (Angerhöfer 1994, 15). Mit der Einführung der Rehabilitationspädagogik seit 1970 an der HUB und 1978 an der Universität Halle-Wittenberg (Hübner 2000) setzte sich zunehmend die Überzeugung durch, dass Behinderung, auch Lernbehinderung, sozial zu überwinden sei: „In der Annahme, dass die veränderten Produktionsverhältnisse im Sinne relativ gleicher materieller und kultureller Lebensbedingungen zur sozialen Gleichstellung der Menschen führen würde, galt Behinderung, insbesondere Behinderung im Lernen

und im Verhalten, als sozial überwindbar, ja, zu Zeiten schon als überwunden" (Angerhöfer 1994, 22).
Dies sollte durch eine möglichst frühzeitige Integration in den Arbeitsprozess gelingen. Angerhöfer beschreibt anschaulich die Vor- und Nachteile dieser frühen Eingliederung in den Arbeitsprozess: „Mit Sicherheit haben auch die zunehmenden ökonomischen Zwänge dazu geführt, Behinderte möglichst schnell in den Arbeitsprozess einzugliedern. Dennoch, ich begreife die Maßnahmen zur beruflichen und sozialen Eingliederung von Behinderten, die sich in der ehemaligen Deutschen Demokratischen Republik vollzogen haben, noch heute in erster Linie als eine grundsätzlich förderliche staatliche Zuwendung. Sie hat viele Behinderte nicht nur vor existentiellen Ängsten bewahrt, sie hat sie auch den ursprünglichen Wert von Arbeit als einer menschenwürdigen Möglichkeit der Selbstverwirklichung und des sozialen Miteinanders erleben lassen (...)" (Angerhöfer 1994, 19). Angerhöfer stellt die kritische Frage, ob nicht die Arbeit einseitig das Leben der Menschen dominiert hat. Wurde das Prinzip der allseitigen Bildung in den Sonderschulen vernachlässigt? „Spontanes, emotional gesteuertes Handeln der Schüler, Freiräume für die Stärkung ihres eigenen Willens und der eigenen Identität, selbstbestimmte Entscheidungen bzw. Mitbestimmung bei der Auswahl und Vermittlung von Bildungsangeboten wurden nur vereinzelt (...) in der Regel gar nicht, eingeräumt" (Angerhöfer 1994, 20).

Die Arbeiten von Angerhöfer zeigen, dass der Unterricht durch überhöhte und weltanschaulich geprägte Lehrpläne geprägt war. Der Unterrichtsstoff wurde in lehrgangsbetonten Unterrichtseinheiten vermittelt. Dementsprechend fand vorrangig Frontalunterricht statt: „Der Lehrplan für die Hilfsschule, überfrachtet durch formale und vordergründig ideologieträchtige Inhalte, ließ den Pädagogen kaum Freiraum und die notwendige Zeit für eine ganzheitliche und offene, handlungsorientierte Unterrichtsgestaltung, für eine allseitige, lebenspraktisch befähigende Anlage von Lernprozessen" (Angerhöfer 1994, 21).

Erst Ende der 80er Jahre setzte sich in der ehemaligen Deutschen Demokratischen Republik langsam eine multifaktorelle Verursachungstheorie durch (Angerhöfer 1994, 23). Liebers schildert, wie sich in der Wendezeit Eltern und Mitglieder des Neuen Forums für die Einführung des integrativen Unterrichts einsetzten (Liebers 1997, 69f.). Die westdeutschen Bundesländer prägten die bildungspolitische Entwicklung der ostdeutschen Bundesländer und es entstand in der bundesdeutschen Bildungslandschaft eine Vielfalt an Formen der schulischen Förderung von Schülern mit Lernbeeinträchtigungen.

Diese Spezifik in den einzelnen Bundesländern wird u.a. an der Unterschiedlichkeit der Terminologie deutlich, mit der die ehemalige Sonderschule heute bezeichnet wird: „Anstelle des ansonsten geltenden Oberbegriffes ‚Sonderschule' wird in Bayern, Brandenburg, Mecklenburg-Vorpommern, Sachsen und Thüringen der Ausdruck ‚Förderschule' gebraucht. Dagegen hat Hamburg schon vor Jahren die Schule für Lernbehinderte in ‚Förderschule' umbenannt, gefolgt von Baden-Württemberg und Schleswig-Holstein. Bei der Institution für lernbehinderte Schülerinnen und Schüler ist die Begriffsvielfalt überhaupt sehr verwirrend: Während die oben genannte Gruppe von Bundesländern bis auf Bayern ihren Oberbegriff zur ‚Allgemeinen Förderschule' oder ‚Förderschule für Lernbehinderte' spezifiziert, gilt der Name ‚Schule für Lernbehinderte' in Ländern wie Nordrhein-Westfalen, Berlin, Rheinland-Pfalz u.a. weiterhin. In Hessen und Niedersachsen lautet die Bezeichnung ‚Schule für Lernhilfe' und in Bayern schließlich ‚Schule zur individuellen Lernförderung'. Insgesamt bringt es der Schul-Föderalismus also auf sechs verschiedene Benennungen" (Schröder/Wittrock 2002, 13). Ich werde im Folgenden den Begriff Schule für Lernbehinderte gebrauchen, da dieser in den Empofehlungen der Kultusministerkonferenz Verwendung findet und somit in allen Bundesländern Gültigkeit hat (Drave/Rumpler/Wachtel 2000).

Die Unterschiedlichkeit der Terminologie spiegelt die Entwicklungen im Bildungswesen. Wir haben gegenwärtig einen kaum noch zu überblickenden Wildwuchs in den Konzeptionen zur sonderpädagogischen Förderung bei Schülern mit Lernbeeinträchtigungen. Die neuen Entwicklungen in den einzelnen Bundesländern betreffen die Neugestaltung des Schulabschlusses, neue Rahmenlehrpläne sowie die Neugestaltung des Schulanfanges. Es würde den Umfang dieser Arbeit sprengen, alle diese Entwicklungen mit ihren Spezifizierungen darzustellen. Daher möchte ich den Fokus meiner Betrachtung der Entwicklungen im Bildungswesen ausschließlich auf den Schulanfang richten.

Hierzu unterscheide ich zwischen Bundesländern, die mit der Reform des Schulanfanges in der Grundschule ihre Klassen 1 und 2 der Schule für Lernbehinderte aufgelöst haben und solchen, die einen „neuen" Schulanfang in der Grundschule bei gleichzeitigem Fortbestehen der Klassen 1 und 2 der Schule für Lernbehinderte eingeführt haben.

Entlang einer Umfrage, die ich bei Referenten des Berufsverbandes Sonderpädagogik e. V. 2006 durchgeführt habe, verzichten bisher die Bundesländer Rheinland-Pfalz, Bayern, Baden-Württemberg, Sachsen-Anhalt, Thüringen, Niedersachsen und Brandenburg nicht auf die Klassen 1 und 2 der Schule für Lernbehinderte (Ministerium für Bildung, Jugend und Sport des Landes Brandenburg 2005). In Brandenburg wurde allerdings im Schuljahr 05/06 die Klasse 1 der Förderschule zum letzten Mal eingerichtet. Ab 06/07 nehmen Kinder, bei denen Verdacht sonderpädagogischen Förderbedarf mit dem Schwerpunkt Lernen besteht, bis zum Ende der Klasse 1 am Unterricht einer Förderklasse innerhalb der Grundschule teil, in der eine lernbegleitende Diagnostik stattfindet. Brandenburg richtet aber nach wie vor Klassen der Stufe 2 in den Förderschulen ein (Ministerium für Bildung, Jugend und Sport des Landes Brandenburg 2005). So findet man im Rundschreiben 14/03 des Bildungsministeriums Brandenburg folgende Formulierung: „Schülerinnen und Schüler mit erheblichen und anhaltenden Beeinträchtigungen im Bereich des Lernens, der Sprache und/ oder des Verhaltens, für deren Entwicklung die in der Grundschule möglichen Unterstützungsmaßnahmen nicht ausreichen, erhalten auf der Grundlage einer lernprozessbegleitenden Diagnostik eine temporäre oder dauerhafte sonderpädagogische Förderung" (Ministerium für Bildung, Jugend und Sport des Landes Brandenburg, Rundschreiben 14/03, 3). Zur Aufnahmeregelung findet sich folgender Passus in Paragraph 25: „Schülerinnen und Schüler mit sonderpädagogischem Förderbedarf, die nicht im gemeinsamen Unterricht an einer allgemeinen Schule gefördert werden können oder deren Eltern es wünschen, werden auf Antrag oder nach Anhörung der Eltern möglichst wohnortnah in einer Förderschule oder entsprechenden Förderklasse aufgenommen (...)" (Ministerium für Bildung, Jugend und Sport des Landes Brandenburg 1997, SopV 24.6.97, Paragraph 25).

Die Abschaffung der Klassen 1 und 2 der Schule für Lernbehinderte wurde bisher in einigen Bundesländern vollzogen. Meine Umfrage bei Landesreferenten des Berufsverbandes Sonderpädagogik e.V. ergab, dass dies in den Ländern Berlin, Mecklenburg-Vorpommern und Schleswig-Holstein der Fall ist. Von den Bundesländern Bremen, Hamburg, Sachsen, Hessen und Nordrhein-Westfalen habe ich keine Antwort erhalten.

Ich möchte exemplarisch am Beispiel des Bundeslandes Berlin verdeutlichen, welche Änderungen die Abschaffung der Klassen 1 und 2 der Schule für Lernbehinderte für die Grundschule mit sich bringen kann. In Berlin wird seit dem Schuljahr 2005/2006 sonderpädagogischer Förderbedarf mit dem Schwerpunkt Lernen für Kinder mit Beeinträchtigungen erst für die Klassenstufe 3 beantragt. Stattdessen senden die sonderpädagogischen Förderzentren Sonderschullehrer zur Beratung, zur lernbegleitenden Diagnostik sowie zur Förderung in die Klassen 1 und 2 der Grundschulen. Jede Schulanfangsphasenklasse erhält durchschnittlich 2 Wochenstunden zur Förderung und Beratung durch einen Sonderschullehrer, was in keiner Weise den Bedarf deckt. Die Leiter Berliner sonderpädagogischer Förderzentren sowie die Sonderschullehrer sehen dieses Modell kritisch:
- Die Sonderschullehrer ‚hetzen' in Unterrichtspausen von Schule zu Schule, um dort zu beraten und zu fördern. Sie bemängeln, in jeder Schule nur „Gast" zu sein.
- Die Grundschullehrer äußern oft ihre Unzufriedenheit über die zu knappen Ressourcen und die Sonderpädagogen fühlen sich damit konfrontiert, dass sich die Grundschullehrer ein Zweipädagogensystem für die Schulanfangs-

phase anstelle eines herumreisenden und für wenige Wochenstunden auftauchenden Sonderschullehrers wünschen.
- Die Sonderpädagogen vermuten, dass die Schülerzahl ab Klasse 3 in der Schule für Lernbehinderte ab 2007 sprunghaft ansteigen wird, da wertvolle Zeitfenster zur Förderung von Kindern mit Lernbeeinträchtigungen in Klasse 1 und 2 durch mangelnde personelle Ressourcen in den Grundschulen nicht ausreichend genutzt werden können (Faust 2005).

Anstelle eines Zweipädagogensystems unterrichtet in Berlin ein Klassenlehrer ohne Unterstützung durch eine zweite Lehrkraft eine altersgemischte Gruppe mit mindestens 25 Schulanfängern. Die Sonderschullehrer bewerten ihr neues Aufgabenfeld ebenfalls negativ, da sie sich in keiner Schule zu Hause fühlen und von Schule zu Schule reisen.

3.1.2 Im internationalen Vergleich

Die vergleichende Lernbehindertenpädagogik (Schröder 2000) stellt durch die unterschiedlichen Terminologien der europäischen Länder ein schwieriges Forschungsterrain dar (Bleidick 1985, Schröder 2000). Die Forschungen zur vergleichenden Lernbehindertenpädagogik weisen Schnittstellen mit internationalen integrationspädagogischen Untersuchungen auf (Kapitel 2.12), die ich im vorangegangenen Kapitel erläutert habe.

Schröder ist ein Überblick gelungen, bei dem er die Entwicklung der Pädagogik bei Kindern mit Beeinträchtigungen in der kognitiven Entwicklung in den einzelnen europäischen Ländern und in den USA historisch betrachtet (Schröder 2000).

Die Forschungen zur vergleichenden Lernbehindertenpädagogik lassen in der europäischen Bildungslandschaft drei Ansätze zur schulischen Integration und Förderung von Kindern mit Lernbeeinträchtigungen erkennen (Sasse 2004):
- Es finden sich segregierende Bildungsansätze. Diese segregierenden Bildungsansätze werden durch die bundesdeutsche Schule für Lernbehinderte, die Sonderklassen „classes d'integration scolaire" in Frankreich sowie die Kleinklassen in der deutschsprachigen Schweiz repräsentiert.
- England hat in den 90er Jahren den Begriff Special Educational Needs gewählt, der vermutlich den bundesdeutschen Begriff der sonderpädagogischen Förderung prägte (Schröder 2000). Schweden und Dänemark integrieren Schüler mit Lernschwächen in der Einheitsschule (Kapitel 2.1.2).
- In Italien erfahren diese Kinder in der Primarstufe keine besondere Förderung. Hier stellt sich vielmehr die Frage: „Da Kindern, die den Lernbehin-

derten vergleichbar wären, dort nicht als behindert gelten, ist zu fragen, wie ihr besonderes Förderungsbedürfnis erfüllt wird" (Schröder 2000, 39).

In den Publikationen zu den europäischen Bildungsansätzen für Kinder mit Lernbeeinträchtigungen werden unterschiedliche Zugänge zur Bildung von Kindern mit Lernbeeinträchtigungen erkennbar, die von segregierenden bis zu temporär integrierenden Modellen der Beschulung reichen: sonderpädagogische Förderung in ganztägigen Kleinklassen (Schweiz), Förderung in temporären Lerngruppen wie den „classes d`integration scolaire, CLIS 1" (Frankreich), sonderpädagogische Förderung durch Stützlehrer in Klassen der Primarstufe (England), Besuch einer Grundschulklasse ohne sonderpädagogische Förderung (Italien).

Es wäre wichtig, bei neuen Entwicklungen im Bildungswesen der einzelnen Bundesländer auf internationale pädagogische Forschungen zurückzugreifen, um Fehler anderer Länder nicht zu wiederholen und aus deren Erfahrungen zu lernen. So ähneln die temporären Lerngruppen, die zum Schuljahr 2005/2006 allgemein in Berlin eingeführt wurden (Becker 2006, Senatsverwaltung für Schule, Jugend und Sport Berlin 2005b, c), dem seit Jahrzehnten in Frankreich praktizierten Modell der „classes d`integration scolaire". Wie bei den „classes d`integration scolaire" handelt es sich bei den temporären Lerngruppen um eine thematisch bezogene und zeitlich befristete sonderpädagogische Förderung in einer Kleingruppe. Der Zusatz „zeitliche Befristung,, lässt verschiedene Interpretationen zu. In der Berliner Schulpraxis wird dies als eine Lerngruppe mit etwa vier Kindern realisiert, die außerhalb des Klassenraumes für 2 bis 8 Wochenstunden zur Förderung zusammenkommt und von einem Sonderschullehrer geleitet wird.

Von den europäischen Entwicklungen hebt sich der nordamerikanische Ansatz zum Verständnis von Lernbeeinträchtigung ab: Schröder kritisiert, dass „learning disabilities" häufig als Lernbehinderung ins Deutsche übersetzt wird. Er unterstreicht, dass Schüler mit einer intellektuellen Retardierung in den USA als „trainable mentally retarded" und „educable mentally retarded" bezeichnet werden.

Schröder stimmt zwar zu, dass im Kontext der Schülerpopulation, die in der Bundesrepublik dem Förderschwerpunkt Lernen zugeordnet wird, in den USA von „learning disabilities" gesprochen wird, weist aber auch darauf hin, dass in den USA „learning disabilities" nicht als „geistige Retardierung" verstanden wird, sondern „ (…) der Begriff sich auf ein „heterogenes Bündel von schulleistungsbezogenen und anderen Problemen" bezieht (Wong 1996, 41 zitiert nach: Schröder 2002, 30). „Leichte intellektuelle Retardierung findet sich ebenso häufig in Gruppen von Lernschwachen wie die Wirksamkeit sozialer Selektionsmechanismen" (Schröder 2002, 30). Durch einen quantitativen Faktor sieht er seine These untermauert: „Die ‚learning disabled' sind damit die bei weitem größte Gruppe der Schüler und Schülerinnen, die sonderpädagogische Maßnahmen erfahren" (Schröder 2002, 29). Schröder regt an, „learning disabilities" mit Lernschwächen statt mit Lernbehinderung zu übersetzen und in Anlehnung an nordamerikanische Autoren die bundesdeutsche Definition der hier beschriebenen Beeinträchtigung kritisch zu überdenken (Schröder 2002, 26).

3.2 Klassifikationsprobleme

An die Stelle des Begriffes Lernbehindertenpädagogik sind heute verschiedene andere Begrifflichkeiten getreten. In diesem Kontext sind die Pädagogik für Lernhilfe, die Pädagogik bei Lernbeeinträchtigungen sowie die Pädagogik bei Schülern mit dem Förderschwerpunkt Lernen zu nennen (Lütje-Klose 2006). Der letzte dieser Begriffe ist direkt von den Richtlinien der Kultusministerkonferenz abgeleitet (Kanter 2005). Ich werde sowohl von der Pädagogik bei Lernbeeinträchtigungen als auch von der Pädagogik bei Schülern mit dem Förderschwerpunkt Lernen sprechen.

3.3 Forschungsüberblick

Der Band 4 des Handbuches der Sonderpädagogik mit dem Titel „Pädagogik der Lernbehinderten" (Kanter/Speck 1980) galt als klassisches Handbuch der Lernbehindertenpädagogik (Antor/Bleidick 2001) bis es 1998 von dem Sammelband „Von der Lernbehindertenpädagogik zur Praxis schulischer Lernförderung" (Greisbach/Kulig/Souvignier 1998) sowie den Handbüchern von Werning (2002) und Schröder (2000) abgelöst wurde.

Der Sammelband von Greisbach, das Handbuch „Lernbehindertenpädagogik" von Schröder (2000), ein von ihm zusammen mit Wittrock herausgegebenes Werk „Lernbeeinträchtigung und Verhaltensstörung" (2002) sowie das von Werning und Lütje-Klose publizierte Handbuch „Einführung in die Pädagogik bei Lernbeeinträchtigungen" (2006) geben einen Überblick über die sonderpädagogische Forschung zum Förderschwerpunkt Lernen in den letzten zehn Jahren.

Der von Greisbach, Kulig und Souvignier herausgegebene Sammelband besteht aus drei Teilen. Der erste Teil beginnt mit acht Beiträgen zu theoretischen Grundlagen der Lernbehindertenpädagogik. Kanter, Sander, Büttner, Kurth, Schröder, Ahrbeck, Borchert und Bundschuh widmen ihre Artikel hier den emotionalen, motivationalen und kognitiven Aspekten des Lernens. Es folgt ein zweiter Buchteil mit Beiträgen zur Diagnostik. Es handelt sich um Artikel über normierte Testverfahren zur Erstellung sonderpädagogischer Gutachten sowie um Beiträge zur Förderdiagnostik. Der dritte Buchteil widmet sich mit Beiträgen von Autoren wie Souvignier, Greisbach, Kulig und Probst schulpraktischen Fördermaßnahmen sowie deren Evaluation (Greisbach/Kulig/Souvignier 1998).

Im Jahre 2000 erscheint das Handbuch von Schröder, das sich in fünf Abschnitte gliedert und auf 253 Seiten insbesondere Studenten eine gute Einführung in sonderpädagogische Erhebungen zum Förderschwerpunkt Lernen gibt. Schröder spannt einen Bogen von der Geschichte der Lernbehindertenpädagogik über die vergleichende Lernbehindertenpädagogik, die Begründung und Kritik der Terminologie sowie den Personenkreis der Lernbehinderten bis hin zur Förderung dieses Klientels (Schröder 2000).

Im Gegensatz zum Handbuch „Lernbehindertenpädagogik" diskutieren die Autoren in dem Buch „Lernbeeinträchtigungen und Verhaltensstörungen" (Schröder/Wittrock 2002) auf 202 Seiten kritisch die wissenschaftlichen Versuche, Beeinträchtigungen im Lernen sowie im Verhalten voneinander abzugrenzen. Mit Beiträgen von Opp zur Komorbidität, von Schröder zu „learning disabilities" (Kapitel 3.1.2) sowie von Reiser und Werning zur Klassifikation aus konstruktivistischer Sicht ermöglichen Wittrock und Schröder dem Leser einen Einstieg in die Debatte, die dann mit zehn weiteren Autoren fortgesetzt wird. Die in diesem Handbuch geführte Diskussion setzt sich mit dem neu erschienenen Band „Einführung in die Sonderpädagogik" fort (Opp/Kulig/Puhr 2005), in dem ein Kapitel von Opp der Abgrenzung von Lern- und Verhaltensstörungen gewidmet wird.

Werning und Lütje-Klose bringen 2006 in einer zweiten Auflage das Handbuch „Einführung in die Pädagogik bei Lernbeeinträchtigungen" heraus, das vorrangig ein Verständnis von Lernbeeinträchtigungen aus konstruktivistischer Sicht vermittelt. Das Buch gliedert sich in vier Teile und gibt insbesondere Studenten einen Überblick über das Forschungsfeld der Lernbeeinträchtigungen.

Das Werk beginnt nach einer Einleitung zu dem Thema „Wenn das Lernen beeinträchtigt ist" mit historischen Aspekten der Pädagogik bei Lernbeeinträchtigungen und schildert die Entstehung der Hilfsschule. Danach geben die Autoren in einem zweiten Teil einen Überblick über die Theorien in der Pädagogik bei Lernbeeinträchtigungen, um anschließend in einem dritten und vierten Buchteil didaktische Konzepte sowie Förderkonzepte vorzustellen und diese auf der Grundlage einer systemisch-konstruktivistischen Sichtweise zu diskutieren.

3.4 Forschungsschwerpunkte

Im Folgenden stelle ich die aktuellen Forschungsschwerpunkte der Pädagogik bei Lernbeeinträchtigungen unter besonderer Berücksichtigung der Möglichkeiten des Zuganges der von ihnen betroffenen Kinder zum schulischen Lernen in der Grundschule vor.

Die aktuellen wissenschaftlichen Beiträge der Pädagogik bei Schülern mit dem Förderschwerpunkt Lernen lassen sich folgenden Schwerpunkten zuordnen: Vergleichende Lernbehindertenpädagogik, Schulanfang, Sozialstruktur, Arbeits- und Sozialverhalten sowie Didaktik und Geschichte. Ich werde bei der Darstellung der Ergebnisse der aktuellen Untersuchungsschwerpunkte den Fragestellungen dieser Arbeit besondere Berücksichtigung zukommen lassen. Forschungsfelder, die meine Arbeiten nicht unmittelbar berühren, wie der Übergang von der Schule zum Beruf, lasse ich weitgehend unberücksichtigt.

3.5 Forschungen zum Schulanfang

Der Schulanfang in der allgemein bildenden Schule stellt ein junges Forschungsfeld der Pädagogik bei Lernbeeinträchtigungen dar. Die sonderpädagogischen Untersuchungen zu diesem Themenkomplex sind vorrangig empirische Erhebungen zum Schulanfang und durch eine hohe Praxisorientierung gekennzeichnet. Meine Literaturrecherche ergibt, dass die sonderpädagogischen Beiträge zu diesem Forschungsfeld bisher nur selten Theorie bildend sind, was darauf zurückzuführen ist, dass der Schulanfang der allgemein bildenden Schule noch ein von der Sonderpädagogik bisher fast unberührtes Terrain darstellt, da sich Sonderpädagogen, die die Absicht haben, den gemeinsamen Unterricht zu untersuchen, vorrangig in der integrationspädagogischen Forschung angesiedelt haben (Kapitel 2).

Die sonderpädagogischen Publikationen zum Schulanfang beziehen sich vorrangig auf zwei Forschungsfelder. Zum einen gibt es Forschungen zur Organisation von Lehr- und Lernprozessen im Unterricht (Becker 2005, Rauh 2005, Salzberg-Ludwig 2005, Siepmann 2000). Zum anderen findet man zahlreiche Beiträge zur Entwicklung, Implementation und Evaluation von Unterrichtsmaterialien zur lernbegleitenden Diagnostik sowie zur Förderung entwicklungsverzögerter und schwieriger Kinder im Klassenverband (s.o.), die aus integrationspädagogischen wie sonderpädagogischen Erhebungen resultieren (Siepmann 2000, Teumer 2005).

3.6 Beiträge zu Beeinträchtigungen im Arbeits- und Sozialverhalten

Ein bedeutendes Forschungsfeld stellen die Beeinträchtigungen im Arbeits- und Sozialverhalten von Schülern mit Lernbeeinträchtigungen dar.
Mand hat in drei westdeutschen Städten mit Lehrern von vierten Klassen der Schule für Lernbehinderte eine Erhebung mit Teacher`s Report Form (TRF), einem Lehrerfragebogen aus der Child Behavior Checklist, durchgeführt und fand seine Hypothese, die er aus indirekten empirischen Hinweisen der PISA-Studie sowie aus seinen eigenen bisherigen Studien ableitete, bestätigt. Dabei wurden vorrangig externalisierende Störungen untersucht. „Die Befunde weisen darauf hin, dass Verhaltensprobleme in der Schule für Lernbehinderte weit verbreitet sind und erhebliche Ausmaße haben. Möglicherweise befinden sich ebenso viele Schüler mit schwerwiegenden Verhaltensproblemen in Schulen für Lernbehinderte wie in Schulen für Erziehungsschwierige" (Mand 2004, 324). „Mand stellt (...) fest, dass ca. ein Drittel der Schülerschaft an den untersuchten Schulen für Lernhilfe manifeste Gefühls- und Verhaltensstörungen, insbesondere externalisierende Störungen, aufweist. Die Störungen der Schüler an Schulen für Lernhilfe sind nach einer Berechnung und Einschätzung qualitativ sogar erheblich schwerwiegender einzuschätzen als die Werte einer Leipziger Schule für Erziehungshilfe an einer Kinder- und Jugendpsychiatrie" (Hillenbrand 2005, 127). „Man kann davon ausgehen, dass die Schule für Lernbehinderte auch von im Verhaltensbereich auffälligen Schülern besucht wird. Die Schülerschaft der Schule für Erziehungshilfe weist hingegen durchgängig Verhaltensprobleme auf" (Mand 2004, 323). Mand vergleicht seine Forschung mit den Untersuchungen von Goetze und Julius (Goetze/Julius 2001), Ettrich und Herbst (Ettrich/Herbst 2003) sowie Döpfner (Döpfner 1998):

Diese Autoren untersuchen mit dem TRF Verhaltensstörungen bei Schülern, die über einen altersgerechten kognitiven Entwicklungsstand verfügen. Goetze und Julius ermitteln per Zufallsprinzip 805 Schüler aus Brandenburger Grundschulen der Klassenstufen drei bis sechs und beziehen eine niederländische Studie mit ein. Diese Studie ist im Hinblick auf einen Vergleich zwischen ost- und westdeutschen Schülern relevant. Mand stellt unter Einbeziehung der Forschungen von Goetze und Julius keinen signifikanten Unterschied zwischen ost- und westdeutschen Schülern fest: „(...) und halten zusammenfassend fest, dass der Grad der Übereinstimmung zwischen der ostdeutschen und den westlichen Stichproben weitaus höher ausfällt als erwartet" (Mand 2004, 321). Die Untersuchungen von Goetze/Julius und Döpfner können trotz derselben Untersuchungsmethode nur eingeschränkt mit denen Mands verglichen werden, da sie Grundschüler in ländlichen Gegenden untersuchen, die Beeinträchtigungen in der emotionalen Entwicklung haben, jedoch keinen sonderpädagogischen

Förderbedarf mit dem Schwerpunkt Lernen. Die von Goetze/Julius angewandte Forschungsmethode der „kontrollierten Einzelfallstudie" ist geeignet, um das „Äquivalenzproblem (Laborsituation>Praxissituation)" (Goetze/Julius 2001, 194) zu lösen und wird von Mand besonders gewürdigt.

Ettrich und Herbst stellen bei den von Ihnen untersuchten Schülern fest: „Schüler, denen in der Schule für Lernbehinderte Verhaltensprobleme attestiert werden, haben möglicherweise schwerwiegendere Verhaltensprobleme als Schüler der Schule für Erziehungshilfe" (Mand 2004, 322). Mand betont, dass seine Lehrerbefragung keine Aussagen über alle in Deutschland als lernbehindert eingestuften Schüler macht. „Allerdings gilt: Die hier vorgelegte Untersuchung steht in einer Reihe mit anderen Untersuchungen, die einen Zusammenhang von Lern- und Verhaltensproblemen wahrscheinlich machen. Studien, die einen solchen Zusammenhang überzeugend ausschließen, liegen dagegen nicht vor (…) Schüler, die Probleme im Lernen und im Verhalten haben, sind dabei in Schulen für Lernbehinderte möglicherweise alles andere als eine zu vernachlässigende Größe" (Mand 2004, 324). Die Ergebnisse von Mand sind dahingehend überzeugend, dass sie sich mit Beobachtungen aus der schulischen Praxis von Sonderschullehrern decken. Kritisch ist zu bemerken, dass ausschließlich ein standardisierter Lehrerfragebogen zur Erhebung verwendet wird. Interviews mit Lehrern sowie teilnehmende Beobachtungen könnten Ergebnisse zur Prozess- und Beziehungsqualität erbringen, die wiederum Ursachen für Störungen im Arbeits- und Sozialverhalten erhellen könnten.

Aus neurologischer Perspektive hängen Lernen und Verhalten eng miteinander zusammen, so dass es aus diesem Blickwinkel selbstverständlich ist, dass Kinder mit Verhaltensstörungen auch Lernstörungen und Kinder mit Lernstörungen oder einer Lernbehinderung Auffälligkeiten im Verhalten zeigen (Bundschuh 2003, Kautter/Munz 2004). Hillenbrand verfolgt diesen Zusammenhang in seinen Forschungen: „Nach einer Meta-Analyse von Kavale & Forness (1996) ist davon auszugehen, dass bei ca. 75 Prozent der Schüler mit Lernbeeinträchtigungen auch mangelnde soziale Kompetenzen bzw. Verhaltensschwierigkeiten zu finden sind. Caspi et al. (1987) weisen in einer Längsschnittstudie nach, dass Verhaltensstörungen von Kindern als wesentliche Prädikatoren für eine deviante Entwicklung zu betrachten sind und sich auch in schulischen Lernstörungen manifestieren. Die vorliegenden Befunde weisen auf eine hohe Komorbität von Lern- und Verhaltensstörungen hin" (Hennemann 2005). „Die große Komorbität von Lernbehinderungen und Gefühls- und Verhaltensstörungen für die Schullaufbahn kann man an zwei weiteren Problemen illustrieren: Die soziale Handlungskompetenz von Kindern mit Lernbehinderungen bildet ein entscheidendes Kriterium für die soziale Akzeptanz in der Klasse (…) Verschiedene Studien zur Gewaltproblematik an Schulen (…) belegen übereinstimmend, dass die höchste Rate an körperlicher Gewalt in Schulen für Lernhilfe zu finden ist" (Hillenbrand 2005, 127).

Die vorliegenden Studien zum Arbeits- und Sozialverhalten von Schülern mit dem Schwerpunkt Lernen zeigen im Hinblick auf meine Forschungen, dass das Problem des Zugangs zum schulischen Lernen genauso bei Schülern mit Beeinträchtigungen in der kognitiven Entwicklung besteht wie bei Kindern mit Beeinträchtigungen in der emotionalen Entwicklung. Es können daher ähnliche Kriterien für die Veränderung der Organisationsstrukturen in Form der Schaffung von Lernzugängen in der Grundschule angelegt werden. Die aktuellen Forschungen geben keine Hinweise auf eine günstigere Entwicklung der Schüler an Sonderschulen, wenn man die Kriterien Verbesserung der Schulleistungen, regelmäßiger Schulbesuch sowie das Arbeits- und Sozialverhalten anlegt. Die Ergebnisse zeigen jedoch, dass bisher nur randständig Organisationsstrukturen erforscht werden, die den Schülern mit Lernbeeinträchtigungen ermöglichen, in Lerngruppen der „Sonderschule" wie der Grundschule ein „Heimatgefühl" zu entwickeln, was ein wichtiger Baustein bei dem Auffinden von Zugängen zum schulischen Lernen darstellt.

3.7 Untersuchungen zur Sozialstruktur

Ende der 60er Jahre wurde Lernbehinderung als Folge soziokultureller Benachteiligung erkannt (Begemann 1970): „Die Mehrheit der Familien der Lernbehinderten ist unterhalb des gelernten Arbeiters oder des qualifizierten Facharbeiters anzusiedeln" (Begemann 1973, 149). Seit den 80er Jahren wird von den Forschern eine multifaktorielle Verursachung, bei der die soziale Lage einen wesentlichen Faktor darstellt, angenommen (Schröder 2000, 142f.). Dies resultiert aus dem Tatbestand, „dass 80-90% der Schülerschaft der Schule für Lernbehinderte bzw. ihrer Herkunftsfamilien der Unterschicht angehören" (Schröder 2000, 143). Kanter bagatellisiert bereits 1974 diesen Zusammenhang und schreibt der Hauptschule die Aufgabe zu, „Unterschichtskinder" anzusprechen: „In jedem Fall aber – ob man nun die Unterschicht undifferenziert lässt oder hauptsächlich die untere Unterschicht in den Blick nimmt – gilt, dass es immerhin noch die überwältigende Mehrheit der Kinder dieser sozialen Statusgruppe ist, die die Allgemeine Schule durchläuft, dass also ‚„nicht die Lernbehinderten-, sondern die Hauptschule als Schule der ‚Unterschichtskinder' anzusprechen ist" (Kanter 1974, 149 zitiert nach: Schröder 2000, 144). Begemann und Hiller sind einige der wenigen Autoren, die versucht haben, dem Tatbestand, das Kinder mit dem Förderschwerpunkt Lernen weitgehend den ökonomisch und kulturell ärmsten Bevölkerungsgruppen angehören, Rechnung zu tragen, indem beispielsweise

Hiller das Konzept der „realitätsnahen Schule" entwickelt und Begemann ein umfassendes Erziehungskonzept vorgelegt hat (Hiller 1997). Weitere Autoren haben die Ansätze von Freire und Dewey aufgegriffen und u.a. den Situationsansatz oder die „gemeinwesenorientierte Pädagogik" als Antwort auf die soziokulturelle Lage dieser Schülerpopulation begriffen.

Gegenwärtig befassen sich auffallend wenige Forschungsarbeiten mit der sozialen Lage von Schülern mit dem Förderschwerpunkt Lernen. Iben schreibt bereits 1996: „Die Politisierung von Pädagogik und Öffentlichkeit verflüchtigte sich im Psychoboom und in der Therapiegesellschaft" (Iben 1996, 452). Es gibt einige Beiträge zum Selbstwertgefühl (Baudisch 2003, 73-76) und den Zukunftsperspektiven dieser Schülerpopulation und wenige Beiträge zum Anteil von Kindern und Jugendlichen nichtdeutscher Herkunftssprache in dieser Schülerpopulation. Hier stellen R. und A. Kornmann 2003 fest: „Immerhin sind hier 41.792 der insgesamt 230.920 Schüler, also 18,1% über alle Bundesländer hinweg, nach der jetzt vorliegenden Veröffentlichung der Kultusministerkonferenz (2002, 87) Ausländer (…) In den alten Bundesländern variieren die Werte zwischen 9,7 (Schleswig-Holstein) und 36,5% (Hamburg). Im Unterschied dazu schwanken die Anteile in den neuen Bundesländern lediglich zwischen 0,2 und 0,5%" (Kornmann 2003, 288). Zusammenfassend lässt sich feststellen, dass die soziale Lage der Schüler mit dem Schwerpunkt Lernen aktuell in den Hintergrund des allgemeinen Forschungsinteresses gerückt ist. Dies ist insbesondere deshalb erstaunlich, da die Folgen der „neuen Armut" voraussichtlich vor allem Familien in erschwerten sozialen Lagen wesentlich härter treffen werden, als die in den 70er Jahren von Klein und Begemann konstatierte soziokulturelle Benachteiligung.

„Die Daten über den sozialen Hintergrund bei der Mehrheit der Schüler und die beispielhaften Biographien zeigen deutlich die psychosozialen Risikofaktoren, welche die Lebens- und Erziehungsbedingungen, den Alltag der Kinder von der Geburt an bis hinein in das Schulalter bestimmen. Allgemeine Entwicklungsrückstände und schulische Lernprobleme erscheinen so als Folgen und Symptome deprivierender Lebensbedingungen bei Kleinkindern und ungesicherter, psychisch belastender Lebenssituationen, die auch noch den Alltag der Kinder im Schulalter bestimmen. Die Bildungskarrieren von Förderschülern scheinen die These zu bestätigen, wonach die negativen Wirkungen psychosozialer Risikofaktoren mit zunehmendem Alter der Kinder stärker sichtbar werden" (Rauh 1984, Laucht et al. 1996, in: Klein 2001).

Klein hat 1969 und 1997 den Zusammenhang von sozialer Lage und Schullaufbahn bei Schülern mit dem Schwerpunkt Lernen untersucht. Im Rahmen einer Untersuchung wurden in Baden-Württemberg von 1.104 Förderschülern in zehn Schulen Daten erhoben. Neben der Erhebung quantitativer Faktoren wurde versucht, die Entwicklungsgeschichte einzelner Kinder zu rekonstruieren (Klein 2001, 51). Im Vergleich zu der Untersuchung 1969 kommt Klein 1997 zu folgenden Ergebnissen: Die soziale Lage deutscher Kinder mit dem Förderschwerpunkt Lernen in Sonderschulen unterscheidet sich nicht signifikant von der sozialen Lage Lernbehinderter 1969. Der Anteil ausländischer Schüler in Sonderschulen für Kinder mit dem Förderschwerpunkt Lernen ist allerdings drastisch auf fast 50 Prozent in Baden-Württemberg gestiegen und die soziale Lage ausländischer Schüler mit dem Schwerpunkt Lernen ist schlechter als die deutscher Schüler mit diesem Förderschwerpunkt. Dies konkretisiert sich in beengteren Wohnverhältnissen, einer höheren Kinderzahl in den Familien sowie in einer höheren Arbeitslosigkeit bei den Vätern und einem niedrigeren Bildungsstand beider Eltern.

Klein betrachtet die Schülerpopulation der Schulen für Lernbehinderte insgesamt und stellt zusammenfassend fest: Die Arbeitslosigkeit bei Vätern ist von 1,3 Prozent auf 16,3 Prozent gestiegen. Der Anteil alleinerziehender Elternteile ist deutlich zurückgegangen, was Klein darauf zurückführt, dass ausländische Eltern seltener alleinerziehend sind. Lernbehinderte Kinder werden heute seltener vom Schulbesuch zurückgestellt und beginnen altersgerecht ihre Schullaufbahn (Klein 2001, 55). Klein resümiert abschließend zur sozialen Lage von Schülern mit dem Schwerpunkt Lernen:

„Anstatt auf die erschwerten Lebensbedingungen dieser Schülerpopulation mit Forschungen und pädagogisch in der schulischen Praxis zu reagieren, wird die ‚soziale Lage der Schüler' zunehmend aus pädagogischen Überlegungen ausgeschlossen. Die deprivierenden Lebensbedingungen und die Kumulation von beeinträchtigenden Faktoren im Alltag der Kinder, wie sie die Untersuchung zeigen, werden als Ursachen von Lernbehinderungen in der Sozial- und Bildungspolitik kaum wahrgenommen" (Klein 1996, 61). Offenbar handelt es sich hier um einen Verdrängungsprozess (Iben 1996).

Stattdessen rückt eine multifaktorielle Verursachungstheorie in den Vordergrund: Wie Schmetz (1999, 136) aufzählt, können sich Lern- und Entwicklungsschwierigkeiten dabei „im sensorischen, motorischen, kognitiven, sozialen Verhalten zeigen". Jedoch ist Lernbehinderung weder als ein spezifisch psychologisches, medizinisches, soziologisches oder sonst einzelwissenschaftliches Syndrom anzusehen, noch kann sie als ein bestimmter ursächlicher Faktor oder umschriebener Defektzustand beschrieben werden" (Kanter 2001, 122).

Die aktuellen Forschungen der Pädagogik bei Schülern mit Beeinträchtigungen in der kognitiven Entwicklung lassen eine Fokussierung auf die Bedeutung der sozialen Lebenslage von Schülern für Lernprozesse in der allgemein bildenden Schule, insbesondere am Schulanfang, vermissen. Die PISA-Studie hat gezeigt, dass in der Bundesrepublik Deutschland eine enge Kopplung zwischen sozialer Herkunft, Migration und Bildungsabschluss besteht. In der Bildungsberichterstattung des Bundesminsteriums für Bildung und Forschung (2006) wird deutlich, dass die Entkopplung dieser Faktoren nach der Publikation der PISA-Ergebnisse in Angriff genommen wurde. Die Ergebnisse des indikatorengestützten Bildungsberichtes des Bundesministeriums (2006) machen jedoch deutlich, dass die ergriffenen Maßnahmen offenbar bisher nicht erfolgreich sind. In PISA 2000 war die Kurve des ‚sozialen Gradienten' so steil wie in keinem anderen Land. „Der soziale Gradient ist eine – in der Regel – lineare Funktion, die den Zusammenhang zwischen sozialer Herkunft und erworbener Kompetenz darstellt (...) Die Steigung des Gradienten bildet daher einen Indikator für die Enge des Zusammenhangs" (Bundesministerium für Bildung und Forschung 2006, 71). „Zwischen 2000 und 2003 hat sich weder an diesem Vergleichsbefund noch an der Höhe des sozialen Gradienten etwas verändert. Nach wie vor ist der Ausgleich unterschiedlicher Chancen des Kompetenzerwerbs ein wesentliches Desiderat in der Bildungspolitik" (Bundesministerium für Bildung und Forschung 2006, 70). Gleichzeitig ergibt der Bildungsbericht für die Kopplung von Migrationshintergrund und Bildungsabschluss, dass auch dieser Zusammenhang nicht aufgelöst werden konnte: „Über 40% der Jugendlichen beider Zuwanderergenerationen, aber nur 14% der Jugendlichen ohne Migrationshintergrund gehören zur so genannten Risikogruppe mit geringer Lesekompetenz" (Bundesministerium für Bildung und Forschung 2006, 179). Nach wie vor liegt die Zahl von Abiturienten und Realschulabgängern mit Migrationshintergrund weit hinter der Anzahl derjenigen mit bundesdeutscher Herkunft zurück. Die Gruppe von Schulabgängern ohne Schulabschluss mit Migrationshintergrund ist deutlich größer als die der Jugendlichen ohne Schulabschluss mit deutscher Herkunft.

Die Ergebnisse dieses Bildungsberichtes fordern auf, nach Hilfen zu suchen, die die Entkopplung von sozialer Herkunft, Migration und Schulleistungen bewirken. Ich untersuche in meinen Beiträgen die Frage, wie schon zu Beginn der Schullaufbahn in der allgemein bildenden Schule Zugänge zum schulischen Lernen geschaffen werden können. Ich gehe davon aus, dass Brücken zwischen bildungsfernen Elternhäusern und der Schule eine entscheidende Rolle spielen, um soziale Integration von Kindern mit Beeinträchtigungen sowie ihre Förderung gelingen zu lassen.

Ich versuche mit meinen Untersuchungen die Bedeutung der sozialen Lage von Schülern mit Lernbeeinträchtigungen in den Mittelpunkt zu rücken und den Zusammenhang zwischen erschwerter sozialer Lebenslage in bildungsfernen, armen Elternhäusern und schulischem Scheitern zu verdeutlichen. Daran schließt sich die Erarbeitung von Strukturen in der Schule an, die als Zugänge zum Lernen wirksam werden (Kapitel 5).

3.8 Historische Untersuchungen

Die Beiträge zur Geschichte der Lernbehindertenpädagogik unterstützen einen Blick auf die „Mehrperspektivität von (Sonder-)Pädagogik und ihren variablen Entwicklungslinien" (Kanter 2005). Die Beiträge zur Geschichte der Lernbehindertenpädagogik führen Studierenden und anderen Lesern die Gefahren vor Augen, die beim Aufsitzen auf einseitigen Lehrmeinungen bestehen (Kanter 2005) und zeigen, wie in unterschiedlichen gesellschaftlichen Systemen Lernbehinderung begriffen wurde und wird. So hat sich die Pädagogik der Schwachsinnigen über die Lernbehindertenpädagogik zu einer Pädagogik bei Lern- und Entwicklungsschwierigkeiten entwickelt (Kanter 2005, Möckel 1988, Synwoldt 2004). Der jüngst erschienene Beitrag von Ellger-Rüttgardt umreißt die Geschichte der Lernbehindertenpädagogik von den Vorläufern der Hilfsschulpädagogik im vorletzten Jahrhundert bis zum Ende des Nationalsozialismus. Dieses Werk ist der gesellschaftskritischen Geschichtsschreibung zuzuordnen, fühlt sich dem Methodenpluralismus verpflichtet und setzt insbesondere an den Methoden der narrativen Pädagogik sowie der quellenkundlichen Recherche an (Ellger-Rüttgardt 2003, 9-14; Kanter 2005, 242). Es liegen aktuell nur wenige Beiträge vor, die sich auf die Geschichte der Lernbehindertenpädagogik in den letzten Jahrzehnten beziehen. Viele Forschungen beschäftigen sich hingegen mit der Geschichte der Integration (Deppe-Wolffinger 1997, Eberwein 1997, Prengel 2006, Reiser 1997, Reichmann-Rohr 1997). Die historischen Forschungen von Ellger-Rüttgardt leisten eine wichtige Voraussetzung für meine Arbeit über Lernzugänge, da sie organisationssoziologische Entwicklungstendenzen des Hilfsschulwesens zum Gegenstand haben (Kanter 2005).

3.9 Forschungen zur Didaktik

Die Autoren von aktuellen Beiträgen zur Didaktik bei Schülern mit dem Schwerpunkt Lernen fühlen sich vorrangig dem Konstruktivismus verpflichtet (Reiser/Werning 2002, Werning 1998, 2002; Werning/Lütje-Klose 2006). Sie forschen über einen lern- und entwicklungsfördernden Unterricht und stellen fast ausschließlich theoretische Untersuchungen dar (Werning/Lütje-Klose 2006).

Daneben finden sich empirische Erhebungen, die u.a. 2005 auf einer Tagung des Berufsverbandes für Sonderschullehrer, dem „Verband Sonderpädagogik e.V.", zum Thema „Fit für's Lernen – Erziehung und Unterricht für Kinder mit dem Förderschwerpunkt Lernen in der Primarstufe" vorgestellt wurden (Rumpler/Wachtel 2005): Es finden sich zahlreiche Beiträge zur Didaktik von Schülern mit Lernbeeinträchtigungen, die sich thematisch auf didaktische Ansätze zur Förderung am Schulanfang beziehen (Kapitel 3.1.2). Diese Publikationen basieren vorrangig auf lernpsychologischen Grundlagen (Haase 2005, Ricken/ Fritz 2005, Scherer 2005). Die didaktischen Beiträge beziehen sich auf die Didaktik des Mathematikunterrichts (Häsel-Weide 2005, Zimmermann/Alexander 2005, Wember 1986) sowie auf die Didaktik des Lesen- und Schreibenlernens (Holler-Zittlau 2005, Matthes 2000, Röhner-Münch 2005, Franzkowiak 2005, Winderlich 2005). Es sind empirische Erhebungen. Ihre theoretischen Bezüge bleiben unklar.

3.10 Resümee

Die Didaktik beschäftigt sich per se mit der Frage der Vermittlung von Unterrichtsinhalten und ist somit immer auch mit der Forschung nach Zugängen zum Lernen befasst. In der Didaktischen Forschung steht die Frage von Unterrichtsmethoden, Unterrichtsprinzipien, Sozialformen, Sachanalysen und insbesondere der didaktischen Reduktion im Vordergrund. Das Forschungsfeld Didaktik konzentriert sich auf alles, was den Binnenraum des Unterrichtes betrifft. Meine Untersuchungen zu Lernzugängen fokussieren vorrangig das Setting des Unterrichtes, womit der ‚Rahmen' gemeint ist, in dem Unterricht stattfindet und Beziehungen wirken. In meinen Beiträgen komme ich zu dem Ergebnis, dass Kinder mit Lernbeeinträchtigungen ein schulisches Setting benötigen, das Brücken zu ihren bildungsfernen Elternhäusern baut und somit Beratung von Eltern als auch von Lehrern beinhaltet. Durch die Brücken zwischen der allgemein bildenden Schule und den Eltern entsteht für Kinder mit Lernbeeinträchtigungen ein Zugang zum schulischen Lernen. Auf diese Weise erhält Schule zunächst für die Eltern, später dann auch für die Kinder Bedeutung, da sie aufmerksamer und interessierter am Unterricht teilnehmen (Freire 1970, Hiller 1997). Die von mir verfassten Beiträge knüpfen an die Überlegungen von Paulo Freire (Freire 1970) zur Notwendigkeit der Alphabetisierung der eigenen Kultur an und machen deutlich, dass didaktische Überlegungen gegenüber Fragen des Settings nachrangig sind. Sowohl meine schulpraktische Erfahrung als auch meine theoretischen Untersuchungen zeigen, dass Setting und Didaktik bei Kindern mit Lernbeeinträchtigungen nicht unabhängig voneinander betrachtet werden können (Becker 2006a, 2006b). Zugänge zum schulischen Lernen in der allgemein bildenden Schule eröffnen sich bei Kindern mit Lernbeeinträchtigungen, wenn dieser Zusammenhang bei der Gestaltung von Unterricht berücksichtigt wird.

Die sonderpädagogischen Forschungen zur Pädagogik bei Lernbeeinträchtigungen lassen die Berücksichtigung der Bedeutung des Settings von Unterricht vermissen. Meine Untersuchungen über Lernzugänge stellen eine Ergänzung dar, die dazu beitragen kann, Unterricht in der allgemein bildenden Schule so zu gestalten, dass Brücken zu bildungsfernen Elternhäusern entstehen und sich somit für Kinder mit Lernbeeinträchtigungen aus erschwerten sozialen Lebenslagen Zugänge zum schulischen Lernen eröffnen können.

4 Sonderpädagogische Forschungen bei Beeinträchtigungen in der emotionalen und sozialen Entwicklung

4.1 Entwicklungen im Bildungswesen

4.1.1 In der Bundesrepublik Deutschland

Die Entwicklung der Unterrichtung von Schülern mit Beeinträchtigungen in der emotionalen Entwicklung lässt sich historisch in drei Etappen fassen. Die erste Phase beginnt mit der Einrichtung von Kleinklassen in den 20er Jahren. In Deutschland wurde erstmalig 1928 in Berlin eine „Erziehungs-Klasse" in Anlehnung an das Züricher Modell der „Beobachtungsklassen" eingerichtet. Diese Klassen sollten Durchgangseinrichtungen sein, die die Kinder nach einer zwei- bis vierjährigen Förderung wieder in die allgemein bildende Schule integrieren. Nach dem Zweiten Weltkrieg wurden bundesweit zunächst sogenannte Sonderklassen installiert, die zu Sonderschulen ausgebaut wurden. Dies stellt die zweite Etappe in der Unterrichtung von Schülern mit Beeinträchtigungen im Verhalten dar. Diese Schulen nannten sich zunächst „Sonderschulen für Entwicklungsgestörte", „Sonderschulen für Erziehungsschwierige" oder „Sonderschulen für Verhaltensgestörte", bis auf Empfehlung der Kultusministerkonferenz 1972 der Begriff „Schulen für Erziehungshilfe" eingeführt wurde. Parallel zum Aufbau dieser Sonderschulen etablierte sich in der Bundesrepublik ein System an Jugendhilfeeinrichtungen, dass auf Elternwunsch stationär Kinder und Jugendliche aufnahm, die als nicht gruppenfähig galten, um sie außerschulisch zu fördern und in Schulen, die mit diesen Institutionen kooperierten, oder mit Hausunterricht im Heim zu unterrichten. Myschker formuliert explizit, dass die Sonderschulen nur für Kinder mit Verhaltensstörungen bestimmt waren, die „(…) den Schulweg selbständig absolvieren konnten, gruppenfähig waren und ein förderndes Elternhaus hatten" (Myschker 2002, 23). Die schulische Praxis zeigt aber, dass sich diese Trennung nicht durchhalten ließ. Vielmehr trifft man in Schulen für Erziehungshilfe vielfach Schüler an, die in keiner Weise gruppenfähig sind und eine Schulwegbegleitung durch die Schulämter erhalten, da sie den Schulweg nicht alleine zurücklegen können.

Reiser beschreibt in seinen Arbeiten, dass sich das Konzept von Schulen für Erziehungshilfe nicht in der schulischen Praxis bewährt hat (Reiser 1986, 1987), da nur selten die Reintegration der Schüler in die allgemein bildende Schule gelingt. Darüber hinaus zeigt die schulische Praxis, dass die Kinder und Jugendlichen in kleinen Gruppen gegenseitig ihr Verhalten nachahmen, so dass es zu einer Verstärkung der Verhaltensstörungen kommt und Unterricht nur selten möglich ist. Außerdem sind die Belastungen der Lehrer sehr hoch, so dass eine häufige Fluktuation von Lehrern an dieser Form der Schule zu beobachten ist.

Trotzdem wird die Schule für Erziehungshilfe bis heute aufrechterhalten, da sie als Sammelbecken für Schüler fungiert, die die Lehrer an der allgemein bildenden Schule als nicht zumutbar empfinden und auf deren Separierung sie drängen (Myschker 2002, Hillenbrand 2002).

Die 3. Etappe beginnt mit den neuen Empfehlungen der Kultusministerkonferenz zum Förderschwerpunkt emotionale und soziale Entwicklung, die den Boden für eine flächendeckende integrative Unterrichtung dieser Schüler bereitete. Hamburg hat als einziges Bundesland die Schule für Erziehungshilfe schon 1999 abgeschafft.

Hamburg hat mit REBUS im Jahre 2000 eine interdisziplinäre Beratungs- und Unterstützungseinrichtung geschaffen, die den Integrationsgedanken mit dem Hilfebedarf der Jugendlichen und ihrer Bezugspersonen verknüpft. Die Evaluation dieses Modells zeigt, dass die Zufriedenheit der Schüler, der Eltern und Lehrer mit diesem Konzept sehr hoch ist (Behörde für Schule, Jugend und Berufsausbildung Hamburg 2001). Der Evaluationsbericht enthält leider keine Aussagen zur Entwicklung der Schulleistungen, des Schulbesuchs sowie der individuellen emotionalen Entwicklung der betreuten Schüler.

Mit der Neugestaltung des Schulanfanges in allen Bundesländern (Kapitel 1 und 2) wurden in einigen wenigen Bundesländern die Klassen 1 und 2 der Schule für Erziehungshilfe aufgelöst. In Berlin beginnt die einzige Schule für Erziehungshilfe, die Schule an der Windmühle, nun ab Klasse 3. In Mecklenburg-Vorpommern wurden zunächst die Klassen 1 und 2 zwei Jahren lang nicht mehr installiert. Aufgrund schulpraktischer Notwendigkeiten wurde aber im letzten Jahr erneut die Klasse 2 der Schule für Erziehungshilfe in Mecklenburg-Vorpommern eingeführt und außerdem an den Grundschulen Diagnose-Förderklassen für Kinder mit Beeinträchtigungen in der emotionalen Entwicklung installiert. Baden-Württemberg, das Saarland, Bayern und Niedersachsen denken nicht über eine Auflösung der Klassen 1 und 2 der Schulen für Erziehungshilfe nach, da sie diese für unverzichtbar halten. In Brandenburg müssen Kinder mit Beeinträchtigungen in der emotionalen Entwicklung in ihrer wohnortnahen Grundschule eine „Förderdiagnostische Lernbeobachtung" durchlaufen. Parallel dazu werden die Klassen 1 und 2 der entsprechenden Sonderschule eingerichtet (Kapitel 3).

Die integrationspädagogischen Forschungen (Kapitel 2) und Untersuchungen der Sonderpädagogik zeigen, dass die Frage der Unterrichtung von Kinder mit Beeinträchtigungen in der emotionalen Entwicklung in Sondereinrichtungen wie in der allgemein bildenden Schule ein Problem darstellt (Hillenbrand 2002). Die Ergebnisse sowohl der Arbeit von REBUS in Hamburg als auch die integrationspädagogischen Forschungen von Preuss-Lausitz (Kapitel 1) zur integrativen Unterrichtung dieser Schüler machen deutlich, dass interdisziplinäre Kooperation zwischen Lehrern und Sozialarbeitern aus der Jugendhilfe sowie zwischen Sonderpädagogen und Grundschulpädagogen erheblich zur Lösung dieses schulischen Problems beitragen kann.

4.1.2 Im internationalen Vergleich

In den vergangenen fünfzehn Jahren wurden im deutschsprachigen Raum Beiträge zum amerikanischen Förderansatz „Mainstreaming" von Opp (1993) und Goetze (1991) rezipiert. Unter „Mainstreaming" verstehen amerikanische Autoren die zeitweise wie auch die vollständige Aufnahme von Kindern und Jugendlichen mit sonderpädagogischem Förderbedarf in die Regelklasse (Roberts/ Mather 1995). Die amerikanischen Forschungen zum „Mainstreaming" wie die wenigen deutschsprachigen Forschungen zu diesem Ansatz aus den 90er Jahren (Goetze 1991) fließen indirekt in meine Forschungen ein, die sich u.a. mit der zeitweisen und der vollständigen Unterrichtung in der Regelklasse beschäftigen (Becker 2001, 2006).

Die Forschungen zum „Mainstreaming" wurden inzwischen von internationalen Forschungen zu frühen Interventionen als Präventivmaßnahmen am Schulanfang sowie von Forschungen zur Vernetzung von Schule und Jugendhilfe bzw. Schule und Gesundheit abgelöst. Die amerikanischen Forschungen zum Schulanfang haben verhaltenstherapeutische Interventionen (Campbell 1995) und systemische Interventionen in der Familie zum Gegenstand (Denham 2003). In Luxemburg finden wir neue Forschungen zum Zusammenwirken von Schule und Jugendhilfe (Homfeldt 2004), was aus meiner Perspektive ebenfalls einen zentralen Zugang zum schulischen Lernen darstellt (Becker 2001).

Zur Erarbeitung von Strukturen zur Integration und Förderung schwieriger Kinder in der Primarstufe der Bundesländer der Bundesrepublik Deutschland wird gegenwärtig wenig auf die Erkenntnisse internationaler Forschungen zurückgegriffen. Hier besteht in der Bundesrepublik eine Forschungslücke. Diese versuche ich zu schließen, wenn ich bei der Entwicklung von Organisationsstrukturen für Kinder mit Beeinträchtigungen in der kognitiven wie emotionalen Entwicklung auf französische Forschungen von Mannoni (1982), Dolto (1991) und Buhmann (1997) zurückgreife.

4.2 Klassifikationsprobleme

Die Diagnostik von Störungen in der emotionalen Entwicklung im schulischen Kontext erfolgt vorrangig situativ und kaum an objektive Kriterien angelehnt (Hillenbrand 2002). In der schulischen Praxis findet die Diagnostik von sonderpädagogischem Förderbedarf für den Schwerpunkt emotionale und soziale Entwicklung statt, wenn Schüler in der allgemein bildenden Schule den Unterricht erheblich stören. Der Indikator zeigt dann das Ausmaß der Unterrichtsstörung an und weniger den Grad der Beeinträchtigungen in der emotionalen Entwicklung. So stellt Myschker (2002) fest, dass unter einer Vielzahl von Störungen in der emotionalen und sozialen Entwicklung fast ausschließlich externalisierende Verhaltensstörungen diagnostiziert werden: „Der Fokus des Interesses richtet sich auf die externalisierenden Störungen. Beim Ausdruck ‚verhaltensgestört' denkt man häufig an aggressive Verhaltensweisen von Kindern und Jugendlichen. Solche Störungen erregen schneller das Interesse als internalisierende Störungen, die z. B. in einem normalen Schulalltag nicht auffallen und keinerlei Probleme produzieren" (Hillenbrand 1999, 33). Myschker stellt in seinem Handbuch (Kapitel 4.3) eine Übersicht über emotionale und soziale Störungen vor (Myschker 2002, 311-398), die er in vier Kategorien unterteilt: externalisierende Störungen, internalisierende Störungen, sozial unreifes Verhalten und sozialisiert delinquentes Verhalten (Myschker 2002, 37-71). Opp, Kulig und Puhr empfehlen die Abgrenzung der Verhaltensstörung von sozialer Benachteiligung und seelischer Behinderung (Opp/Kulig/Puhr 2005), was in der sonderpädagogischen Diagnostik nur bei REBUS in Hamburg Berücksichtigung findet.

In der sonderpädagogischen Forschung wurde in Anlehnung an die Entwicklungen im Bildungswesen der Begriff „Verhaltensgestörtenpädagogik" durch Bezeichnungen wie Pädagogik für Erziehungshilfe, Pädagogik bei Verhaltensstörungen, Pädagogik bei Schülern des Förderschwerpunktes emotionale und soziale Entwicklung oder durch Pädagogik bei Beeinträchtigungen in der emotionalen und sozialen Entwicklung ersetzt. Ich wähle die letzten beiden Begriffe aus, da diese beiden Bezeichnungen Bezüge zur Kultusministerkonferenz aufweisen und somit in allen Bundesländern Gültigkeit haben (Drave/Rumpler/Wachtel 2000).

4.3 Forschungsüberblick

Die Handbücher von Goetze/Neukäter (1993), Myschker (2002), Hillenbrand (2002) sowie der Sammelband von Schröder und Wittrock (2002) geben einen Überblick über den Stand der sonderpädagogischen Forschungen zur Pädagogik für Schüler mit dem Förderschwerpunkt emotionale und soziale Entwicklung. Der von Ahrbeck (2006) herausgegebene Sammelband „Der Fall des schwierigen Kindes" vertieft mit neun Beiträgen aus der Praxis von Therapie, Diagnostik und schulischer Förderung die Erkenntnisse der Untersuchungen auf der Basis der psychoanalytischen Theorie.

Das von Goetze/Neukäter herausgegebene Handbuch gibt einen breiten Überblick über den Forschungsstand und enthält einen Beitrag von Benkmann (1993) zu Erklärungs- und Handlungsansätzen bei Verhaltensstörungen, der immer wieder rezipiert und in der Lehre nach wie vor Anwendung findet.

Das Werk von Myschker ergänzt das Handbuch von Goetze/Neukäter und ist besonders geeignet für Studierende. Es ist in 9 Kapitel untergliedert. Die ersten acht Kapitel bezeichnet er als den allgemeinen Teil des Buches, während er Kapitel 9 den speziellen Teil nennt. Den allgemeinen Teil beginnt Myschker mit einem historischen Überblick, erläutert dann Erscheinungsformen von Verhaltensstörungen, deren Genese sowie ihre Diagnostik, bevor er mit Erziehung, Unterricht, Therapie und Beratung sowie in Kapitel 7 mit „Pädagogische Institutionen" und in Kapitel 8 mit „Helfende Berufe" den allgemeinen Teil anschließt. Im Kapitel 9, dem speziellen Teil des Buches, beschreibt er auf etwa achtzig Seiten emotionale Störungen im Kindes- und Jugendalter (Myschker 2002).

Hillenbrand (2002) rezipiert das Buch von Myschker und hat mit seiner „Einführung in die Verhaltensgestörtenpädagogik" ebenfalls ein Werk für Studierende publiziert. Hillenbrand handelt in seinem Handbuch die gleichen Themen wie Myschker ab. Darüber hinaus verweist er mit den letzten beiden Kapiteln „Perspektiven der Pädagogik bei Verhaltensstörungen" und „Diskussionen und offene Fragen" auf neue Entwicklungen in der sonderpädagogischen Forschung. Hillenbrand schildert in diesem Kontext die Untersuchungen zur Resilienz (Göppel 1997, Goetze 1998), zur Metakognition (Neukäter/Schröder 1991) und zur „Integration bei Verhaltensstörungen". Hillenbrand bezieht sich dabei nicht auf die integrationspädagogischen Forschungen, sondern ausschließlich auf Untersuchungen der Sonderpädagogik (Goetze 1991). Er stellt das bayerische Konzept der mobilen Erziehungshilfe vor (Hippler 1985).

Der Sammelband von Schröder und Wittrock (Kapitel 3) stellt Beiträge zur Komorbidität von Lern- und Verhaltensstörungen vor und trägt zur Theoriebildung der Pädagogik bei Schülern mit Beeinträchtigungen in der emotionalen Entwicklung bei.

4.4 Forschungsschwerpunkte

Die Schwerpunkte der sonderpädagogischen Forschung zum Förderschwerpunkt emotionale und soziale Entwicklung haben sich in den letzten zehn Jahren entscheidend verändert. Im Mittelpunkt der Forschung steht neben der Frage nach den Bedürfnissen des Kindes die nach denen des Systems (Mutzeck 1998, S. 20). Mutzeck und Reiser sprechen von einem Paradigmenwechsel in der Pädagogik für Erziehungshilfe (Mutzeck 1998, Reiser 1996, 1997, 2002, 2004). Dieser Paradigmenwechsel ist als ein Resultat der allgemeinpädagogischen Forschungen sowie der gesellschaftlichen Veränderungen zu betrachten (Reiser 2004). Systemtheoretische Perspektiven des Konstruktivismus rücken in den Mittelpunkt. Unter schulischen Systemen werden alle in der Schule wirksamen Systeme von der Institution selbst über das Lehrerkollegium bis hin zur Schulklasse verstanden. Daraus resultiert für die empirische Praxis ein Fokus der Pädagogik für Erziehungshilfe auf Beratung von Systemen sowie auf die Organisation von Lehr- und Lernprozessen.

Die Beratung konzentriert sich auf Lehrer, Schulleitung und Eltern. Ebenso rücken Perspektiven der Kooperation mit außerschulischen Einrichtungen, die auch als Systeme begriffen werden, in den Fokus der Forschung. Hierbei finden die Kooperation zwischen Schule und Jugendhilfe und daraus resultierende Synergieeffekte das besondere Interesse der Erziehungswissenschaftler (Baur 1997, Becker 1998).

Mit der Reform des Schulwesens in den Bundesländern der Bundesrepublik Deutschland (Christiani 2004, Minister und Senatoren der Länder Berlin, Brandenburg, Bremen und Mecklenburg-Vorpommern 2005, Prengel 1995, Senatsverwaltung Berlin für Bildung, Jugend und Sport 2005a, 2005b) rückt die Organisation von Lehr- und Lernprozessen (Rauh 2005) unter veränderten Bedingungen in den Mittelpunkt des Forschungsinteresses. Heterogenität und offene Schulanfangsphase sind die Schlagworte, die die neuen Rahmenbedingungen sonderpädagogischer Förderung von Schülern mit Beeinträchtigungen in der emotionalen und sozialen Entwicklung in der allgemein bildenden Schule bestimmen. Vertreter der systemisch orientierten Pädagogik fokussieren ihre Beiträge auf diesen Themenbereich (Reiser/Werning 2002).

Eine diesem Ansatz diametral gegenüberstehende Ausrichtung enthalten solche Forschungen zur individuellen Förderung, die sich fast ausschließlich auf die inhaltliche Arbeit am Kinde konzentrieren. Ich stelle im Folgenden die Ergebnisse der beiden Schwerpunkte der Pädagogik bei Schülern mit dem Förderschwerpunkt emotionale und soziale Entwicklung dar und fokussiere dabei die Frage, welche neuen Zugänge diese aktuellen Beiträge erkennen lassen.

4.5 Untersuchungen zu Konzeptionen der individuellen Förderung

Lerntheoretische Untersuchungen rücken die Entwicklung und Erarbeitung von Trainingsprogrammen zur kurzfristigen Verhaltensänderung in den Mittelpunkt. Dabei unterscheiden lerntheoretische Forschungen zwischen präventiven Trainingsprogrammen und Programmen zur Intervention bei erheblichen Beeinträchtigungen der emotionalen und sozialen Entwicklung.

Resultate lernpsychologischer Forschungen in der Erziehungshilfe sind Trainingsprogramme zur Prävention am Schulanfang (Petermann, F./U. 2000), verhaltenstherapeutisch und lerntherapeutisch ausgerichtete Förderprogramme für Schüler mit Beeinträchtigungen im Arbeits- und Sozialverhalten (Krowatschek 2003, Petermann/Natzke/Petermann/Brokhausen 2005) sowie Antiaggressivitätstraining und Coolnesstraining in der Folge einer konfrontativen Pädagogik (Kilb/Weidner 2002).

Auf Fachtagungen und in Beiträgen der einschlägigen Fachzeitschriften wird derzeit zur sogenannten konfrontativen Pädagogik ein Diskurs geführt, welcher aus der Arbeit mit jugendlichen Straftätern hervorgegangen ist. Die konfrontative Pädagogik basiert ebenfalls auf lerntheoretischen Grundlagen und rückt Grenzen setzende Anteile der erzieherischen Arbeit am Kinde in den Mittelpunkt, betont aber zugleich die Bedeutung einer Halt gebenden Beziehung zwischen Pädagogen und Jugendlichen als grundlegende Voraussetzung für diese Arbeit. Jüngst wurde ein Beitrag in einer sonderpädagogischen Fachzeitschrift publiziert, der die Evaluation dieser Methode am Beispiel einer teilstationären Maßnahme der Erziehungshilfe darstellt, die die Schule miteinbezieht (Musial/Trüter 2005). Die Autoren Musial und Trüter wie auch die in der Einrichtung tätigen Pädagogen vernachlässigen jedoch völlig die Zielgruppe und das Setting, für das die konfrontative Pädagogik in der Bundesrepublik Deutschland von Kilb, Weidner und anderen ursprünglich entwickelt wurde: den Strafvollzug (Kilb/Weidner 2002).

Die Beiträge von Wood (Wood 1990, 1996) ergänzen die Forschungen über die inhaltliche Arbeit am Kinde (Bergsson 1998). Wood zieht den Symbolischen Interaktionismus, psychoanalytische Entwicklungstheorien (Erikson 1959) sowie die genetische Epistemologie (Piaget 1975) heran. Woods Erkenntnisse konkretisieren sich im „Entwicklungstherapeutischen Unterricht" (Bergsson 1998), der eine hohe praktische Relevanz für die Arbeit in temporären Lerngruppen besitzt, aber nur selten in wissenschaftlichen Arbeiten rezipiert wird (Hofmann 2005).

Die psychoanalytisch beeinflusste Forschung tendiert dazu, den Beziehungsaspekt in den Mittelpunkt der Erziehungshilfe zu stellen. In manchen Forschungen wird außer dem Beziehungsaspekt (Brisch 2002, Häussler 2002,

Stork 1993) auch der Inhalts- oder Settingaspekt (Ahrbeck 1998) gewürdigt. Nur wenige Beiträge, wie die Arbeiten von Heinemann (1992) und Neidhardt (1977) sowie die Beiträge von Becker und Datler (Becker 1995, Datler 2002) berücksichtigen den Inhalts-, den Settings- wie auch den Beziehungsaspekt von Lernprozessen. Wenige psychoanalytische Arbeiten stellen die Arbeit am Ich des Kindes in den Fokus ihrer Betrachtung (Ahrbeck 1998, Heinemann 1992). Hier hat das „Life-Space-Interview" als Technik an besonderer Aktualität gewonnen, wie in einem Beitrag zur Evaluation dieses Verfahrens von Goetze deutlich wird (Goetze 2003).

Aus der psychoanalytischen Theorie resultiert u.a. die Themenzentrierte Interaktion, die in den Forschungen von Reiser zur Pädagogik bei Schülern mit Beeinträchtigungen in der emotionalen und sozialen Entwicklung eine entscheidende Rolle spielt. Reiser betont in seinen Ausführungen immer wieder die Bedeutung des Zusammenspiels von Rahmen, Beziehung (Ich, Du, Wir) und Inhalt zur Prävention sowie für Hilfen bei erheblichen Verhaltensstörungen (Reiser/Lotz 1995) und liefert hiermit einen wesentlichen Beitrag zur Bedeutung der Integration von Beziehungs-, Inhalts- und Settingaspekt in die Pädagogik bei Schülern mit Beeinträchtigungen in der emotionalen und sozialen Entwicklung.

Die Pädagogik bei Beeinträchtigungen in der emotionalen und sozialen Entwicklung entlehnt ihre Erkenntnisse nicht nur der Lerntheorie, der Psychoanalyse und dem radikalen Konstruktivismus, sondern auch der medizinischen und neurobiologischen Forschung (Bovensiepen 2002, Döpfner 1998, Hüther 2002) sowie der Soziologie.

Zunächst zu den Beiträgen der medizinischen Forschung zur Pädagogik bei Schülern mit Beeinträchtigungen in der emotionalen und sozialen Entwicklung:

Ich möchte meine Ausführungen über die Beiträge der Medizin zur Pädagogik bei Schülern mit dem Förderschwerpunkt emotionale und soziale Entwicklung auf die Beiträge zum Aufmerksamkeits-Defizit-Syndrom (ADS) beschränken, da dieses Störungsbild im Verlauf meiner Arbeit besondere Bedeutung erhält und eine weitere Vertiefung auf andere von der Medizin untersuchte emotionale Störungen den Umfang dieser Arbeit sprengen würde. Die medizinischen Forschungen zum Aufmerksamkeits-Defizit-Syndrom (ADS) haben die Genese dieses Störungsbildes sowie seine Behandlung und Diagnose zum Gegenstand. Die drei Schwerpunkte der medizinischen Forschung zum Aufmerksamkeits-Defizit-Syndrom (ADS) stelle ich im folgenden Kapitel dar:

Döpfner geht von einer multifaktoriellen Verursachung eines Aufmerksamkeits-Defizit-Syndroms aus und spricht entlang dem diagnostischen und statistischen Handbuch psychischer Störungen DSM-IV und dem ICD-10 (Internationale Klassifikation der Krankheiten) von einer Aufmerksamkeits- oder Hyperaktivitätsstörung (Döpfner 1998, 4). Der hyperkinetischen Störung schreibt er drei charakteristische Symptome zu: Unaufmerksamkeit, Hyperaktivität und Impulsivität. Steinhausen führt aus, dass diese Symptome länger als sechs Monate im häuslichen Umfeld und im Kindergarten bzw. in der Schule beobachtet werden müssen, um solch eine Diagnose stellen zu können (Steinhausen 1996). Zur Erfassung des Verhaltens in diesen Institutionen werden Fragebogen für Erzieher und Lehrer verwandt, so dass deren Beobachtung und die Wahrnehmung der Eltern die eigentlichen Diagnosekriterien darstellen. Daneben sollen nach Steinhausen ein EEG zum Ausschluss von Anfallsleiden oder anderen Erkrankungen sowie eine Intelligenzüberprüfung sowie projektive Testverfahren zur Erfassung einer Selbstwertproblematik und Familiendynamik hinzugezogen werden (Steinhausen 1996). Aus der medizinischen Forschung resultiert eine sogenannte „Mosaikdiagnostik". Die Ergebnisse dieser Diagnostik hängen somit vorrangig von der Einschätzung der Lehrer und Eltern ab, was nach meiner Einschätzung kritisch betrachtet werden muss.

Bei der Untersuchung der Bedingungsfaktoren für die Entstehung einer Aufmerksamkeits- oder Hyperaktivitätsstörung kommen Döpfner und Steinhausen zu folgender Einschätzung: Die Hypothese, dass dieser Störung eine Minimal Cerebral Dysfunction (MCD) zugrunde liegt, konnte aufgrund der Untersuchungen von Esser und Schmidt 1987 nicht aufrecht erhalten werden. Einige Studien geben einen Hinweis auf neurochemische Ursachen für die Ausbildung einer Aufmerksamkeits- oder Hyperaktivitätsstörung. „Einige Studien weisen darauf hin, dass zwar keine strukturelle Schädigung des Gehirns, wohl aber eine zerebrale Durchblutung des Frontalhirns bei hyperkinetisch auffälligen Kindern vorliegt. Dies lässt vermuten, dass die zerebrale Aktivität bei hyperkinetisch auffälligen Kindern in diesen Regionen vermindert ist" (Döpfner 1998, 10). Andere Forscher kommen zu der Überzeugung, dass das Neurotransmittersystem bei diesen Kindern beeinträchtigt ist (Greenhill 1990). Die Hypothese, dass die Aufmerksamkeits- oder Hyperaktivitätsstörung als eine allergische Reaktion zu betrachten ist, konnte nicht ausreichend fundiert werden (Döpfner 1998). Hingegen spielen entlang der kinder- und jugendpsychiatrischen Perspektive genetische Faktoren eine Rolle: „In mehreren Studien ist eine erhöhte Rate an hyperkinetischen Störungen bei den biologischen Eltern und den Geschwistern hyperkinetisch gestörter Kinder festgestellt worden" (Döpfner 1998, 10). Döpfner geht davon aus, dass psychosoziale Bedingungen nur eine geringe Rolle bei der Verursachung solch einer Störung spielen, aber den Ausprägungsgrad der Symptome stark beeinflussen: „Insgesamt weist die Forschung darauf hin, dass die psychosozialen Faktoren bei der Genese eine begrenzte Rolle spielen.

Längsschnittuntersuchungen zeigen jedoch, wie bereits dargestellt, dass die Eltern-Kind-Beziehung die weitere Entwicklung hyperkinetisch auffälliger Kinder entscheidend beeinflussen kann" (Döpfner 1998, 10).

Aus der Perspektive dieser Forschung resultiert ein multimodaler Behandlungsansatz. Dieser beinhaltet eine auf das Kind, auf die Familie und auf Kindergarten und Schule zentrierte Intervention. Die auf die Familie, den Kindergarten und die Schule zentrierten Interventionen beinhalten jeweils Beratungs- und Trainingsanteile für die Bezugspersonen. Die auf das Kind zentrierte Intervention sieht eine Pharmakotherapie sowie verschiedene verhaltenstherapeutisch ausgerichtete Trainingsprogramme vor, die ich im nächsten Kapitel vorstellen möchte. Die Wirkung einer Pharmakotherapie wird von Döpfner (1998) sehr positiv eingeschätzt. Er würdigt Studien, die zu der Erkenntnis gelangen, dass Psychostimulanzien, wie Methylphenidat, kurzfristig eine Normalisierung von Verhalten und Aufmerksamkeit bewirken: „Die Rate der Kinder, die auf den einzelnen Parametern positiv auf die Stimulanzien reagieren, liegt nach neueren Studien bei 70-90%. Die neueste umfassende Studie über die Wirksamkeit von Psychostimulanzien (Rapoport, Zametkin 1985) weist nach, dass sich zwischen 72% und 78% der Kinder hinsichtlich der Aufmerksamkeit und des Verhaltens im Unterricht normalisieren, wobei sich 76% bis 94% zumindest verbessern und dass hinsichtlich der Produktivität und Genauigkeit bei schulischen Leistungen bei 50% eine Normalisierung und insgesamt bei 53% zumindest eine Verbesserung festzustellen ist" (Döpfner 1998, 14). Döpfner und Steinhausen vernachlässigen kritische Studien wie die Untersuchungen von Hüther, der im Rahmen einer Langzeitstudie über die Wirkung von Methylphenidat bei Ratten zu dem Ergebnis kommt, dass dieses Medikament bei mehrjähriger Einnahme beim Menschen als Langzeitwirkung die Parkinsonsche Krankheit auslösen kann (Hüther 2001). Döpfner und Steinhausen weisen nur nebenbei auf die ausschließlich kurzzeitige Wirkung von Psychostimulanzien hin, die entlang ihrer Untersuchungen in einer Verbesserung der Konzentration und Aufmerksamkeit liegt. In den Studien über die Wirkung von Psychostimulanzien wird unzureichend zwischen der Wirkung des Medikamentes und Änderungen in der Eltern-Kind-Interaktion, die sich durch regelmäßige Medikamentengaben ergeben, unterschieden. Durch die Medikamentengabe erhält das hyperaktive Kind im Alltag regelmäßig Aufmerksamkeit durch Eltern, Mitschüler und Lehrer. Da Psychostimulanzien auch nie ohne eine therapeutische Hilfe sowie regelmäßige ärztliche Untersuchungen gegeben werden dürfen, bekommt es auch bei den regelmäßigen Arztbesuchen Zuwendung und Anerkennung.

Aus den Forschungen von Bovensiepen und Stork resultieren Ergebnisse, die den Verzicht der Pharmakotherapie und einen ausschließlich psychotherapeutischen Behandlungsansatz auf psychoanalytischer Grundlage empfehlen

(Bovensiepen 2002, Stork 1993). Für die Pädagogik bei Schülern mit dem Förderschwerpunkt emotionale und soziale Entwicklung hat die Pharmakotherapie keine Bedeutung, da Lehrer weder Medikamente empfehlen noch verordnen dürfen. Lehrer an allgemein bildenden Schulen setzen häufig übersteigerte Hoffnungen in die Einnahme von Psychostimulanzien. Die schulische Praxis zeigt erfahrenen Verhaltensgestörtenpädagogen, dass bei Schülern mit dem Förderschwerpunkt emotionale und soziale Entwicklung aus erschwerten sozialen Lebenslagen bereits die regelmäßige Einnahme scheitert, so dass die Frage der Wirksamkeit einer Pharmakotherapie für die sonderpädagogische Forschung weitgehend vernachlässigt werden kann. Ich komme nun zu den lernpsychologisch fundierten Trainingsprogrammen, die aus den hier geschilderten medizinischen Forschungen für die Pädagogik am Schulanfang sowie zur Prävention resultieren.

4.5.1 Lernpsychologisch fundierte Prävention am Schulanfang

Eine zentrale neue Aufgabe in der Pädagogik bei Schülern mit Beeinträchtigungen in der emotionalen und sozialen Entwicklung wird in der Prävention am Schulanfang gesehen. Die Forschungen von Mutzeck erhalten besondere Aktualität:

Mutzeck unterscheidet die primäre, sekundäre und tertiäre Prävention. Diese Formen reichen von der Vermeidung von Entwicklungsstörungen als solche bis hin zur Prävention gegen die Verfestigung und Verstärkung von Symptomen, wenn Entwicklungsstörungen vorliegen (Mutzeck 1998). Die Frage der Prävention stellt sich vor allem am Schulanfang. Die Grundschule ist aufgrund der bereits beschriebenen neuen rechtlichen Grundlagen, die in vielen Bundesländern gelten, gefordert, ohne zusätzliche Personalressourcen, flächendeckend Kinder mit Entwicklungsverzögerungen im emotionalen Bereich zu fördern. Hier entsteht ein neues Aufgabenfeld, dem mit Forschungen zu lernpsychologisch fundierten Förderprogrammen begegnet wird. Diese Förderprogramme müssen so gestaltet sein, dass sie ohne sonderpädagogische Fachkompetenz eingesetzt werden können.

Diesem neuen Aufgabenfeld sind die Beiträge von Franz Petermann (Petermann, F./Petermann, U. 2000, 2005) gewidmet, der als Folge seiner Forschungen mit Ulrike Petermann u.a. Trainingsprogramme auf lerntheoretischer Grundlage für Erst- und Zweitklässler zur Anwendung im Unterricht entwickelt hat. Es ist kritisch anzumerken, dass das neueste Trainingsprogramm in einer Machbarkeitsstudie an einer Schule für Erziehungshilfe mit niedriger Klassenfrequenz und nicht an einer Grundschule evaluiert wurde (Petermann/Natzke/Petermann/Brokhausen 2005). Krowatschek hat sich ebenfalls diesem neuen Aufgabenfeld gestellt und ein Marburger Konzentrationstraining für Kindergarten- und Vorschulkinder sowie ein Entspannungstraining für die gleiche Zielgruppe erarbeitet. Dieses Programm orientiert sich an der Methode zur Selbstinstruktion (Meichenbaum 1971) und wurde u.a. von Teumer (2005) evaluiert.

4.5.2 Lernpsychologisch fundierte Förderung

Die Lerntheoretiker haben nicht nur präventiv wirkende Förderprogramme erarbeitet und evaluiert, sondern ihr eigentlicher Schwerpunkt liegt seit Jahrzehnten in der Entwicklung und Untersuchung der Wirkung von Förderkonzepten für Kinder mit langjährigen Beeinträchtigungen im Verhalten. Es stellt sich die Frage, ob diese Förderkonzepte nur kurzfristige Verhaltensänderungen bei Kindern erzeugen oder tatsächlich Kindern mit Beeinträchtigungen in der emotionalen und sozialen Entwicklung langfristig Zugänge zum schulischen Lernen eröffnen können.

Die Lerntheoretiker gehen auf der Grundlage der Theorie von Skinner (Skinner 1953) von einer Erklärbarkeit jedes menschlichen Verhaltens aus. Sie verstehen den Menschen als „Black Box", als eine „triviale Maschine" (Foerster), die auf bestimmte Reize mit bestimmten Reaktionen reagiert. Erfolgt daraufhin eine positive Konsequenz, wird die Reaktionsweise entlang lerntheoretischer Untersuchungen beibehalten. Erfährt das Individuum eine negative Konsequenz, so wird das Verhalten reduziert oder aufgegeben. Diese Form des Lernens nennt Skinner Konditionierung. Konditionierung findet täglich in allen Erziehungsprozessen statt. Dies verdeutlichen beispielsweise videogestützte Elterntrainingsprogramme, bei denen die Video Aufnahmen deutlich machen, wie bereits die Blicke der Eltern als Reaktion auf Verhaltensweisen ihrer Kinder als Verstärker wirken können. Ich vergegenwärtige mir immer wieder eine Videosituation, in der ein Vater seinen achtjährigen Sohn beim Erledigen von Hausaufgaben unterstützt. Die Lehrer und Eltern verzweifeln und wenden sich an einen Psychologen, weil der durchschnittlich begabte Junge im Unterricht nach spätestens fünf Minuten alle schriftlichen Arbeiten beendet und mit Lego zu bauen beginnt. In einer Videosequenz über die Hausaufgabensituation ist zu beobachten, wie sich der Vater begeistert mit dem Jungen über die Hausaufgaben unterhält. Der Sohn beginnt zügig schriftlich zu arbeiten. Nach fünf Minuten wendet der Vater den Blick von seinem Sohn ab, schaut unruhig im Raum umher, nimmt ein Blatt Papier und bastelt konzentriert einen Papierflieger. Der Junge legt seinen Stift weg und nimmt den vom Vater gebastelten Papierflieger in die Hand. Der Vater schaut seinem Sohn begeistert in die Augen. Beide spielen mit strahlenden Augen mit dem Papierflieger. Der Junge hat die Aufmerksamkeit des Vaters erneut durch das Spielen erlangen können. Die Hausaufgaben geraten in Vergessenheit (persönliche Mitteilung: Jansen, F. 2002). Hier wirkt der Blick des Vaters als Verstärker. Der Junge erhält eine positive Konsequenz in Form von Zuwendung, wenn er sich von den Hausaufgaben abwendet. Der Sohn erlebt eine negative Konsequenz, wenn er länger als fünf Minuten schreibt: Der Vater wendet seinen Blick von ihm ab. Sicher verstärken Eltern, Erzieher und Lehrer hyperaktive Verhaltensweisen, indem sie Kindern Aufmerksamkeit bei nicht adäquatem Verhalten schenken. Eine ADS-Problematik kann aber keinesfalls umfassend durch Konditionierungsprozesse verursacht werden (Vernooij 1992, 40).

Eine andere Form des Lernens, welche das Modell- und Beobachtungslernen beinhaltet, stellt das Soziale Lernen dar. Es vollzieht sich durch Identifikations- und Imitationsprozesse (Bandura 1969, Bründel/Hurrelmann 1996, 58f.). Diese Lernform besteht aus vier Schritten: Beobachtung, Speicherung, Erprobung bzw. Training des neuen Verhaltens sowie die automatisierte Anwendung des Gelernten (Vernooij 1992, 50). Auch durch das Soziale Lernen können unerwünschte Verhaltensweisen verstärkt werden, aber das Syndrom der Aufmerksamkeitsstörung lässt sich nicht dadurch erklären.

Ein weiteres wichtiges Instrument der Lerntheorie stellt die Selbststeuerung und Selbstinstruktion dar: „Nach Bandura ist die erworbene Fähigkeit, Handlungsfolgen vorherzusagen und antizipatorisch zu reagieren, von großer Bedeutung. Antizipiert das Kind Verstärkung, Lob und Anerkennung, wenn es das beobachtete Verhalten ausführt, wird es die Handlung mit größter Motivation ausführen. Verstärkung kann auch stellvertretende Verstärkung sein – es genügt zum Beispiel, dass die Modellperson für ihr Verhalten Lob erfährt, damit sich die Wahrscheinlichkeit dafür erhöht, dass das Kind das beobachtete Verhalten ebenfalls zeigt (...) Die Modellperson muss nicht real existieren, es genügt, dass von ihr gesprochen wird oder sie dem Kind über Medien bekannt ist. Ganz wesentlich ist ihre Beliebtheit, ob sie nun lebendig oder dem Kind von Film, Theater oder aus der Musikszene bekannt ist" (Bründel/Hurrelmann 1996, 59). In meiner schulpraktischen Erfahrung hat sich gezeigt, dass dieses Konzept bei Kindern zu einer kurzfristigen Änderung der Selbststeuerung im Beisein eines Erwachsenen führt, Kinder mit Beeinträchtigungen in der emotionalen Entwicklung das Erlernte aber nicht auf neue Situationen übertragen können.

Ein vierter lerntheoretischer Erklärungsversuch basiert auf der Annahme, eine ADS-Problematik entstünde als Reaktion auf eine Unterstimulation. Nachdem Cruickshank zunächst eine ADS-Problematik als Folge einer Reizüberflutung verstanden hatte, ging Zentall von einer Unterstimulierung durch die Umwelt aus, die das Kind mit einer Eigenstimulation, der Hyperaktivität begegnet (Cruickshank 1981, Zentall 1977). Aus meiner Sicht ist Vernooij zuzustimmen, wenn sie festhält: „Insgesamt können die lerntheoretischen Ansätze aber der Komplexität des Phänomens nicht gerecht werden. Der Mensch ist mehr als ein aktiver, in hohem Maße von außen steuerbarer Organismus, mehr als die Summe seiner messbaren Funktionen und auch mehr als die Summe seines beobachtbaren Verhaltens" (Vernooij 1992, 52).

Aus der Lerntheorie resultieren Behandlungsansätze, die dazu dienen, bereits kurzfristig gezielt gewünschte Verhaltensweisen beim Kind oder bei Eltern aufzubauen. Hier ist zunächst das Selbstinstruktionstraining von Lauth und Schlottke zu nennen (Lauth, Schlottke 1993). Die Begeisterung für diesen Behandlungsansatz ist schnell verflogen, nachdem Untersuchungen zeigten, dass es entgegen den Erwartungen der Kinder- und Jugendpsychiater nur eine geringe Wirkung auf nachhaltige Verhaltensänderungen zeigte (Döpfner 1998, 14). Der psychologische Behandlungsansatz nach Petermann führte bei 240 hyperaktiven Kindern mit aggressivem Verhalten zu kurz- und langfristigen Therapierfolgen. Dies wurde durch eine Evaluation mit dem Beobachtungsbogen für aggressives Verhalten (BAV) empirisch belegt (Petermann 2000, 175 ff.). Petermann unterscheidet nicht zwischen Therapieerfolgen bei Eltern und Kindern. Letztendlich bleibt unklar, ob die auf das Kind oder die auf die Eltern zentrierte Intervention den Therapieerfolg auslöste.

„Die kognitive Verhaltensmodifikation der 60er und 70er Jahre ist einer Verhaltenstherapie gewichen, deren Ziel nicht nur die Beseitigung von Symptomen oder der Auf- bzw. Abbau bestimmter Verhaltensweisen ist, sondern die Betrachtung der ganzen Person in ihrem externen und internen Verhalten und in ihrer Wechselbeziehung zur sozialen Kontrolle ihrer Umwelt. Dem Gesprächsverhalten, der Empathie und Kongruenz des Therapeuten und seiner Beziehung zum Klienten wird eine große Bedeutung beigemessen, und sie werden als wichtige Elemente einer gelingenden Therapie betrachtet" (Bründel/Hurrelmann 1996, 62). Die besonderen Verdienste der Lerntheorie liegen
- in der Erforschung der Wirkung von Belohnung und Strafe
- in der Bereitstellung einer Grundlagentheorie für die Behandlung von Aufmerksamkeitsstörungen und Störungen im Erleben und Verhalten
- in der Bereitstellung einer Grundlagentheorie zur Erforschung der Wirkung von Massenmedien
- in der Erforschung von Ansätzen zum gezielten Aufbau erwünschter Verhaltensweisen bei Kindern, z.B. zum Einhalten von Regeln in der Schule
- in der Erfassung der Bedeutung von Vorbildern und
- in der Erkenntnis, dass Lernen oft unbeabsichtigt erfolgt (Bründel/Hurrelmann 1996).

Entlang meiner Forschungsergebnisse sowie meiner schulpraktischen Erfahrungen reichen lerntheoretische Ansätze nicht aus, um Kindern mit Beeinträchtigungen in der emotionalen Entwicklung langfristig Zugänge zum schulischen Lernen zu eröffnen. Die aus der Lerntheorie resultierenden Förderkonzepte sehen nur am Rande vor, dass Lehrer Brücken zu bildungsfernen Elternhäusern bauen. Somit fehlt ein entscheidender Baustein zur Gestaltung eines schulischen Umfeldes, das bei Kindern mit Beeinträchtigungen in der emotionalen Entwicklung Zugänge zum schulischen Lernen entstehen lässt. Die Verdienste der Förderprogramme liegen in kurzfristigen Verhaltensänderungen, die der kurzfristigen emotionalen Entlastung aller Beteiligten dienen können, was in schwierigen Unterrichtssituationen sehr hilfreich sein kann.

4.5.3 Konfrontative Pädagogik

Die konfrontative Pädagogik wurde bereits als ein lerntheoretisch fundierter Beitrag zur Pädagogik bei Schülern mit dem Förderschwerpunkt emotionale und soziale Entwicklung erwähnt. Die konfrontative Pädagogik stellt eine Weiterentwicklung der konfrontativen Therapie oder provokativen Therapie (Weidner 2002) dar. Diese Pädagogik war ursprünglich ein Angebot für jugendliche Straftäter.

„Bei weisungsgebundenen Maßnahmen, beim Anti-Aggressivitätstraining oder beim Coolness-Training, also in den Kontexten, auf die man sich bei der konfrontativen Pädagogik bezieht, wird dagegen mit spezifischen Zielgruppen gearbeitet. Man hat es z.b. beim AAT größtenteils mit männlichen, älteren Jugendlichen aus bildungsfernen Milieus, häufig mit Migrationserfahrung zu tun, die über eine richterliche Auflage in eine Maßnahme vermittelt werden" (Kilb/ Weidner 2002, 299).

„Die konfrontative Pädagogik wird dabei einem autoritativen Erziehungsstil zugeordnet, der sich durch emotionale Wärme und Zuwendung, aber auch durch verständlich begründete, klare Strukturen und Grenzen sowie durch entwicklungsgerechte Aufgaben und Herausforderungen auszeichnet. Damit grenzt man sich sowohl von einem autoritär-partriarchalischen als auch von einem ‚Laissez-Faire' Erziehungsstil ab, der vor allem durch akzeptierendes Begleiten, permissives Verständnis und dadurch gekennzeichnet wird, dass die Ursachen abweichenden Verhaltens primär im gesellschaftlichen Kontext gesehen werden (...)" (Weidner 2002, 39). Für Jens Weidner ist konfrontative Pädagogik auf „eine spezifische, besonders auffällige Zielgruppe gemünzt und wird als Ergänzung zu solchen pädagogischen Angeboten verstanden, die eher mit Akzeptanz, Einfühlung, Lebensweltorientierung oder non-direktiver Gesprächsführung arbeiten" (Weidner 2002, 39ff.). „Dabei sollen 80% der professionellen Persönlichkeit einfühlsam, verständnisvoll, verzeihend und non-direktiv bleiben, aber um 20% Biss-, Konflikt- und Grenzziehungsbereitschaft ergänzt werden" (Weidner 2002, 41). Weidner schreibt weiter, es sei wichtig „den Betroffenen (zu) akzeptieren, aber nicht seine Taten" (Weidner 2002, 39).

Mit dem Titel des bereits erwähnten Beitrages von Musial und Trüter „Härte und Sanktionen statt Empathie und Mitgefühl – Die konfrontative Pädagogik als letzte Chance für die Erziehungshilfe?" (Musial/Trüter 2005) werden mehrere Aussagen induziert: 1. Die Erziehungshilfe ist ohnmächtig. 2. Durch Härte und Sanktionen kann die Erziehungshilfe zu einer nachhaltig wirksamen Pädagogik werden. 3. Die konfrontative Pädagogik ermöglicht der Erziehungshilfe diesen Entwicklungsschritt. 4. Die Merkmale der konfrontativen Pädagogik sind Härte und Sanktionen. Wie die Ausführungen von Weidner deutlich machen, stimmen die Aussagen Nummer zwei und vier nicht. Trotzdem ist die konfrontative Pädagogik verlockend, da sie der Pädagogik bei Schülern mit dem Förderschwerpunkt emotionale und soziale Entwicklung von einer scheinbar ohnmächtigen zu einer allmächtigen Position verhilft. Denn die konfrontative Pädagogik gibt dieser Disziplin die Erlaubnis, sich von einer akzeptierenden Pädagogik (Rieker 2000) in eine intervenierende Pädagogik zu transformieren. Mit dem Titel von Musial und Trüter wurde ein in den letzten Jahrzehnten bestehendes Tabu der Verhaltensgestörtenpädagogik gebrochen, das Sanktionen und Härte unausgesprochen verbot. Vielmehr war in der Verhaltensgestörtenpädagogik eine empathische Haltung auf der Grundlage des Verstehens und Akzeptierens der emotionalen Beeinträchtigung gefragt. Die konfrontative Pädagogik gewinnt zunehmend an Akzeptanz. Viele Lehrer und Sozialarbeiter nehmen an Fortbildungen teil. Dies drückt einen neuen Trend in der Pädagogik bei Schülern mit dem Förderschwerpunkt emotionale und soziale Entwicklung aus, der sich auch bereits durch die zahlreichen lernpsychologisch fundierten Förderprogramme, die in den letzten Jahren wie Pilze aus dem Boden schießen, zeigt: Die Pädagogik für Schüler mit Beeinträchtigungen in der emotionalen und sozialen Entwicklung zielt mit den neu entwickelten Förderprogrammen vorrangig auf eine Anpassung des Verhaltens an die Institution Schule. Ziel ist: „Das Kind soll nicht mehr stören!" Die Pädagogik bei Beeinträchtigungen in der emotionalen und sozialen Entwicklung verlässt mit ihren Forschungen den Weg einer verstehenden und akzeptierenden Pädagogik, bei der das Wohl des Kindes mit Beeinträchtigungen im Mittelpunkt steht.

Die konfrontative Pädagogik stellt die Bedeutung des Ziehens von Grenzen in der Erziehung besonders heraus. Grenzen setzende Aspekte in der Lehrer-Schüler-Beziehung sind genauso bedeutsam wie Halt gebende Anteile dieser Beziehung, was auch Autoren wie Ahrbeck, auf deren Beiträge sich meine Untersuchungen beziehen, in Anlehnung an Winnicott betonen. Die Ergebnisse der konfrontativen Pädagogik sind für meine Forschungen zur Lehrerbildung und Lehrerberatung (Kapitel 6) relevant. Die große Beliebtheit, die die Vertreter der konfrontativen Pädagogik gegenwärtig bei Lehrern genießen, zeigt, dass eine dringende Notwendigkeit besteht, Fortbildungen und Beratungen über Grenzen setzende Aspekte in der Lehrerhaltung gegenüber Schülern mit Verhaltensstörungen durchzuführen. Offenbar erleben Lehrer Unterrichtsstörungen als Autoritätsverlust und sehen in der konfrontativen Pädagogik eine Möglichkeit, ihre Autorität wiederherzustellen.

4.5.4 Stärkung der Ich-Funktionen auf psychoanalytischer Grundlage

Gegenwärtig werden wissenschaftliche Beiträge zur Stärkung der Ich-Funktionen im Kontext Halt gebender Beziehungen in Arbeitsfeldern der Erziehungshilfe auf psychoanalytischer Grundlage selten rezipiert (Ahrbeck 1998). Dies erstaunt, da die Psychoanalytische Pädagogik ein eigenes Forschungsfeld der Pädagogik bei Beeinträchtigungen in der emotionalen Entwicklung darstellt (Datler 2002, Ertle 1994, Göppel 1999, Heinemann 1992), das sich mit dem Leitgedanken einer akzeptierenden und verstehenden Pädagogik trifft und sich zunehmend mit der Untersuchung Grenzen setzender Aspekte der pädagogischen Haltung von Lehrern befasst. So gelangt Ahrbeck in seinen theoretischen Forschungen zu folgenden Ergebnissen: „Lehrerinnen und Lehrer brauchen Konzepte, die es ermöglichen, dass pädagogisch richtige Antworten auf die Inszenierungen der Kinder und Jugendlichen gefunden werden. Dabei geht es unter anderem um

- die Übernahme haltender Funktionen. Sie sind für viele schwer beeinträchtigte Kinder und Jugendliche dringend notwendig, damit sich eine basale Sicherheit im Umgang mit anderen entwickeln kann. Die Theorie Bions stellt diesbezüglich einen wichtigen theoretischen Bezugspunkt dar.
- die Übernahme von Hilfs-Ich-Funktionen beim Wahrnehmen, Beurteilen und bei der Affekt- und Verhaltensregulation. Dadurch wird Sorge dafür getragen, dass Schüler nicht vor Entwicklungsaufgaben gestellt werden, an denen sie aufgrund ihrer begrenzten narzisstischen Belastbarkeit und geringen inneren Konfliktfähigkeit von vornherein scheitern müssen.
- das Zumuten von Belastungen und die Konfrontation mit der inneren und äußeren Realität, so dass Konflikte mit der eigenen Person und anderen bewältigt, Ich und Über-Ich Funktionen verändert und die narzisstische Stabilität erhöht wird" (Ahrbeck 1998, 67). Die Beiträge von Ahrbeck und anderen Autoren, die sich auf die Psychoanalyse beziehen, sind zur Erforschung eines Settings, das die Entstehung von Zugängen zum schulischen Lernen eröffnet, von hoher Relevanz und werden in meinen Beiträgen umfassend rezipiert (Kapitel 6).

4.5.5 Life-Space-Konfliktlösungsintervention

Auf der Grundlage der ichpsychologischen Sicht Redls wurde das sogenannte Life Space Interview entwickelt (Redl 1971, 1984, 1986). Das Life Space Interview soll Ereignisse aus dem alltäglichen Leben therapeutisch auswerten und sofortige emotionale Erste Hilfe leisten (Heinemann 1992, 19). Dieses für das „Pioneer House" – eine Institution der Jugendhilfe, die eine stationäre Unterbringung anbietet – entwickelte Verfahren wird in Publikationen der Pädagogik bei Schülern mit Beeinträchtigungen in der emotionalen Entwicklung (Heinemann 1992, Myschker 2002) rezipiert. So untersucht Goetze das methodische Vorgehen sowie die Effektivität eines weiterentwickelten Verfahrens, der Life-Space-Konfliktlösungsintervention, anhand von zwei kontrollierten Einzelfallstudien (Goetze 2003, 84-95).

Zusammenfassend zeigt sich, dass unabhängig von der theoretischen Ausrichtung der Forschungsbeiträge ein Schwerpunkt der Untersuchungen zur individuellen Förderung emotional beeinträchtigter Kinder auf Fragestellungen zum Setzen von Grenzen im pädagogischen Handeln liegt. Die aktuellen Forschungsbeiträge machen deutlich: Es vollzieht sich bezüglich der individuellen Förderung emotional beeinträchtigter Kinder ein Paradigmenwechsel von einer verstehenden und akzeptierenden zu einer intervenierenden Verhaltensgestörtenpädagogik. Die Ursachen hierfür liegen in den gesamtgesellschaftlichen Veränderungen und der Schulreformen in den letzten Jahren. Zugleich stellt diese Trendwende eine Reaktion auf eine Pädagogik dar, die sich offenbar zu lange ausschließlich als ‚gewährende' Pädagogik präsentierte (Hillenbrand 2002). Beide Konzepte haben Stärken und Schwächen, die aber nicht gegeneinander ausgespielt werden sollten, da Kinder mit Beeinträchtigungen in der emotionalen Entwicklung in ihrem schulischen Umfeld gewährende wie Grenzen setzende Aspekte in ihrer Erziehung dringend benötigen (Ahrbeck 1998, s.o.). Die Life-Space-Konfliktlösungsintervention ist ein Beispiel für das Gelingen des Zusammenspiels beider Aspekte von Erziehung. Durch Zuwendung und das Setzen von Grenzen gelingt mit diesem Verfahren, dass sich Konflikte, die zunächst Sackgassen zu sein scheinen, in Straßen verwandeln und sich somit Zugänge für ein emotionales Wachstum eröffnen. Dieses Zusammenspiel von Grenzen setzenden und Halt gebenden Aspekten in der Lehrerhaltung stärkt die Lehrer-Schüler-Beziehung (Heinemann 1992) und wirkt als Zugang zum schulischen Lernen (Kapitel 5).

4.6 Debatte über Entwicklungsmöglichkeiten des Systems Schule

Auf die individuelle Förderung emotional beeinträchtigter Schüler bezogen ist die Trendwende von einer akzeptierenden und verstehenden Pädagogik zu einer intervenierenden Pädagogik zu beobachten. Hinsichtlich der Forschungen zur Unterstützung von in der Schule wirksamen Systemen ist eine entgegengesetzte Entwicklung zu verzeichnen (Mutzeck 1997, Reiser 2002, Spiess 2004). Sonderpädagogische Förderung war eher durch direktive Formen der Intervention gekennzeichnet. Inzwischen sind Beratung und Kooperation zwischen Schule und Jugendhilfe als indirekte Formen der Intervention zu zentralen Bausteinen der Pädagogik bei Schülern mit dem Förderschwerpunkt emotionale und soziale Entwicklung geworden (Spiess 2004). Die Beiträge zur Beratung und Kooperation formulieren als Ergebnisse ihrer Forschung die Notwendigkeit gegenseitigen Verstehens und Akzeptierens der Mitarbeiter aller beteiligten Institutionen als entscheidende Voraussetzung für Beratung und interdisziplinäre Kooperation. Ob dies gelingt, hängt von dem individuellen Engagement der Mitarbeiter sowie von personellen Ressourcen der beteiligten Institutionen ab. Wie die Ergebnisse der integrationspädagogischen Forschung zeigen (Kapitel 2), fehlen Organisationsstrukturen zur institutionellen Verankerung von Beratung und Kooperation, so dass die formulierten Ziele in der schulischen Praxis oft trotz gut gemeinter Absichtserklärungen aller Beteiligten nicht erreicht werden können.

4.6.1 Neues Selbstverständnis von Grundschul- und Sonderschullehrern

Mit der beschriebenen Trendwende in der Pädagogik bei Schülern mit Beeinträchtigungen in der emotionalen Entwicklung verändern sich
* die Aufgabengebiete von Sonderschullehrern sowie
* die Verantwortlichkeiten von Grundschullehrern und
* es entstand zwingend bei Sonderschullehrern die Notwendigkeit, sich mit der Beratung von Grundschullehrern vertraut zu machen.

Diese Veränderungen gingen mit einem neuen Selbstverständnis von Grundschullehrern und Sonderschullehrern einher. Dieses neue Selbstverständnis wurde im Hinblick auf die Unterrichtung von Kindern mit Beeinträchtigungen in der emotionalen und sozialen Entwicklung in regelmäßigen Abständen von Reiser erforscht. Reiser dokumentiert seit Mitte der 90er Jahre die Meilensteine der Entwicklung des Selbstverständnisses von Sonderschullehrern (Reiser 1996, 1998, 2001, 2002): Der Lehrer für Erziehungshilfe verstand sich bis zur Mitte der 80er Jahre vorrangig als ein Pädagoge, der dem Grundschullehrer den ‚schwierigen Schüler' abnahm, um ihn in einer Sondereinrichtung zu ‚kurieren'.

Die Forschungen von Reiser machen deutlich, dass der Sonderschullehrer seit den 90er Jahren
- in der Position eines externen Beraters wirkt, der der Grundschule eine Dienstleistung anbietet oder
- beim Unterrichten von Integrationsklassen kooperativ mit dem Grundschullehrer zusammenarbeitet.

Entlang der Ergebnisse von Reiser tragen der Sonderschullehrer und der Grundschullehrer dann gemeinsam die Verantwortung für den ‚schwierigen' Schüler, was aber nur in personell gut ausgestatteten Schulen gelingt.

4.6.2 Beratung zur Unterstützung von Lehrern und Eltern

In der sonderpädagogischen Fachliteratur wird unterschieden zwischen konstruktivistischen, systemischen, entwicklungs- und lösungsorientierten Beratungsansätzen (Palmowski 1995, Spiess 1999, 2004, Werning 2002). Eine Systematik von Beratungsansätzen sowie eine einheitliche Beratungstheorie fehlen bisher. Vielmehr werden effektive Beratungsansätze dargestellt und theoretisch untermauert (Mutzeck 2002). Mutzeck hat für die kooperative Beratung „eine Konzeption einer konsistenten theoriegeleiteten und praxisorientierten Beratung entwickelt und erprobt" (Mutzeck 2002, 34). Mutzeck will eine Beratungstheorie als eine Meta- oder Schachteltheorie verstanden wissen: „Den äußeren Rahmen bilden die Menschenbildannahmen, die der Beratungskonzeption zugrunde gelegt werden. Der darunter liegende Beratungsrahmen beinhaltet die Gegenstandskonzeption, d.h. die Handlungs- und Störungstheorie bzw. Verhaltens- und Abweichungstheorie. Den Kern bildet die Beratungskonzeption (…) die Struktur und die Methoden der Beratung" (Mutzeck 2002, 36).

Spiess nennt im Kontext seiner sonderpädagogischen Untersuchung zur lösungsorientierten Beratung zwei Ansätze, die entlang seiner Forschungsergebnisse besondere Relevanz für die Pädagogik bei Schülern mit emotionalen Beeinträchtigungen besitzen. Dabei handelt es sich um die Kooperative Beratung nach Mutzeck und „das konstruktivistisch lösungs- und entwicklungsorientierte Modell" (Spiess 2004, 133). Im Rückgriff auf die neuesten Kultusministerkonferenz-Empfehlungen betont er die Notwendigkeit von Supervision, die nach Spiess „als institutionalisierter und methodisch ausgerichteter Austausch innerhalb von Lehrergruppen oder Kollegien verstanden werden, wobei der Fokus auf Erziehungs- und Unterrichtsprozessen und dabei auftretenden Belastungen liegt" (Spiess 2004, 133). Spiess nennt vorrangig zwei Supervisionsmodelle, die mit den oben genannten Beratungsansätzen korrespondieren. Dabei handelt es sich um die „Kollegiale Supervision" nach Mutzeck und das von Spiess selbst entwickelte „handlungsspezifische Modell der Fall-, Gruppen- und Teamsupervision" (Spiess 1999; Spiess 2004, 133).

Spiess erwähnt in seiner Studie zu entwicklungs- und lösungsorientierten Beratungsansätzen die Arbeiten von Ahrbeck nur am Rande (Ahrbeck 1995) und vernachlässigt somit die psychoanalytischen Supervisions- und Beratungsansätze, die insbesondere in der Arbeit der Erziehungshilfe seit Jahrzehnten besonders erfolgreich umgesetzt werden.

4.6.3 Kooperation zwischen Schule und Jugendhilfe

Schüler mit sonderpädagogischem Förderbedarf emotionale und soziale Entwicklung haben fast immer auch einen Bedarf an Jugendhilfe, der durch das Kinder-Jugendhilfe-Gesetz (KJHG) im Sozialgesetzbuch VIII (SGB VIII) gesetzlich geregelt ist. Sörensen (1997) und Baur (1997) schildern, wie schwer sich die oft deklarierte Absicht zur Kooperation real gestaltet. Obwohl beide Institutionen dieselben Klienten betreuen, finden sie nur schwer zueinander. Es bleibt bei gegenseitigen Absichtserklärungen, obwohl die Evaluation einzelner Kooperationsprojekte (Baur 1997, Hillenbrand 1999, Krieg/Rumpler 1997, Mutzeck 1997) sowie die Evaluation der Kooperation in Einzelfällen positive Erfahrungen und die Nachhaltigkeit der Kooperation belegen (Baur 1997, Preuss-Lausitz 2006). Dies zeigen die Ergebnisse der Evaluation des Kooperationsprojektes REBUS in Hamburg wie auch der Netzwerkarbeit eines Modellprojektes in Lübeck (Mutzeck 1997, Behörde für Bildung und Sport der Stadt Hamburg 2001) und das in meinen Schriften dargestellte Projekt „Übergang" (Kapitel 1 und 6).

Für meine Untersuchungen zur Schaffung von Zugängen zum schulischen Lernen spielen die Erhebungen zur Kooperation zwischen Schule und Jugendhilfe eine bedeutende Rolle. Je erschwerter die soziale Lebenslage der Familien der Kinder mit Beeinträchtigungen ist, umso mehr kann Jugendhilfe entscheidend zur psychischen Entlastung der Kinder sowie zur Stärkung der Erziehungskompetenz der Eltern beitragen. Dies kann bei Kindern mit erheblichen Beeinträchtigungen in der emotionalen Entwicklung entscheidend dafür sein, ob sie Zugänge zum schulischen Lernen entfalten können (Becker 2001, 2006).

4.7 Resümee

Die Beiträge der Pädagogik bei Schülern mit Beeinträchtigungen in der emotionalen Entwicklung untersuchen bisher nicht explizit Zugänge oder Lernzugänge zum schulischen Lernen. Die Publikationen machen aber deutlich, welche Organisationsstrukturen und welche Beziehungsstrukturen im Unterricht der Grundschule sich bisher unterstützend auf die soziale Integration wie die Förderung dieser Kinder auswirken: Beratung, ein verändertes Selbstverständnis von Lehrern sowie eine tragfähige Lehrer-Schüler-Beziehung, die durch Grenzen setzende wie Halt gebende Aspekte gekennzeichnet ist.

Es gibt wenige Beiträge, die sich bisher mit Strukturfragen für Grundschulkinder mit emotionalen Beeinträchtigungen in der Grundschule befassen (Bergsson 1998, Hofmann 2005). Eine Ausnahme stellt das von Bergsson an das bundesdeutsche Bildungssystem angepasste Förderkonzept des „Entwicklungstherapeutischen Unterrichtes" dar (Kapitel 4.5). Dieses Konzept basiert vorrangig auf der Theorie des Symbolischen Interaktionismus und stellt eine Weiterentwicklung des von Mary Wood in den USA entwickelten Föderansatzes dar. Dieser konkretisiert sich in einem Kleingruppenunterricht, der klassenübergreifend täglich 90 Minuten mit vier Schülern parallel zum Klassenunterricht praktiziert wird (Kapitel 4.5).

Die Beiträge von Ahrbeck (2006) geben Hinweise auf die Wirkung von Beratung bei Lehrern und Eltern als indirekte Formen der Förderung und Integration von Kindern. In dem neu erschienenen Sammelband „Der Fall des schwierigen Kindes", der von Ahrbeck herausgegeben wird (2006), finden sich Beiträge von Autoren wie Mauthe-Schonig, Harten, Krebs und Benz, die u.a. verdeutlichen, wie Beratung von Lehrern und Eltern zu einer Symptomreduktion bei Kindern mit Beeinträchtigungen in der emotionalen Entwicklung führt (Ahrbeck 2006). Wie kommt es, dass durch Beratung hervorgerufene „minimale Einstellungsänderungen" bei Lehrern oder Eltern zu einer Symptomreduktion und einer Verbesserung der Lernmotivation der Schüler beitragen und diesen Kindern somit den Zugang zum schulischen Lernen eröffnen?

Hier besteht Übereinstimmung mit den Ergebnissen der integrationspädagogischen Forschung, die die Anerkennung als oberstes Grundprinzip einer gelingenden Integration betrachtet. Ich komme zu der Hypothese, dass Beratung zu einer „minimalen Einstellungsänderung" der Lehrer und Eltern führt, die wiederum zu einer Anerkennung des Kindes im Unterricht beiträgt. Durch diese Anerkennung kann der schwierige Schüler die Lehrer-Schüler-Beziehung als Halt gebend und die Schule als seinen sozialen Ort, als eine „Schule für alle", erfahren. Die Untersuchungen, die den Begriff „minimale Einstellungsänderung" verwenden, stammen von Balint (Balint 1957). Beiträge von Ahrbeck verbinden sonderpädagogische und psychoanalytische Forschungen. Meine Schriften stellen eine Ergänzung zu den Arbeiten von Ahrbeck dar.

5 Lernzugänge als Innovation

Mit der Einführung des Begriffes Lernzugang in die sonderpädagogische und integrationspädagogische Forschung greife ich auf meine bisherigen Publikationen zurück. Meine bisherigen Beiträge zu diesem Begriff lassen sich unter zwei Themengebiete subsumieren. Es handelt sich um die Themengebiete „Zugang" sowie „Lernzugänge als innovative Strukturen in der Primarstufe", deren Erkenntnisse ich in den Kapiteln 5.1 und 5.2 aufgreife:

5.1 Zugang

Ich betrachte die etymologische Bedeutung des Begriffes Zugang im deutschsprachigen, angelsächsischen und französischen Sprachraum, nähere mich anschließend dem Zusammenhang zwischen kulturellen Zugangsmöglichkeiten und der Teilhabefähigkeit von Jugendlichen am gesellschaftlichen Leben an, betrachte dann die Bedeutung des Begriffes Zugang im Bildungsbereich und definiere abschließend den Begriff Lernzugang als Tor zur Bildung für Schüler mit Beeinträchtigungen in der kognitiven und emotionalen Entwicklung. Am Beispiel einer Fallvignette, die von einem Schüler mit Hyperaktivität handelt, zeige ich auf, wie Beeinträchtigungen in der emotionalen oder sozialen Entwicklung zum Scheitern am Zugang zum schulischen Lernen führen und wie die Integration dieses Schülers gelingen kann.

5.1.1 Zur etymologischen Bedeutung

„Im deutschen Sprachraum wird der Begriff Zugang in unterschiedlichen Zusammenhängen gebraucht: Im deutschen Wörterbuch, begonnen von Jakob und Wilhelm Grimm (1984/1852), wird der Zugang als ‚die Handlung des Herangehens an ein Ziel im Raume' definiert (Grimm 1984, 394). Bekannt ist uns der ‚Zugang zu einer Festung' oder der ‚Zugang zu einem Labyrinth'. Der Begriff Zugang ist von dem des Eingangs abzugrenzen. Hierbei meint der Zugang immer einen räumlich beengten Eingang, wobei der Blick auf den dahinter liegenden Ort meist verstellt ist.

Der Begriff Zugang wird in sozialen und kulturellen Dimensionen häufig gebraucht. Gemeint ist der Zutritt zu sozialen oder kulturellen Gruppierungen. So kann jemand Zugang zu ‚bestimmten Kreisen, zur modernen Kunst' (Rifkin 2000, 25), zu einer Peergroup mit Jugendlichen oder, zu einer Disco oder einer religiösen Gemeinschaft ‚Zugang zum lieben Vater' haben (Luther in: Grimm 1984, 396). Mit Beginn der zunehmenden Vernetzung durch das Internet wird zunehmend in der Umgangssprache vom ‚Zugang zum Netz' gesprochen. Dieser Zusammenhang findet sich jedoch noch nicht in etymologischen Wörterbüchern" (Becker 2004a, 388).

In ökonomischen Diskussionen wird vom Zugang zum Markt gesprochen und vom Zugang der Dritten Welt zum Welthandel (Becker 2004a, 389). Dieser Gebrauch des Begriffes Zugang resultiert aus seiner Anwendung im Kontext von stofflicher Vermehrung, der seit dem Mittelalter gebräuchlich ist (Grimm 1984, 396). So sprach man vom Zugang zu allen notdürftigen Dingen und bezog dies auf die Verfügbarkeit von Lebensmitteln. Bei Hiob finden sich Anmerkungen über die Habe: ‚die zugenge seiner habe werden schmal werden' (Hiob, in: Grimm 1984, 395).

„Heute finden wir das Wort Zugang besonders in der Geschäftssprache wieder, wenn es um den Zugang von Personen und Gegenständen geht, deren Ein- und Austritt regelmäßig verbucht wird. So wird bei der Neuaufnahme von Patienten in Krankenhäusern, Altenpflegeheimen oder in Gefängnissen vom Zugang gesprochen: ‚Schneid dem Zugang die Haare' (Grimm 1984, 395). Hier werden Personen zu Waren und sprachlich wie Gegenstände verbucht.

Relativ neu ist hingegen der Gebrauch des Wortes Zugang im Kontext des Erwerbs von Wissen: ‚oft ist es ... das systematische Wissen, was einem sonst guten Kopfe den Zugang zu neuen Ideen verschliescht' (Grimm 1984, 398). ‚Öffne uns einen Zugang zu den Quellen der Bildung' (Hutten, in: Grimm 1984, 398). So finden sich (...) auch Hinweise bei Fichte: ‚Zugang zu den Quellen der Bildung' (Grimm 1984, 398). Gemeint ist auch der Zugang zum Verständnis eines Textes, wie einem wissenschaftlichen, religiösen oder Märchentext (Grimm 1984)" (Becker 2004a, 389).

Ende der 60er bis in die späten 80er Jahre wurde die bildungspolitische Diskussion u.a. von der Frage des Zugangs zur Bildung für Angehörige aller sozialen Schichten beherrscht (Becker 2004a, 389), ohne dass dies explizit so formuliert wurde. Der Begriff Zugang hat heute eine wichtige Rolle in der Erwachsenenbildung. Sein Gebrauch findet Anwendung bei Lehrgängen zum Erwerb von Fremdsprachen oder zum Wiedereintritt in den Arbeitsmarkt (Becker 2004a, 389).

„Im angelsächsischen Sprachraum taucht das Wort ‚access' bis 1990 ausschließlich im Zusammenhang räumlicher Dimensionen auf. Im Oxford Concise Dictionary werden seit 1990 auch soziale und kulturelle Dimensionen berücksichtigt. Die Verwendung des Wortes ‚accès' im französischen Sprachraum deckt sich weitgehend mit der Bedeutung von Zugang im deutschen Sprachraum. Hinzu kommt der Gebrauch des Wortes ‚accès' im Kontext des Beginns psychischer oder somatischer Erkrankungen. So spricht das französische Lexikon ‚Micro Robert' vom ‚accès de folie' (Robert 1973), was sich mit dem Zugang zum Wahnsinn übersetzen ließe" (Becker 2004a, 389).

„Zusammenfassend kann der Begriff Zugang als ein Eingang zu einem komplexen zeitlichen, räumlichen, geistigen, sozialen oder kulturellen Raum verstanden werden, der sich dem Subjekt nur unter dem Raum selbst immanenten Bedingungen erschließt" (Becker 2004a, 389).

5.1.2 Zum Gebrauch des Begriffes Lernzugang

Forschungen zur qualitativen Feldforschung problematisieren den Zugang zu Untersuchungsfeldern wie der Institution Schule (Flick 1995). Bezogen auf das Lernen sprechen Autoren der Erwachsenenpädagogik sowie der Medienpädagogik vom Lernzugang: „Dieser Begriff findet bereits breite Anwendung in der Erwachsenenbildung, insbesondere wenn es um das Erlernen von Fremdsprachen und den Erwerb von Wissen im Umgang mit Medien, Computern und ihren Anwendungsprogrammen geht. Der Begriff Lernzugang wird immer dann genutzt, wenn es sich um den Zugriff auf einen Wissensbereich handelt, der sich dem Subjekt nur erschließt, wenn „es sich wie der Faden durch ein Nadelöhr, durch einen engen Zugang schlängelt (...)" (Becker 2004a, 390). Hierzu benötigt das lernende Subjekt Neugier. Diese schafft die Motivation für das Erschließen des Zuganges zu einem Raum (Ludwig/Petersheim 2003). Ergänzt sich die Neugier für einen Wissensbereich mit Ausdauer und einer gewissen Frustrationstoleranz, so beschäftigt sich das lernende Subjekt häufig mit einem Gegenstand (Bannach 2002). Auf diese Weise entsteht ein Interesse: „Interesse (...) bezeichnet die Auseinandersetzung einer Person mit einem Gegenstand, die von der Person ohne äußere Veranlassung ergriffen wird. Die Person greift aus der Vielfalt von Objekten, die die Umwelt anbietet, bestimmte heraus und lässt sich handelnd auf sie ein. Sie erschließt sich Stück um Stück einen bestimmten Umwelt- und Gegenstandsbereich (...) ‚Interesse' als ‚Erschließen' von Gegenstandsbereichen beinhaltet einen Entwicklungs- oder Bildungsprozess aufseiten der Person" (Prenzel 1988, 10; Krapp 1999). „Zusammenfassend kann Interesse mithin als selbstintentionales objektgerichtetes Handeln, das durch Kognition, Emotion und Wertbeziehung geprägt wird, bezeichnet werden" (Büttner 2006, 7).

Die Auswahl von Wissensbereichen, mit denen sich ein lernendes Subjekt beschäftigen möchte, wird von unbefriedigten Bedürfnissen, unerfüllten Wünschen oder Fantasien geleitet (Büttner 2006). Darüber hinaus ist eine gewisse Ausdauer notwendig, um Frustrationen, die zwangsläufig bei der Beschäftigung mit einem Thema entstehen, auszuhalten, ohne die Beschäftigung mit demselben aufzugeben (Büttner 2006). Dementsprechend wird der Begriff Lernzugang bisher nur im Bereich der Pädagogik, beispielsweise der Erwachsenen- oder Medienpädagogik, genutzt, in denen ein Interesse der lernenden Subjekte den Ausgangspunkt der Beschäftigung mit dem jeweiligen Wissensbereich darstellt. Das Interesse schafft die Motivation für das Erschließen des Zuganges zu einem Wissensbereich, wie des Erwerbs einer Fremdsprache oder eines Computerprogrammes.

Mit der Einführung des Begriffes Lernzugang in die integrationspädagogische Forschung stelle ich mich der Frage, wie die Ausbildung von Interessen bei lernenden Subjekten als Antriebskraft für das Erschließen von Zugängen zum sozialen und kulturellen Raum Schule strukturell gefördert werden kann. Dies ist bedeutsam, da durch das Öffnen von Zugängen zu sozialen Räumen „gemeinsame Alltagswelt" (Ludwig/Petersheim 2003) entsteht und durch einen solchen geteilten Alltag die Teilhabefähigkeit der lernenden Subjekte gefördert werden kann (Kapitel 1; Ludwig/Petersheim 2003, 265). Dies wird in der „gemeinsamen Alltagswelt" insbesondere durch die dort wirksamen Beziehungen möglich.

5.1.3 Zugang und Teilhabe am gesellschaftlichen Leben

„Wir befinden uns inmitten einer Lawine von gesellschaftlichen Umwälzungen, die große Veränderungen für den Lebensalltag mit sich bringen, die von Beck in seinem Buch ‚Risikogesellschaft' bereits 1986 sehr präzise erfasst und antizipiert werden. Diese Veränderungen beschreibt er in drei Dimensionen:
- als Herauslösung aus historisch gegebenen Sozialformen und -bindungen (Freisetzungsdimension),
- als Verlust an traditionellen Sicherheiten in Bezug auf Handlungswissen, Leitnormen und Glauben (Entzauberungsdimension),
- als eine neue Art der sozialen Einbindung oder Kontrolle (Kontroll- bzw. Reintegrationsdimension)" (Beck 1986; Speck 1997).

Dieses Zitat findet sich seit 1995 sehr häufig in unterschiedlichen Publikationen auf dem Gebiet der Erziehungswissenschaft wieder (Goeppel 1997, 1999; Haeberlin 1996; Opp 1999; Keupp 1996), wenn Autoren nach soziologischen Begründungszusammenhängen für die Zunahme von Verhaltensauffälligkeiten und Verhaltensstörungen im Unterricht oder über die Zunahme von exzessiven Gewalttaten bei Kindern und Jugendlichen forschen.

So kommen die Autoren zu der Erkenntnis, dass die Postmoderne zwar ein Leben mit unbegrenzten Möglichkeiten bietet; diese aber nicht von jedem Individuum im Sinne einer konstruktiven Selbstverwirklichung genutzt werden können, sondern der hier entstehende Zwang zur Selbstbestimmung und Individualisierung für viele ebenso eine Überforderung und somit ein Risiko in der Entwicklung vom Kind zum Erwachsenen darstellt (Goeppel in: Opp 1999).

Im Lichte dieser Veränderungen geraten Folgen zunehmender Arbeitslosigkeit bei Jugendlichen und Erwachsenen, steigende Lebenshaltungskosten bei niedrigerem Realeinkommen und enorme Sparmaßnahmen in der Jugendhilfe wie im Bildungsbereich in den Hintergrund der erziehungswissenschaftlichen Diskussion. Dabei ist nicht zu übersehen, dass viele Schüler, die uns in der Schule als auffällig erscheinen, von diesen Veränderungen in ihrem Lebensalltag massiv betroffen sind. Die Folgen der soziokulturellen Benachteiligung sind in wissenschaftlichen Publikationen der 70er- und frühen 80er-Jahre ausführlich diskutiert worden, so dass ich es hier dabei belassen will, auf neuere Untersuchungen zu verweisen, die zusammenfassend zu den Erkenntnissen kommen, dass die neue Armut große Kreise unserer Bevölkerung noch wesentlich härter trifft als die in den 70er-Jahren beschriebene sozio-kulturelle Benachteiligung von Kindern aus Unterschichtsfamilien: Vergleicht man jedoch das Ausmaß und die Intensität sozialer Benachteiligung von damals und heute, so erscheinen die beschriebenen Formen soziokultureller Benachteiligung durch schichtspezifische Sozialisation eher als harmlos. Die Wucht, mit der Wirtschaftskrisen, Rationalisierung und Technisierung, Sparmaßnahmen der öffentlichen Hand und Kürzungen im Sozialbereich heute behinderte und sozial randständige Kinder und Jugendliche treffen, ist nicht zu vergleichen mit der Benachteiligung durch ‚restringierten Sprachgebrauch' oder schichtspezifische Wertvorstellungen (Klein 1996, 146). So ist heute, im Gegensatz zu den frühen 70er Jahren, beispielsweise offen, inwiefern eine Förderung von Benachteiligten und Ausgegrenzten, wie den Behinderten, weiterhin von öffentlichen Geldgebern finanziert werden kann: „Eine Verbesserung oder Verschlechterung der Lage Behinderter wird in den nächsten Jahren und Jahrzehnten mit Sicherheit davon abhängen, ob wir genug Geld für sozial Benachteiligte aufzubringen vermögen" (Bleidick 1998).

So werden ein Großteil von Kindern und Jugendlichen in einem Zeitalter groß, in dem für sie unbegrenzte technische Möglichkeiten, ermöglicht durch neue Technologien, einerseits und andererseits eine neue Armut beziehungslos nebeneinander stehen (Bourdieu 1993). Diese Armut zeichnet sich weniger durch Hunger nach Nahrung oder dem Fehlen einer ausreichend großen Wohnung aus, als durch das Fehlen eines Zugangs zu sozial relevanten Kreisen, wie Peergroups im Jugendalter.

Dies konkretisiert sich bei Jugendlichen z.b. im Umgang mit Handys. So ist es gegenwärtig weit verbreitet, dass Mitglieder von Peergroups ihre Mitteilungen, gleichgültig ob es sich dabei um Verabredungen oder das Versenden von Liebesbotschaften handelt, ausschließlich über SMS senden bzw. über Handy kommunizieren. So kann ein Jugendlicher, der sich kein Handy leisten kann, niemals Zugang zu solch einer Peergroups finden und ist somit von im Jugendalter relevanten Begegnungen ausgeschlossen. Es ist häufig in Schulen zu beobachten, dass Jugendliche den Tatbestand, sich kein Handy leisten zu können, vertuschen wollen, in dem sie ein nicht funktionierendes Handy mit sich tragen. Ebenso ist eine übermäßige Verschuldung von Jugendlichen zu beobachten, die sich mit der Benutzung ihres Handys verausgaben. Dabei spielen Gewohnheiten wie die Sorge an sozialen Kontakten nicht teilhaben zu können eine wesentliche Rolle (Rifkin 2000).

Ein anderes Phänomen stellt das Kaufen von Kleidung von Designermarken bei Kindern, Jugendlichen und Erwachsenen dar: „Nirgendwo ist die neue Marketingpraxis sichtbarer als beim Verkauf von Designermarken. Wer sich ein Hemd von Zenga, eine Lampe von Bill Blass oder ein maßgeschneidertes Auto von Eddie Bauer kauft, kauft den Zugang zu einem Lebensstil – zum Bild eines Lebensstils, den er gerne führen und erfahren würde" (Rifkin 2000, 231).

Eine ähnliche Tendenz lässt sich bei Kindern im Schulalter beobachten, die ‚Pokémon-Karten' und das zugehörige Sortiment von Stofftieren, Kleidungsstücken und Spielsachen sammeln. Die Hauptaktivität von Peergroups in diesem Alter stellt gegenwärtig das Tauschen von ‚Pokémon-Karten' im Wert von 3 Euro bis 40 Euro bzw. das Staunen über die Karten von Mitschülern dar. Kinder, die nicht über diese Karten verfügen, haben so schlichtweg keinen Zugang zu diesen Peergroups, sodass sie auf diese Weise an sozial relevanten Kontakten nicht teilhaben können.

Die Frage des Zugangs wird entlang den Ausführungen des Ökonomen Rifkin zum Hauptkriterium für die Teilnahme am gesellschaftlichen Leben. Rifkin geht davon aus, dass nicht mehr die Frage des Besitzes bzw. des Eigentums über soziale Anerkennung, Teilhabe am kulturellen Leben und die Mitwirkung am Markt entscheidet, sondern die Frage der Verfügbarkeit von Gütern, Dienstleistungen und soziale wie kulturellen Erfahrungen. „Unterschiede werden im Zeitalter der Postmoderne zunehmend durch Zugang, seltener durch Eigentum gesetzt" (Rifkin 2000, 252).

So geht es schlichtweg um einen Zugang zum sozialen wie kulturellen Leben. „Das Zeitalter der Postmoderne ist an ein neues Stadium des Kapitalismus gebunden, das auf Zeit, Kultur und gelebten Erfahrungen basiert, die warenförmig gemacht wurden" (Rifkin 2000, 252). „Zugang ist so etwas wie die Eintrittskarte zu Aufstieg und persönlicher Erfüllung, und heute, wo man – angeblich – überall Zugang erwerben kann, ist diese Vorstellung so mächtig wie es die Vision demokratischer Verhältnisse für frühere Generationen gewesen ist. Zugang ist ein politisch hoch aufgeladenes Wort. Schließlich geht es um Unterschiede und gesellschaftliche Brüche, darum, wer dazugehört und wer ausgeschlossen wird. ‚Access', Zugang, ist der Schlüsselbegriff, wenn wir verstehen wollen, was sich an unserer Wahrnehmung von Welt und Wirtschaftsgeschehen geändert hat – er wird die Metapher des kommenden Zeitalters sein" (Rifkin 2000, 27).

Entlang der Theorie des Ökonomen Rifkins ist der gesellschaftliche Umgang durch strukturelle Veränderungen geprägt: „Der Übergang von Märkten zu Netzwerken und vom Eigentum zum Zugang, die Marginalisierung von materiellem Besitz und der Bedeutungszuwachs von geistigem Eigentum sowie die zunehmende Vermarktung von menschlicher Beziehungen führen uns langsam heraus aus einem Zeitalter, in dem der Austausch von Eigentum die zentrale Funktion der Ökonomie war, und hinein in eine neue Welt, in der Erlebnisse und Erfahrungen zur Ware schlechthin werden" (Rifkin 2000, 19). „Mit einem Zukunftsszenario antizipiert Rifkin das Bild einer Zweiklassengesellschaft der ‚Vernetzten' und der ‚Unvernetzten', die sich nicht mehr durch die Größe ihres materiellen Reichtums sondern hinsichtlich der Frage unterscheiden, ob sie Zugang zum gesellschaftlichen Leben durch eine Vernetzung im Cyberspace haben" (Becker 2004, 387).

Der Begriff Zugang hat in der Neuordnung einer globalen Welt in den letzten Jahren an Bedeutung gewonnen und besitzt im Kontext der Sicherung der Teilhabefähigkeit von Menschen höchste Aktualität. Der Zugang zu Bildung stellt eine zentrale Voraussetzung zur Teilhabe am gesellschaftlichen Leben dar.

Die UNESCO erklärt den Zugang zu Informations- und Kommunikationstechnologien zu einem ihrer vier Leitlinien in der Förderung von Wissensgesellschaften und hat ihre Förderprogramme darauf abgestellt, langfristig allen Menschen den Zugang zu Bildung zu ermöglichen: „(…) 76 Prozent der Projektmittel sind für die Hauptpriorität, allgemeiner und freier Zugang zu Information und Wissen mit besonderer Berücksichtigung der Meinungsfreiheit vorgesehen (…) Ohne Zugang zu Informationen ist Meinungsfreiheit nicht denkbar. Ist Meinungsfreiheit nicht gegeben, so verhindert dies auch den Zugang zu Informationen" (Malina 2005).

Die Gender-Forschung propagiert den gleichberechtigten Zugang von Männern und Frauen zu Medien der Informations- und Kommunikationstechnologie.

Die „Charta der Grundrechte der Europäischen Union" hebt den Zugang zu Leistungen der sozialen Sicherheit sowie zu den sozialen Diensten, zur Gesundheitsvorsorge und -versorgung, zur kostenlosen Arbeitsvermittlung wie zu Dokumenten des Europäischen Parlaments, des Europäischen Rates wie der

Europäischen Kommission als Grundrechte hervor. Als Beitrag zur Sicherung von Meinungsfreiheit in einer demokratischen Gesellschaft hat das Bundesministerium zum 1.1.2006 ein Informationsfreiheitsgesetz beschlossen, das allen Bürgern den Zugang zu Informationen des Bundes sichern soll.

Die hier vorgestellten Dokumente verweisen auf verschiedene gesellschaftliche Dimensionen der Zugangsproblematik. Sie bilden Herausforderungen für das deutsche Schulwesen und begründen bildungspolitisch die Arbeit an dieser Thematik.

Das Bildungsministerium für wirtschaftliche Zusammenarbeit hebt in der Milleniumserklärung 2000 drei Leitmotive für die deutsche Entwicklungspolitik hervor. Diese sind: „Armut bekämpfen, Globalisierung stärken, Frieden sichern" (Bundesministerium für wirtschaftliche Zusammenarbeit 2006). In der Umsetzung dieser Leitmotive kommt dem freien und kostenlosen Zugang zu Bildung eine tragende Rolle zu.

Die UNESCO versteht den Zugang zu Bildung als Menschenrecht (Stiftung UNESCO - Bildung für Kinder in Not 2006), ebenso das deutsche Bundesministerium für wirtschaftliche Zusammenarbeit und Entwicklung: „Menschen den Zugang zu Bildung zu verwehren, heißt, ihnen ein elementares Menschenrecht zu nehmen. Ohne Bildung ist menschliche Entwicklung nicht möglich. Sie zu fördern ist deshalb eine wichtige Aufgabe der internationalen und deutschen Entwicklungspolitik" (Bundesministerium für wirtschaftliche Zusammenarbeit und Entwicklung 2006). Denn: „Der Zugang zu Bildung gibt den Menschen ein Leben mit Zukunft, er gibt der Region, in der sie leben, eine Zukunft und letztlich dem gesamten Land" (Rennicke 2006).

Die Charta der Grundrechte der Europäischen Union greift diese Menschenrechte in der Formulierung der Grundrechte in Artikel 14 auf: „Jede Person hat das Recht auf Bildung sowie auf Zugang zur beruflichen Aus- und Weiterbildung (…) Dieses Recht umfasst die Möglichkeit unentgeltlich am Pflichtschulunterricht teilzunehmen" (Amtsblatt der Europäischen Gemeinschaft C 364/11, 2005). Daraus resultieren in der Bundesrepublik Deutschland gegenwärtig Forderungen nach dem kostenlosen Zugang zu allen Bildungseinrichtungen, von der Kindertagesstätte bis zur Hochschule (Sattler 2005).

5.1.4 Lernzugang als Tor zur Bildung für Schüler mit besonderen Bedürfnissen

Bezogen auf den Zugang von Kindern mit besonderen Bedürfnissen (Special Educational Needs) verpflichteten sich die Bundesrepublik Deutschland und andere Staaten, die auf der Weltkonferenz der UNESCO in Salamanca 1994 beschlossenen Leitlinien umzusetzen. Diese besagt „(…) dass jene Schüler mit besonderen Bedürfnissen Zugang zu regulären Schulen haben müssen, sie mit einer kindzentrierten Pädagogik, die ihren Bedürfnissen gerecht werden kann, aufgenommen werden sollen, dass allgemein bildende Schulen das beste Mittel sind, um diskriminierende Haltungen zu bekämpfen, um Gemeinschaften zu schaffen, die alle willkommen heißen, um eine integrierende Gemeinschaft aufzubauen und um Bildung für alle zu erreichen; darüber hinaus gewährleisten integrative Schulen eine effektive Bildung für den Großteil aller Kinder und erhöhen die Effizienz sowie schließlich das Kosten-Nutzen-Verhältnis des gesamten Schulsystems" (UNESCO 1996, Preuss-Lausitz/Textor 2006).

Reformen der Grundschule, die inzwischen in fast allen Bundesländern durchgeführt werden (Kapitel 1 und 2), stellen Ansätze zur Umsetzung der Erklärung von Salamanca dar, wenn sie integrativen Beschulungsformen den Vorrang gegenüber Sonderbeschulungen einräumen. Der Begriff Lernzugang spielt bisher in diesem Kontext noch keine Rolle und genaue Vorstellungen zur Gestaltung der Lernzugänge in integrativen Schulsystemen fehlen noch weitgehend. Ich möchte im Folgenden mit einer Fallvignette, die von einem Schüler mit Hyperaktivität handelt, aufzeigen, welche Fallstricke die Integration solcher Schüler in sich birgt und wie Untersuchungen über Lernzugänge dazu beitragen können, dass die Teilhabe dieser Schüler am Schulleben gelingen kann.

5.1.5 Am Zugang zur Schule scheitern: Schüler mit Hyperaktivität

Der Zugang zu Bildung und Erziehung wird in der Bundesrepublik Deutschland von Erziehungswissenschaftlern als etwas Selbstverständliches angenommen. Aber bei hyperaktiven Schülern stellt dies eher den Ausnahmezustand dar: Sie kommen im Unterricht in eine ‚existenzielle' Sackgasse. Sie scheitern am Zugang zur Schule und benötigen individuelle Hilfen im Unterricht (Becker 2004a, 385).

Zunächst stelle ich fest, dass sich der Begriff Hyperaktivität oder auch Begriffe wie Aufmerksamkeits-Defizit-Syndrom (ADS) nicht eignen, „um die besondere Kumulation der Symptome von Schülern mit Verhaltensstörungen in einem Summationseffekt verstehbar zu machen" (Bovensiepen 2002; Heinz 2002; Hüther 1999, 2001). Der Begriff Hyperaktivität verdeutlicht lediglich, dass, wie bei einem Konglomerat, etwas kurzfristig gesammelt wird, was ebenso schnell wieder auseinander fällt. Das Dilemma, in das ein Schüler gerät, der keine Mittel hat, sich anderen so mitzuteilen, dass sie seine Emotionen verstehen, ist geprägt von Ängsten, als deren Folge das Scheitern in der Schule bereits auf der Ebene des bloßen Zugangs zum Lernen wirksam wird. Das Scheitern am Zugang birgt in sich aber auch den Schlüssel zur Qualifizierung von Lernzugängen, die helfen, das Scheitern zu überwinden (Becker 2004a, 385).

Erziehungswissenschaftler kommen in ihren Untersuchungen zu der Erkenntnis (Preuss-Lausitz 2006, Bos 2006), dass ein Großteil der Schüler von der Bildungsreform in der Grundschule (Kapitel 1) profitiert und vermehrt selbstständig im Unterricht lernen kann. Es wächst aber eine andere Gruppe heran, und dazu gehören fast immer die Schüler mit dem Förderschwerpunkt emotionale und soziale Entwicklung oder Lernen, für die die in den Augen der Lehrer pädagogisch wertvollen Materialien zum selbständigen Spielen und Lernen offenbar keinen Aufforderungscharakter besitzen (Bos 2007). Es scheint im Unterricht mit heterogenen Klassen nicht primär darum zu gehen, dass Materialien fehlen oder die Lehrer keinen ‚guten' Unterricht machen, sondern offenbar „(...) finden die Schüler nicht die Türen, um diese attraktiven Lernräume zu betreten" (Becker 2004a, 391).

Schüler mit Hyperaktivität sind zwar körperlich im Unterricht anwesend, bemühen sich auch um Aufmerksamkeit, aber können keinen individuellen Gewinn, im Sinne eines subjektorientierten Lernens, ziehen (Bannach 2002). Sie empfinden sich nicht als Teil des Unterrichtsgeschehens, sondern sind ähnlich unbeteiligt wie Zuschauer in einem Kino, die sich einen Film ansehen, der sie so langweilt „(...) dass sie sich durch träumen, kippeln oder motorische Unruhe im Unterricht aufrecht zu halten versuchen. Diese Schüler finden nicht den passenden Schlüssel zur Tür, die ihnen eine Einwurzelung im Sinne Wagenscheins (Wagenschein 1968) ermöglichen würde, sodass sie keinen subjektiven Lernzugang im Unterricht finden" (Becker 2004, 391): „Die Illusion des unmittelbaren Verstehens führt zu einem illusorischen Verständnis, das von einem falsch gewählten Schlüssel herrührt (...). Da man die Werke nicht als kodiert, nämlich nach einem anderen Code kodiert begreift, wendet man unbewusst auf Erzeugnisse einer fremden Tradition denjenigen Code an, der für die alltägliche Wahrnehmung, für die Entschlüsselung der vertrauten Gegenstände gilt: Es gibt keine Wahrnehmung, die nicht einen unbewussten Code einschlösse; dem Mythos vom ‚reinen Auge' als einer Begnadigung, wie sie allein der Einfalt und der Unschuld zuteil wird, kann nicht nachdrücklich genug widersprochen werden. Deshalb neigen die ungebildeten Betrachter unserer Gesellschaft so sehr dazu, eine realistische Darstellung zu fordern, da sie über keine spezifischen Wahrnehmungskategorien verfügen und daher auf die tradierten Kunstwerke keinen anderen als den Schlüssel anwenden können, mit dessen Hilfe sie die Gegenstände ihres täglichen Umgangs als sinnvoll begreifen" (Bourdieu 1970, 161f.).

Wie steht dieses Phänomen im Zusammenhang gesellschaftlicher Veränderungen?

Die Herauslösung aus historisch gegebenen sozialen Kontexten wie der Familie, bei gleichzeitiger Einbindung in unterschiedliche Welten des Cyberspace (Kapitel 5.1.3), führt bei Kindern zunehmend dazu, dass sie nur überleben können, wenn sie lernen, zwischen den unterschiedlichen Aufenthaltsorten hin und her zu springen, ohne sich zu sehr auf einzelne Personen oder den kulturellen Zusammenhang des jeweiligen Ortes einzulassen. Kinder und Jugendliche sind nicht mehr in einen sozialen und kulturellen Kontext eingebettet, in dem sie Halt erleben. Vielmehr müssen Kinder und Jugendliche oftmals in einem haltlosen Milieu das Überleben erlernen (Becker 2004, 392). „Bei aller Kritik an den auftretenden Unzulänglichkeiten wird zu wenig beachtet, wie unvergleichlich komplex das Pensum geworden ist, das Kinder heute bewältigen müssen" (Speck 1997, 11).

So kommt es durch das Pendeln zwischen verschiedenen Welten zu einer quantitativen Explosion von Interaktionen, der sich Jugendliche nur durch emotionale Abgrenzung entziehen können. „In diesem Prozess riskieren wir, uns selbst im labyrinthischen Netzwerk kurzlebiger und sich ständig ändernder Verbindung zu verlieren, in die wir eingebettet sind" (Rifkin 2000, 282). „Diese Fragmentierung der Selbstbilder korrespondiert mit einer Vielzahl von inkohärenten und gegeneinander isolierten Beziehungen. Diese ziehen uns in verschiedene Richtungen und laden uns ein, so viele verschiedene Rollen zu spielen, dass das eigentliche Konzept eines authentischen Selbst mit erkennbaren Charakteristika aus dem Blick gerät. Das vollkommen gesättigte Selbst wird zu gar keinem Selbst mehr" (Gergen 1996, in: Rifkin 2000, 282).

Das Pendeln zwischen unterschiedlichen, virtuellen wie realen Welten, vermittelt den Kindern oftmals das Gefühl des Zufriedenseins. Und da sich die Spielfiguren im Internet oder in Computerspielen inzwischen häufig als zuverlässiger erweisen als reale Elternfiguren, fühlen sich Kinder und Jugendliche zunehmend zu diesen hingezogen. Die Kinder werden im Cyberspace in einen engen Dialog mit virtuellen Figuren einbezogen, die ihnen unter Umständen schneller intensivere Rückmeldungen auf Signale geben als in ihrem realen Leben vorhandene Erwachsene. Das Pendeln in Welten des Cyberspace verhindert aber die Entwicklung inneren Haltes im Sinne des ‚Urvertrauens' (Balint 1938; Erikson 1959; Winnicott 1965), sodass die Entwicklung eines stabilen Ichs erschwert ist oder gar in Einzelfällen ausbleibt. Gegenwärtig werden bei Kindern gehäuft depressive Symptome und depressive Erkrankungen, hyperaktive Verhaltensweisen sowie massive Konzentrations- und Aufmerksamkeitsprobleme beobachtet. Diese Symptome finden ihre Zuspitzung in der so genannten Aufmerksamkeitsdefizit-Störung mit oder ohne Hyperaktivität. Bei Schülern mit sonderpädagogischem Förderbedarf der Förderschwerpunkte emotionale und soziale Entwicklung und Lernen wird von Medizinern und Psychologen vermehrt diese Diagnose gestellt. Ein Zusammenhang zwischen den gesamtgesellschaftlichen Veränderungen und der Entwicklung dieser Symptome kann vermutet werden.

Lehrer beschweren sich seit Jahren vermehrt über motorische Unruhe bis hin zur Hyperaktivität im Unterricht, Konzentrations- und Aufmerksamkeitsstörungen sowie über Gewalt gegen Lehrer und Schüler im Unterricht. Die hyperaktiven Verhaltensweisen stellen eine Reaktion auf eine innere Haltlosigkeit der Schüler dar, die sie im Unterricht empfinden und in der Schule nicht mit einer Flucht in eine virtuelle Welt, wie die von Computerspielen oder des Internets, kompensieren können (Becker 2004, 393).

„Verzweifelt versuchen sie, den Verlust von Bindung und Beziehung durch Konsum zu ersetzen. Haltlos geworden, hippeln und zappeln die unruhigen Kinder und Jugendlichen" (Heinz 2002, 338). Bei diesen Kindern finden wir Probleme, die alle Kinder in mehr oder weniger starker Ausprägung entwickeln, wenn sie sich den Anforderungen im Alltag nicht gewachsen fühlen. Diese Veränderungen führen zu einer Veränderung der von den Schülern und Eltern subjektiv wahrgenommenen Bedeutung von Schule. Sie ist für viele Kinder die einzige Konstante in ihrem Leben. Die Einflussmöglichkeiten von Schule sind häufig größer als die anderer Institutionen. Schule ist zugleich für viele Kinder nur eine Welt von mehreren, zwischen denen sie täglich pendeln, so dass der Schulbesuch oftmals ohne elterliche Unterstützung erfolgt, was den Ärger der Lehrer entfacht und die Aussichten auf eine erfolgreiche Teilhabe am Schulalltag einer bundesdeutschen Grundschule nach wie vor erheblich einschränkt (PISA-Konsortium Deutschland 2006).

Dies zeigt sich in besonderer Weise bei Schülern, die von Ärzten die Diagnose eines Aufmerksamkeits-Defizit-Syndroms erhalten haben. „Mit ihren nicht-kommunikativen Anteilen wirken sie im Unterricht wie ‚Öfen', die immer heißer werden und deren Ofenrohre so verstopft sind, dass es irgendwann für den Außenstehenden unerwartet zur ‚Explosion' in Gestalt von aggressiven Ausbrüchen kommt. Entlang meiner schulpraktischen Erfahrungen wird dies insbesondere in Selbstbildnissen dieser Kinder deutlich, die sich entweder als wandelnde Feuerwerkskörper, ein ferngesteuertes implodierendes Flugobjekt oder eine gezündete, aber noch nicht explodierte Bombe darstellen. Der fehlende Zugang zum Leben und Lernen in der Schule muss so zu Explosionen im Unterricht führen, die zu einem dauerhaften Scheitern in der Schule beitragen" (Becker 2004, 394). Hier möchte ich anhand einer Fallvignette diesen Zusammenhang verdeutlichen:

Danny wiederholt die vierte Klasse der Grundschule, als ein sonderpädagogischer Förderbedarf mit den Schwerpunkten emotionale und soziale Entwicklung festgestellt wird. Seine Intelligenz ist normal. Ich werde als Beraterin gefragt, wie er im Rahmen von Einzelintegration in einer Grundschule zu fördern sei. Die Lehrerin berichtet im Erstgespräch, dass Danny ein netter Junge sei, sie aber durch seine geringe Konzentrationsfähigkeit und hohe Ablenkbarkeit nervös mache.

Im Unterricht sitzt Danny zunächst mehrere Monate in der ersten Reihe. Die Lehrerin wollte ihm einen Sitzplatz vorne zur Verfügung stellen, um ihn immer im Auge zu haben und ihn optimal fördern zu können. Sie spricht ihn häufig an und gibt ihm deutlich mehr Hilfestellungen als allen anderen Schülern der Klasse. Sie muss aber schnell feststellen, dass ihre Bemühungen, Danny zu unterstützen, nicht fruchten und sie inzwischen Dannys Unruhe nicht nur nervös, sondern auch aggressiv macht. Die Lehrerin berichtet, dass sie über seine unsaubere Schrift, die keiner lesen kann, aber auch über seine sehr häufigen Flüchtigkeitsfehler, die durch seine extrem geringe Konzentration sowie durch seine extrem hohe Ablenkbarkeit entstehen, zunehmend ärgerlicher wird, denn diese Fehler führen immerhin dazu, dass sie jede seiner Klassenarbeiten nur mit mangelhaft oder ungenügend bewerten kann.

Nun sitzt Danny seit vier Wochen auf einem Platz im hinteren Teil des Klassenraumes. Sie geht oftmals zu ihm, um ihn individuell anzusprechen und ihm Aufgaben individuell zu erläutern. Statt sich über ihre Hilfe zu freuen, beginnt dann aber Danny ihr zu erklären, dass er erst seinen Ordner suchen müsse und sie bitte warten solle. Meist stellt sich dann heraus, dass er seine Arbeitsmaterialien zu Hause vergessen hat. Die Lehrerin erzählt mir, dass sie in solchen Momenten verzweifelt.

Die Lehrerin weiß nicht mehr, wie sie ihn noch fördern kann. Gelegentlich setzt sie im Unterricht auch Hilfsmittel ein, die in der Fachliteratur als hilfreich beschrieben werden, wie das Sitzen auf einem Sitzball. Bei Danny scheint dies aber nicht zu einer Verbesserung beizutragen. Vielmehr gewinnt die Lehrerin den Eindruck, dass Danny auf jede Form von Zuwendung und Unterstützung, die sie ihm zukommen lässt, mit „noch mehr" Chaos reagiert. Die Mutter habe ihr vertraulich mitgeteilt, dass der Kinder- und Jugendpsychiater ein Aufmerksamkeits-Defizit-Syndrom (ADS) bei Danny diagnostizieren konnte. Die Lehrerin hatte zunächst vermutet, dass Dannys geringe Konzentrationsfähigkeit auf seine immer verdreckte Brille zurückzuführen sei. Aber dies habe nach Aussage der Mutter ein Arzt ausschließen können.

Dannys Verhaltensweisen, sein Schriftbild, seine Leistungsausfälle wie seine Unordnung im Hinblick auf seine Arbeitsmaterialien entsprechen zweifelsohne den von Medizinern beschriebenen Symptomen einer ADS-Problematik (Steinhausen 1995).

„Es wird deutlich, dass Danny durch die genannten Symptome zum Scheitern im Unterricht der allgemein bildenden Schule verurteilt ist. Er findet offenbar weder einen Zugang zu Unterrichtsangeboten in der Klasse noch zu individuellen Förderangeboten, die die Lehrerin offenbar an ihn heranträgt. Im Gegenteil: Sobald die Lehrerin individuellen Kontakt zu ihm im Hinblick auf schulisches Lernen aufnimmt, intensivieren sich seine Symptome: der Zugang scheint plötzlich ganz verschüttet zu sein. Wir beobachten hier etwas Ähnliches wie bei der Hauptfigur in dem Roman ‚Krakatit' (Capek 1924, 1991). Diese stellt über Sprengstoff Beziehungen her und zerstört sie mit demselben wieder. Was die Hauptfigur im Roman ‚Krakatit' mit dem Sprengstoff macht, erreicht Danny durch seine motorische Unruhe. Einerseits führt diese dazu, dass die Lehrerin ihm vermehrt exklusive Angebote im Unterricht macht. Gleichzeitig bewirkt seine dann zunehmende Unruhe das Ansteigen von aggressiven Gefühlen bei den ihn unterrichtenden Lehrerinnen, sodass sie auf Abstand zu ihm gehen. Danny verschüttet auf diese Weise Zugänge genauso, wie er zunächst bewirkt, dass ihm individuelle Hilfen angeboten werden. Auffallend ist, dass Danny die Zugänge offenbar mühelos bei allen außerschulischen Aktivitäten selbst findet und sie auch selber herstellen kann" (Becker 2004a, 396).

Die bisherige Beschreibung des Jungen stellt nur einen Ausschnitt aus seinem alltäglichen Leben, nämlich dem des Unterrichts dar. Es handelt sich um die Beschreibung eines Vorgangs ohne soziokulturellen Kontext und ohne Darstellung der subjektiven Verarbeitung desselben. Die isolierte Beschreibung der Hyperaktivität eines Schülers im Unterricht kommt einer Momentaufnahme im Alltag, einem Foto gleich. Diese Momentaufnahme kann nur entstehen, wenn Raum und Zeit, sprich soziokulturelle Rahmenbedingungen sowie subjektive biografische Erfahrungen, ausgeklammert werden. Zweifellos entspricht dies einem Lebensstil unserer Zeit, in dem viele Menschen, oftmals auch Kinder und Jugendliche, jenseits von kultureller Einbindung täglich mehrmals zwischen verschiedenen Lebenswelten pendeln.

Verändern wir den Fokus auf den Fall Danny: Danny ist das jüngste von drei Kindern. Seine beiden erwachsenen Brüder sind bereits ausgezogen, während seine Eltern ihm als jüngsten Sohn jeden Wunsch erfüllen. Beide Brüder waren Schüler der Schule für Lernbehinderte und sind noch nie einer Berufstätigkeit nachgegangen. Dannys Mutter besuchte auch die Schule für Lernbehinderte. Dannys Vater ist ausgebildeter Handwerker, aber auch seit 10 Jahren arbeitslos.

In meiner Funktion als Beraterin führe ich im Hinblick auf die schulische Entwicklung von Danny im Laufe eines Schuljahres zwanzig Beratungsgespräche mit den Eltern durch, die mir verdeutlichen, dass Dannys Verhaltensweisen ihm Vorteile innerhalb seiner Familie bringen und von daher als Sinn gebend betrachtet werden müssen:

- Danny ist das Nesthäkchen und genießt im Rahmen einer symbiotischen Mutter-Kind-Beziehung alle Vorteile, die damit einhergehen. Sie versucht ihm jeden Wunsch von der Nase abzulesen und zu erfüllen, zugleich leidet sie mit ihm an seinen Schulproblemen, was dadurch begünstigt ist, dass sie selbst in der Schule scheiterte und in eine Sonderschule überwiesen wurde. Dieses Mit-leiden oder Mit-fühlen der Mutter hat auch übergriffliche Sei-

ten, wogegen sich der Junge mit seiner motorischen Unruhe zu schützen scheint.
- Dannys Familienmitglieder zeichnen sich durch das Scheitern in der Schule aus. Dies stellt eine Gemeinsamkeit zwischen ihnen dar. Wäre Danny noch einer von ihnen, wenn er plötzlich entsprechend seiner kognitiven Fähigkeiten gute Leistungen zeigen würde? Durch eine Verbesserung seiner schulischen Leistungen riskierte er vielmehr, nicht mehr von seiner Mutter so bemitleidet zu werden. Darüber hinaus würde er mit zunehmendem Alter die Rolle des Nesthäkchens verlieren und auf Grund seiner Fähigkeiten vermutlich alle Ämtergänge sowie die Erledigung von allen schriftlichen Arbeiten im Leben seiner Geschwister und Eltern übernehmen. Würde er auch noch eine Ausbildung machen und eine Arbeit finden, müsste er vermutlich andere Familienmitglieder finanziell unterstützen.
- Die motorische Unruhe hat hier, wie auch seine schmutzige Brille, die Funktion, für die Aufrechterhaltung des Ist-Zustandes zu sorgen. Durch die motorische Unruhe schafft er Anlässe für individuelle Beziehungs- und Unterrichtsangebote, die er zugleich durch dieselbe verhindert. So gelingt es ihm, seine schlechten schulischen Leistungen aufrecht zu halten, wodurch er sich in der Familie das Mit-leiden der Mutter sowie die Aufrechterhaltung seiner Rolle als Nesthäkchen sichert. Im Rahmen der Familiendynamik stellt sein Handeln eine intelligente Lösung dar, auch wenn dies zum Preis seiner Individuation geschieht.

„Die Hyperaktivität ist ein Phänomen, das nur vor dem Hintergrund unserer aktuellen gesellschaftlichen Situation in ihrer historischen Einbindung überhaupt als solches wahrgenommen werden kann" (Becker 2004a, 397). „Hier wird deutlich, dass sich Hyperaktivität bei näherer Betrachtung des Falls Danny als etwas erweist, das nur durch den Ausschluss des soziokulturellen Lebenskontextes sowie dessen subjektiver Verarbeitung als solches überhaupt diagnostiziert werden kann. Hyperaktivität erweist sich als Konglomerat der Sozialisationsbedingungen von Kindern und Jugendlichen unserer Zeit, die nur durch isolierte Beobachtung von Symptomen jenseits von Raum und Zeit als Krankheit wahrgenommen wird" (Becker 2004a, 396).

Unser Zeitgeist ist geprägt von einem Denken, in dem das Soziale, Kulturelle und Historische weniger Raum hat als noch vor zwanzig Jahren. Globalisierungstendenzen spielen hierbei eine entscheidende Rolle. Kulturelle Besonderheiten, unabhängig von der Ökonomie, verlieren weltweit an Bedeutung. Vor diesem gesamtgesellschaftlichen Hintergrund wird schon Kindern und Jugendlichen das Pendeln zwischen vielen sozialen Orten zugemutet (Speck 1997), was dazu führt, dass sie wechselnde Rollen einnehmen müssen, um an diesen unterschiedlichen Orten zu überleben, statt, dass – ihrem Alter angemessen – Halt gebende Lebenswelten einen angemessenen Rahmen für ihre Entwicklung darstellen würden. Dabei macht nicht das Pendeln an sich Kinder hyperaktiv, sondern ihr fehlender innerer Halt führt dazu, dass sie das Pendeln als das sich Bewegen von ‚einer Sackgasse zur anderen' erleben, und nicht als der Gebrauch von Wegen in verschiedenen Richtungen (Ekstein 1965). Wird solch eine Pendelexistenz durch besonders erschwerende familiäre Situationen oder traumatische Erfahrungen fundiert, so kann ein Kind oder Jugendlicher bei einem konstitutionellen Entgegenkommen Symptome entwickeln, die, wenn man nur eine Momentaufnahme des Kindes oder Jugendlichen jenseits von Raum und Zeit macht, sprich jenseits seiner Biografie sowie seiner soziokulturellen Einbindung, zu einer Beschreibung des Kindes kommen, die der der Störung ADS in vollem Umfang entspricht. Sobald jedoch die motorische Unruhe wie fehlende Konzentration u.a. Symptome in ihrem situativen Kontext wahrgenommen werden, sind diese als solche gar nicht mehr existent, da das Verhalten des Kindes oder Jugendlichen einen Sinn in seiner Lebenswelt erhält, der jenseits der Pathologie anzusiedeln ist. Dies ist vergleichbar mit einem Ertrinkenden, der auf dem Meer sich durch wilde Bewegungen, sprich motorische Unruhe, über Wasser zu halten versucht. Beobachte ich ausschließlich seine Bewegungen, werde ich schließen, er sei motorisch unruhig. Sobald ich aber seine Bewegungen in den situativen Kontext, das Ertrinken, stelle, erhalten seine schnellen Bewegungen einen Sinn, und ich werde ihn keinesfalls mehr als hyperaktiv wahrnehmen. Die Hyperaktivität erweist sich als Konglomerat kindlicher und jugendlicher Sozialisation der Gegenwart, die nur durch isolierte Beobachtung von Symptomen jenseits von Raum und Zeit als Krankheit diagnostiziert werden kann (Becker 2004a, 397f.).

Speck spricht von sozialer Entkoppelung. „Die soziale Entkoppelung (...) beinhaltet den Verlust von Verbindungen, die in einem System wichtig sind, z.B. die Auflösung der Beziehung zwischen Vater und Kind oder das Nichtzustandekommen einer Beziehung und eines entwicklungsförderlichen Kontaktes zwischen professionellem Erzieher und Kind. Entkoppelungen werden qualitativ als Verlust, als beeinträchtigende Defizite des Sozialen wahrgenommen. Es ist also nicht der objektive Tatbestand des Nicht-Kontaktes oder des physischen Verlustes einer Person entscheidend, sondern die dabei erlebte Qualität der Veränderung mit ihrer Auswirkung auf Entwicklung und Interaktion. Es kann zu ökologischen Gefährdungen der Erziehung kommen. Entkoppelungen lassen sich auf das Verhältnis des Einzelnen zu seiner Umwelt und auf innerpsychische Prozesse beziehen. Bei letzteren wird ein Verlust der Selbstkontrolle, also eine kritische Unverbindlichkeit zwischen Ich und Über-Ich auffällig. Diese steht in der Regel im Zusammenhang mit entwicklungsstörenden Turbulenzen in der

Auseinandersetzung mit der Umwelt oder mit einem gefährdeten Auseinanderdriften von System und Umwelt (Luhmann 1988). Luhmann (1988) hat aufgezeigt, dass es dabei angesichts der wachsenden Ausdifferenzierung von Funktionssystemen beim Einzelnen zu einer Störung seiner (ökologischen) Resonanz kommen kann, d.h. zu einer Beeinträchtigung der Fähigkeit, auf Störungen von außen angemessen zu reagieren. Entkoppelungen bewirken ökologische Resonanzstörungen. Dabei kann die normative Pluralität und die damit verbundene verwirrende Fülle der sozialen Problemlagen, in die der Einzelne gerät, und die er zu bestehen versucht, entweder dazu führen, dass er zu wenig Resonanz aufbringt, nämlich dann, wenn er sich dem Anspruch entzieht, die eintretenden Turbulenzen abzuklären, und ihre verwirrenden Wirkungen durch eigene Anpassung, durch die eigene ‚Programmierung' aufzuarbeiten; oder es kommt zu übermäßiger Resonanz und zwar dann, wenn sich das eigene System zwar dem erhöhten Anspruch durch die Umwelt stellt, dabei aber überfordert wird" (Speck 1987, 51).

Speck fasst Verhaltensstörungen als indirekte Folge sozialer Entkoppelungsprozesse (Bronfenbrenner 1979; Luhmann 1988; Speck 1997) auf, wobei das störende Verhalten für Lehrer nicht mehr auf die dahinter stehende Ursache verweist. Es wird für Lehrer oftmals nur deutlich, dass ihm, wie im Falle Danny, der Zugang zum Schüler fehlt und dem Schüler offenbar der Zugang zum Unterricht verschlossen bleibt. Um Antworten auf die Frage nach Lernzugängen für Schüler mit Beeinträchtigungen in der emotionalen und sozialen Entwicklung finden zu können, ist es wichtig, den Schüler mit Hyperaktivität nicht als ein krankes Kind zu betrachten, sondern als ein Teil seiner sozialen Umwelt, in der andere Verhaltensweisen notwendig sind, als in der Schule verlangt werden. Eine solche Betrachtungsweise wird aber von Lehrern und Eltern häufig gemieden, denn: „Zwar stigmatisiert und diskriminiert die auf die technische Verfügbarkeit des Körpers reduzierte Sichtweise des jungen Menschen, zugleich aber bietet die Diagnose ADS/HKS und damit die einer körperlichen Erkrankung Kindern, Eltern und der gesamten Gesellschaft einen unschätzbaren Vorteil: Sie entlastet sie. Bei einer Hirnkrankheit fragt niemand nach persönlichen, familiären, sozialen oder sonstigen gesellschaftlichen Ursachen. Nichts von alledem muss sich ändern" (Heinz 2002, 323).

„Die Diagnose des Syndroms ADS stellt einen Abwehrvorgang im Sinne des Ungeschehenmachens gegenüber der Anerkennung dieses Scheiterns dar, dem intrapsychisch Angst, Scham und Zweifel, Schuld und Aggression korrespondieren (Erikson). Die Abwehr dient der Verleugnung der Realität des Scheiterns wie der Verdrängung der unbewussten Gefühle aller Beteiligten (Heinemann 2001; Stork 1993). Der Verdrängungsvorgang spitzt sich in so genannten ‚Buchstabendiagnosen' wie ADS, ADHD, HKS usw. zu, die für eine emotionale

Distanz zwischen Fachleuten und den als Klienten erscheinenden Eltern und Kindern sorgen und ein erziehungsschwieriges Kind in einen Patienten der Kinder- und Jugendpsychiatrie verwandeln (Heinz 2002, 322). ‚Die immer komplizierteren, scheinbar immer differenzierteren Wortschöpfungen suggerieren eine immer exaktere Wissenschaftlichkeit. Tatsächlich aber verhält sich ihr quantitativer Buchstabenumfang umgekehrt proportional zu ihrer qualitativen Eindeutigkeit' (Heinz 2002, 327). So stürzen sich nicht nur die Kinder, sondern auch die Erwachsenen in hyperaktives Handeln, wenn sie an Stelle der Anerkennung des Scheiterns in überhöhte Aktivität verfallen. Dies konkretisiert sich bei Fachleuten nicht nur in den bereits erwähnten zahlreichen Wortschöpfungen, sondern auch in mit Hochgeschwindigkeit produzierten Handbüchern für Eltern und anderen Publikationen wie in dem Versuch, von Eltern durch Psychopharmaka wie Ritalin Symptomfreiheit bei ihren Kindern zu erzeugen" (Becker 2004 399).

5.2 Lernzugänge als innovative Strukturen in der Primarstufe

Ich definiere den Begriff Lernzugang unter Rückgriff auf Rifkin (2000) als „den Eingang zu dem komplexen räumlichen, geistigen, sozialen und kulturellen Raum ‚Schule', der sich dem Subjekt nur unter dem Raum selbst immanenten Bedingungen erschließt" (Becker 2004a, 2004b). In diesem Buch weise ich dem Begriff Lernzugang einen prozesshaften sowie einen strukturellen Aspekt zu: „Somit meint Lernzugang zum einen den Prozess des Erschließens eines sozialen Raumes, der einen Wissensbereich umgibt, und zum anderen Strukturen im sozialen Raum ‚Schule', die den gegenstandsbezogenen Zugang zu diesem sozialen Raum begünstigen" (Kapitel 1). Die drei sich anschließenden Abschnitte 5.2.1, 5.2.2 und 5.2.3 widmen sich diesen beiden Dimensionen von Lernzugängen. Im Kapitel 5.2.1 beschäftige ich mich mit den Prozessen der Entfaltung von Lernzugängen. In den Kapiteln 5.2.2 sowie 5.2.3 widme ich mich den innovativen Strukturen in der Primarstufe und somit dem strukturellen Aspekt von Lernzugängen.

5.2.1 Lernzugänge

Der Wunsch eines Erwachsenen, eine Fremdsprache zu lernen, kann z.B. durch eine bevorstehende Reise motiviert sein. Wenn sich ein Jugendlicher in ein Computerprogramm einarbeitet, besteht das Interesse vielleicht in dem Wunsch, ein bestimmtes Computerspiel spielen zu können. Hieraus abgeleitet stellt sich die Frage, wie die Ausbildung von Interessen bei Schülern mit Beeinträchtigungen in der emotionalen oder kognitiven Entwicklung als Voraussetzung zur

Eröffnung von Lernzugängen im Feld ‚Schule' initiiert werden kann (Kapitel 5.1). Ich möchte mich hier zunächst der Thematik von Lernzugängen aus der Perspektive der Sozialisationsforschung, der genetischen Epistemologie und der Psychoanalyse annähern. Dann präsentiere ich zusammenfassend die Ergebnisse meiner bisherigen Forschungen zum Themenbereich „Lernzugänge als innovative Strukturen in der Primarstufe".

„Auf den Begriff Lernzugang wird immer dann zurückgegriffen, wenn es sich um den Zugriff auf einen Wissensbereich handelt, der sich dem Subjekt nur erschließt, wenn es sich wie der Faden durch ein Nadelöhr, durch einen engen Zugang schlängelt (...)" (Becker 2004a, 390). Ich greife erneut dieses Zitat auf (Kapitel 5.1), da die Textstelle verdeutlicht, welche intrapsychischen Schritte notwendig sind, um einen Lernzugang entstehen zu lassen:

- Das lernende Subjekte entwickelt ein Bedürfnis oder die Neugier für einen Wissensbereich. Dieses Bedürfnis oder die Neugier erhält die Funktion einer Antriebskraft.
- Das lernende Subjekt passt sich an das Feld, das den Wissensbereich umgibt, an.
- Das lernende Subjekt erfährt, während es versucht, sein Ziel zu erreichen, Anerkennung, Zuwendung und Bestätigung. Dies kann zur Ausbildung eines Interesses führen.

Darüber hinaus wirken sich nicht nur die kontinuierliche Beschäftigung mit einem Wissensbereich, sondern insbesondere bei Schülern mit Beeinträchtigungen in der emotionalen Entwicklung diese Rückmeldungen positiv auf ihre Entwicklung aus und bringen die lernenden Schüler in dauerhafte Interaktionen mit anderen Schülern in ihrem sozialen Umfeld. Die interessengeleitete Aktivität des Kindes führt also dazu, dass es sich einen neuen sozialen Raum erschließt und somit einen Lernzugang eröffnet (Büttner 2006, Ludwig/Petersheim 2003). Das schulische Feld, also das Setting samt der darin wirksamen Beziehungen, die Beratung von Lehrern und Eltern, die Bereitstellung von entsprechenden Lernmaterialien sowie das Gewähren von Zeit ermöglichen oder beeinträchtigen die Entstehung von Lernzugängen (Kapitel 6).

Das Feld ‚Allgemeine Schule' muss so gestaltet sein, dass es ein ‚Milieu' darstellt, in dem Kinder aus erschwerten sozialen Lebenslagen ein ‚Heimatgefühl' im Sinne Specks entwickeln können. Dazu ist es nötig, dass Lehrer nicht nur eigene kulturelle Horizonte überwinden und ihnen fremde Kulturen in der Schule zulassen, sondern es ist wichtig, dass in der allgemein bildende Schule Strukturen geschaffen werden, die kontinuierliche Kontakte und Kooperationen mit Vertretern der Lebenskulturen von Kindern aus erschwerten sozialen Lebenslagen garantieren (Zimmer 1998). „So rückt die Schulpädagogik immer mehr in die Position einer interkulturellen Pädagogik, die den Schülern erst Lernzugänge, d.h. komplexe zeitliche, räumliche geistige, soziale und/oder kulturelle Räume eröffnen muss" (Becker 2004a, 390).

Meine Analysen in den Kapiteln 3 und 4 verdeutlichen, dass sonderpädagogische Diskurse Beiträge zur Gestaltung von Heimat schaffenden Milieus an Sonderschulen erbracht haben. Hier ist insbesondere das Konzept der realitätsnahen Schule von Hiller (Kapitel 3) erneut zu erwähnen. Die integrationspädagogischen Forschungen haben einen herausragenden Beitrag durch die theoretische Einbettung von Praxisforschungen und empirischen Untersuchungen in die Pädagogik der Vielfalt geleistet, welche den Zusammenhang von Gemeinschaft und Individualisierung in einer anerkennenden Lernkultur herausstellen (Kapitel 2). Auch die Interkulturelle Pädagogik hat mit Konzepten wie dem Situationsansatz hierzu wichtige Beiträge für Kindertagesstätten wie für die Schulen für Lernbehinderte geliefert (Iben 1996, Zimmer 1998). Die Freinet-Pädagogik sowie die Pädagogik von Freire (Zimmer 1998) sind auch in diesem Zusammenhang zu nennen, denn diese Ansätze betonen den Zusammenhang von Individualisierung und Gemeinschaft. Die Untersuchungen der Sozialisationsforschung verdeutlichen, dass Kinder aus erschwerten sozialen Lebenslagen ein Umfeld benötigen, dass Zugänge zur Bildung entstehen lässt. Hierzu sind Rahmenbedingungen notwendig, die Brücken zwischen der Kultur bildungsferner Elternhäuser und der Schule bilden.

Entlang der genetischen Epistemologie (Piaget 1975) drängen „Störungen" der „Äquilibration der kognitiven Strukturen" (Piaget 1975) das Individuum zu einer kompensierenden Handlung. Störungen dieses Gleichgewichtes können durch Bedürfnisse wie Hunger oder Durst genauso ausgelöst werden wie durch den Wunsch, ein Fahrrad zu reparieren oder eine Fremdsprache zu sprechen. Piaget unterscheidet verschiedene „Kompensationstypen", die unterschiedlich große Anteile an assimilatorischen und akkommodativen Handlungen besitzen. Dabei geht es bei der Assimilation vorrangig um Einverleibung von Objekten aus der Umwelt zur Wiederherstellung der Äquilibration der kognitiven Strukturen, während es bei der Akkommodation um eine Anpassungsleistung des Individuums an die Umwelt geht, die zur Herstellung einer Äquilibration der kognitiven Strukturen auf einem höheren Entwicklungsniveau führt. So stellen die „Störungen des Gleichgewichtes der kognitiven Strukturen" wie daraus resultierende assimilatorische Handlungen die Antriebskraft für akkommodative Handlungen dar, die das Individuum in seiner Entwicklung vorantreiben. Das Modell wird auch auf schulische Lernprozesse angewendet (Becker 2006a, Katzenbach 1992).

Entwicklungsprozesse bei Kindern mit Beeinträchtigungen in der kognitiven oder emotionalen Entwicklung sind entlang der Forschungen von Piaget erschwert, da die Handlungen dieser Kinder im Feld ‚Schule' vorrangig durch assimilatorische Handlungen geprägt sind (Inhelder 1942). Dies liegt zum einen im ‚kindlichen Egozentrismus' (Piaget 1975, Becker 2007a) und zum anderen darin begründet, dass ihnen das Feld ‚Schule' weniger oft als anderen Kindern Objekte anbietet, die „ihre subjektiv empfundenen Störungen im Gleichgewicht der kognitiven Strukturen" durch Akkommodationen kompensieren können. Es fehlt sozusagen die optimale Passung zwischen Bedürfnissen und Interessen dieser Schüler und den Lernangeboten, die eine Befriedigung ihrer subjektiven Bedürfnisse und Interessen darstellen könnten. Aus der Perspektive der genetischen Epistemologie können Lernzugänge als Strukturen verstanden werden, die diese optimale Passung schaffen, indem sie für diese Kinder Lernangebote eröffnen, die bei ihnen nach subjektiv empfundenen „Störungen" zu Befriedungen führen. Auf diese Weise kann es zu einem Sog kommen, der assimilatorische und akkommodative Handlungen des Subjektes nach sich zieht, die zu einem höheren Gleichgewicht der kognitiven Strukturen führen und somit zur Ausbildung von Interessen beitragen. Dieser Sog ist von zentraler Bedeutung bei der Entwicklung von Lernzugängen, da eine Gegenströmung zum Egozentrismus nötig ist, um Widerstände gegenüber dem schulischen Lernen zu überwinden. Ich vermute, dass Hiller die Schaffung dieses Soges mit dem Konzept einer realitätsnahen Schule für jugendliche Schüler (Hiller 1988), dem Situationsansatz in der Kindertagesstätte mit dem Lernen in Lebenssituationen (Zimmer 1998) und einigen reformpädagogischen Ansätzen mit der Arbeit an eigenen Themen (Bannach 2002) gelingt. So lassen all diese Konzepte Raum für Prozesse zur Entfaltung von Lernzugängen.

Die Lehrer-Schüler-Beziehung stellt eine zentrale Möglichkeit des Zugangs der Pädagogik bei Schülern mit dem Förderschwerpunkt emotionale und soziale Entwicklung dar (Kapitel 4). Aus der Perspektive psychoanalytischer Forschungen sind Lernstörungen und Verhaltensstörungen im Unterricht als Folgen negativer Übertragungen und Gegenübertragungen im Unterricht zu verstehen (Becker 2006a, Heinemann 1992). Zur Schaffung von Lernzugängen für Kinder mit Beeinträchtigungen in der kognitiven und emotionalen Entwicklung ist es daher von zentraler Bedeutung, negative Übertragungen von Kindern auf Lehrer so zu reduzieren, dass sich Lernwiderstände verringern und zugleich positive Übertragungen gestärkt werden, welche die Lernmotivation bei Kindern wachsen lassen. Bei dem Projekt „Übergang" handelt es sich um einen Förderansatz, der nicht die Inhalte der Förderung, sondern das Setting der Förderung sowie der darin wirksamen Übertragungs- und Gegenübertragungsbeziehungen in den Mittelpunkt stellt.

Aus der Perspektive eines psychoanalytischen Blickwinkels müssen die Übertragungs- und Gegenübertragungsbeziehungen als Dreh- und Angelpunkte

bei der Öffnung von Lernzugängen betrachtet werden. Autoren, die sich auf psychoanalytische Theorien beziehen, stellen heraus, dass die Bewusstwerdung von negativen Übertragungs- und Gegenübertragungsprozesse entscheidend für deren Reduktion ist (Ahrbeck 2006, Becker 2006a, Heinemann 1992). Zur Auflösung negativer Übertragungen im Unterricht tragen bei:
- Die Beratung und Supervision von Lehrern, Eltern und anderen wichtigen außerschulischen Bezugspersonen. Nach Bion können Beratung und Supervision Übertragungs- und Gegenübertragungsprozesse in einem solchem Maße bewusst werden lassen, dass schon „minimale Einstellungsänderungen" bei den Erwachsenen seine Übertragungen ändern.
- Die Berücksichtigung der Bedeutung von Übertragungs- und Gegenübertragungsprozessen in der Lehrerbildung durch entsprechende Studieninhalte und Supervision.
- Die Gestaltung eines schulischen Settings wie im dargestellten Förderansatz Projekt „Übergang", das durch die Berücksichtigung Halt gebender Aspekte in der Schule Übertragungsprozesse so lenkt, so dass sich negative Übertragungen im Unterricht erheblich reduzieren (Becker 2001, Buhmann 1997, Mannoni 1982) und positive Übertragungen Platz greifen. Dies ist möglich, da sich Übertragungs- und Gegenübertragungsbeziehungen immer in Abhängigkeit eines Settings entwickeln und das Setting immer therapeutisch wirksam ist (Balint 1957). Denn hinter den negativen Übertragungen von Kindern stehen meist unerfüllte Beziehungswünsche. Gelingt es dem Kind durch ein spezifisches Settingangebot der Schule, wie im Projekt „Übergang", positive Übertragungen anstelle negativer Übertragungen zu mobilisieren, so kann es „aus der Liebe zum Lehrer heraus eine Liebe zum Lernen" entwickeln (Ekstein 1969).

Aus einer psychoanalytischen Perspektive ist daher die Herstellung von Settingbedingungen, die eine Halt gebende Lehrer-Schüler-Beziehung mit positiven Übertragungen ermöglicht, eine Grundvoraussetzung für Prozesse zur Entfaltung von Lernzugängen. Übertragungsbeziehungen schaffen einen Sog beim lernenden Subjekt, der dazu führt, dass der Schüler mit Beeinträchtigungen in der emotionalen oder kognitiven Entwicklung innerhalb seiner Beziehung zum Lehrer lernen will, bevor er selbst ein eigenständiges und kontinuierliches Interesse an schulischen Themen im engeren Sinne entwickelt. Dieser Beziehungswunsch stellt genauso wie das Interesse an Wissensbereichen eine Antriebskraft dar, sich dem Feld ‚Schule' immanenten Bedingungen anzupassen und zu lernen. Für Kinder aus erschwerten sozialen Lebenslagen stellt die Anpassung an das ihnen sozial und kulturell fremde Feld ‚Schule' die eigentliche Hürde zum Auffinden von Zugängen dar. Erst wenn diese Hürde, die geforderte Anpassung an dieses Feld gelungen ist, kommen diese Kinder zum selbständigen Lernen in der Schule. Entlang der Perspektive der Forschungen der Sozialisationsforschung, der genetischen Epistemologie sowie der Psychoanalyse schlussfolgere ich, dass Halt gebende Beziehungen und Strukturen in der Schule als Lernzugänge bei Kindern mit Beeinträchtigungen in der emotionalen oder kognitiven Entwicklung wirksam werden, wenn diese den Raum für die Entwicklung von Interessen an einem sozialen Ort Schule geben und deren Befriedigung an diesem Ort von den Kindern erwartet werden kann. Es entsteht dann eine Sogwirkung, die das Kind dazu bringt, sich an die Bedingungen am „sozialen Ort" Schule anzupassen, ihm hilft, den Zugang zu diesem sozialen Raum zu finden.

Prozesse zur Entfaltung von Lernzugängen werden begünstigt, wenn
- die Schule von Kindern aus erschwerten sozialen Lebenslagen als „sozialer Ort" erfahren wird. Dies wird durch das Mitwirken von Vertretern aus der Lebenskultur dieser Kinder ermöglicht.
- spezifische Settingvariationen und die darin wirksamen Lehrer-Schüler-Beziehungen emotionalen Halt vermitteln und die Reduktion negativer Übertragungen unterstützen.
- die Kinder in der Artikulation von Bedürfnissen und der Entwicklung von Interessen unterstützt werden.

5.2.2 Strukturen der Primarstufe im Wandel

Im Bereich der Schule unterscheidet man zwischen Organisationsstrukturen, Beziehungsstrukturen und inhaltlichen Strukturen: Organisationsstrukturen sind eng mit der Unterrichtsentwicklung verbunden (Rolff 2006). Sie sichern die Umsetzung des Schulentwicklungsprogramms einer Schule gemäß den Organisationsrichtlinien eines Bundeslandes. In allen Ländern vollziehen sich gegenwärtig unterschiedlich ausgeprägte Ansätze einer Reform der Primarstufe (Kapitel 1), die sich auch in veränderten Strukturen niederschlagen (Christiani 2004, Minister und Senatoren der Länder Berlin, Brandenburg, Bremen und Mecklenburg-Vorpommern 2005, Senatsverwaltung Berlin für Bildung, Jugend und Sport 2005a, 2005b). Als neue Organisationsstrukturen der Grundschule sind die Verlässliche Halbtagsgrundschule, die offene Ganztagsschule, die teilgebundene und gebundene Ganztagsschule sowie neue Strukturen am Schulanfang (Faust-Siehl/Garlichs/Ramsegger/Schwarz/Warm 1996, Carle 2000) zu nennen (Kapitel 1).

Es besteht die Möglichkeit, in einigen Bundesländern „Beobachtungsklassen" einzurichten. Darunter versteht man Kleinklassen für Kinder mit emotionalen Beeinträchtigungen, die organisatorisch an eine Grundschule angebunden sind und in denen ganztägig bis zu zehn Kindern unterrichtet werden. In Bundesländern wie Berlin wird in den neuen Ausführungsvorschriften die Möglichkeit der Einrichtung temporärer Lerngruppen eingeräumt (Senatsverwaltung für Schule, Jugend und Sport 2005). Der Begriff temporäre Lerngruppe wurde bisher noch nicht in Publikationen mit Inhalt gefüllt (Becker 2006b).

An inhaltlichen Vorgaben sind vorrangig die Rahmenlehrpläne zu nennen. Daneben setzen sich in den Bundesländern seit PISA vermehrt Tests zur Feststellung der Schulleistungen in den einzelnen Klassenstufen durch, die von den unterrichtenden Lehrern ebenfalls als inhaltliche Vorgaben für die Planung von Unterricht verstanden werden (Bundesministerium für Bildung und Forschung 2006).

Beratung, Supervision, die Gestaltung des Umgangs der Schulleitung mit unterschiedlichen Berufsgruppen in Schulen, die Kooperation zwischen den Mitarbeitern einer Schule und die Gestaltung der Interaktion zwischen Lehrern und Schülern stellen wichtige Elemente von Beziehungsstrukturen dar.

Welche innovativen Veränderungen können eine Gesamtstruktur schaffen, die die soziale Integration und die sonderpädagogische Förderung von Schülern mit Beeinträchtigungen in der kognitiven und emotionalen Entwicklung in der Primarstufe sichern?

5.2.3 Lernzugänge als innovative Strukturen

Ich habe in den Jahren 1998 bis 2005 vor dem Hintergrund empirischer Erfahrungen an Grund- und Sonderschulen sowie durch Diskursanalysen auf der Grundlage eines Wechselspiels von Abduktion, Induktion und Deduktion (Peirce 1991/1903) sechs Lernzugänge entwickelt. Einen ersten Ausgangspunkt für meine empirischen Erfahrungen bildet hierbei die Entwicklung, Implementation und Evaluation des Projektes „Übergang", einem Föderansatz für Kinder mit Beeinträchtigungen in der emotionalen und/oder der kognitiven Entwicklung (Kapitel 1; 7). Aufgrund der Resultate der Untersuchung über das Projekt „Übergang" sowie meiner theoretischen Forschung komme ich zu dem Ergebnis, dass die folgenden sechs Lernzugänge den Zugang zu Bildung für Schüler mit Beeinträchtigungen in der emotionalen und kognitiven Entwicklung als Menschenrecht sichern, wenn sie Eingang in die Primarstufe finden:
- Lernzugang 1: Setting
- Lernzugang 2: Lehrer-Schüler-Beziehung
- Lernzugang 3: Entwicklungsräume und -zeiten
- Lernzugang 4: Beratung

- Lernzugang 5: temporäre Lerngruppe
- Lernzugang 6: Qualifikationen für Lehrer in heterogenen Lerngruppen

Die von mir erarbeiteten Lernzugänge wurden bisher nur einzeln in ihrer Bedeutung als unterstützende Hilfen in Beiträgen der integrationspädagogischen Forschung, der Pädagogik bei Schülern mit dem Förderschwerpunkt Lernen oder emotionale und soziale Entwicklung gewürdigt (Kapitel 2; 3; 4), aber noch nicht in ihrer Gesamtheit und im Hinblick auf ihre beiden Bedeutung beleuchtet. Entlang meiner Untersuchungen sind Lernzugänge einerseits als individuelle Prozesse der lernenden Subjekte bei der Erschließung der Schule als sozialen Raum und andererseits als Strukturen zu verstehen, die den Raum für Beziehungen garantieren, in denen sich diese Prozesse des Erschließens der Schule vollziehen können. Zur Verdeutlichung greife ich erneut auf das Beispiel ‚Labyrinth' zurück (Kapitel 5.2.1) und stelle fest, dass die Strukturen der Institution Grundschule mit den Mauern im Labyrinth verglichen werden können während der Prozess der Entfaltung von Lernzugängen mit dem individuellen Weg des Eintrittsuchenden im Labyrinth gleichgesetzt werden kann. Der Begriff Lernzugang beinhaltet somit einen prozesshaften wie einen strukturellen Aspekt, der bei Niklas Luhmann (1988) die Voraussetzung für die Entwicklung in sozialen Systemen darstellt.

Im Unterschied zu den ‚Mauern im Labyrinth' stellen aber die Strukturen im sozialen System Schule nicht nur eine Organisationsform dieser Institution dar, sondern auch Momentaufnahmen in einem Schulentwicklungsprozess, die die jeweilige Schwerpunktsetzung im pädagogischen Handeln ausdrücken und einem Prozess der ständigen Veränderung unterliegen: „Wir schränken deshalb den Strukturbegriff auf andere Weise ein: nicht als einen Stabilitätstypus besonderer Art, sondern durch seine Funktion, die autopoietische Reproduktion des Systems von Ereignis zu Ereignis zu ermöglichen (…) Die hier herangezogene Theorie autopietischer Systeme führt zwei verschiedene Komponenten der reproduktiven Selbstbestimmung zusammen. In der überlieferten Begriffsprache heißen sie ‚Struktur' und ‚Prozess'. Die Struktur hält, weil (…) sie selbst durch Selektion zustande kommt, einen Möglichkeitsspielraum bereit. Von der Struktur her kommt die laufende Bestimmung der nächsten Elemente durch Exklusion anderer bereitgehaltener (systemmöglicher) Möglichkeiten zustande. Für einen Prozess ist dagegen die *Vorher/Nachher-Differenz* entscheidend" (Luhmann 1988, 388).

Zur Realisierung des Rechtes auf Bildung von Kindern mit Beeinträchtigungen in der kognitiven oder emotionalen Entwicklung müssen die Lernzugänge als Strukturen, die Raum für Beziehungen schaffen, in Primarstufe implementiert und zugleich ihr Veränderungsprozess innerhalb der Schulentwicklung gesichert werden. Dann bestehen in den Institutionen die organisatorischen Voraussetzungen zur Entfaltung von Lernzugängen als individuelle Prozesse der lernenden Subjekte bei der Erschließung des sozialen Raumes Schule.

Die sechs Lernzugänge bezeichne ich aus zwei Gründen als Strukturen, die innovativ sind: Sie unterliegen einem dauerhaften Prozess der Veränderung und implizieren somit immer die kontinuierliche Einführung von Neuem (Luhmann 1988). Sie können den Zugang zur Bildung in der allgemein bildenden Schule als Menschenrecht von Kindern mit Beeinträchtigungen im Lernen sowie in der emotionalen Entwicklung garantieren und realisieren somit neue Ideen zur Integration und Förderung dieser Schüler. Ich gehe davon aus, dass eine Etablierung dieser Lernzugänge eine grundlegende Voraussetzung zum Verhindern des Scheiterns dieser Schüler im Verlauf der gesamten Grundschulzeit bietet (Becker 2004a). Die Annäherung an das Thema „Lernzugänge als innovative Strukturen" stellt somit einen Beitrag zur integrationspädagogischen Forschung dar (Kapitel 2).

In den folgenden drei Kapiteln zeige ich exemplarisch an drei Praxisfeldern der Integrativen Pädagogik auf, wie die von mir in Kapitel 5 formulierten Lernzugänge an diese Praxisfelder zunächst angepasst und implementiert werden. Auf diese Weise können Schüler beim Erschließen des „sozialen Ortes" Schule so unterstützt werden, das die soziale Integration wie die individuelle Förderung gelingen kann.

6 Schüler mit Beeinträchtigungen in der emotionalen und sozialen Entwicklung in ganztägigen Grundschulen

6.1 Einführung und Fragestellung

6.1.1 Sven

2005: Sven ist fünfeinhalb Jahre alt und einer von neun Lernanfängern in einer altersgemischten Klasse mit 27 Schülern in einer ganztägigen Grundschule. Er ist für diese täglich von 8.00-18.00 Uhr angemeldet. Zweimal in der Woche beginnt der Unterricht für ihn schon um 7.30 Uhr, da er als Kind nichtdeutscher Herkunft am Unterricht Deutsch als Zweitsprache (DAZ) teilnehmen muss.

6.1.1.1 Sven auf dem Schulweg
Sven kommt morgens regelmäßig zu spät zum Unterricht. Mal fünf Minuten, 30 Minuten, mal eine Stunde. Die Lehrerin wundert sich, dass er alleine erscheint, während andere Lernanfänger von ihren Müttern oder Vätern gebracht werden. Bei einem Telefonat reagiert Svens Mutter, die aus Mazedonien kommt, auf die Nachfrage der Klassenlehrerin mit Unverständnis. Selbstverständlich gehe er alleine zur Schule. Sie arbeite nachts und müsse schlafen, außerdem sei er mit fünf Jahren ein großer Junge. Er stehe morgens alleine auf, frühstücke und gehe los.
    Im Verhältnis zu seinen Altersgenossen wirkt Sven auffallend klein. Lehrer und Erzieher der Schule, die ihn schon auf dem Schulweg getroffen haben, berichten der Klassenlehrerin, dass er ohne Rücksicht auf den Straßenverkehr zwischen fahrenden und stehenden Autos hindurchrennt und statt auf dem Bürgersteig zu gehen über Autos hinweg klettert und sie als Spielgerät nutzt. Sie, die zufällig vorbeikommenden Erzieher und Lehrerinnen, könnten ihn nur mit großer Überredungskunst dazu bringen, von den Autos herunterzukommen und ihn dann an der Hand haltend in die Schule mitbringen.

6.1.1.2 Sven in der Ganztagsschule
Im Unterricht rutscht Sven auf dem Stuhl herum, läuft im Raum umher, verlässt

häufig, ohne zu fragen, unerlaubt den Klassenraum und vergisst dann zurückzukommen. Wenn ihn ein älterer Mitschüler sucht, findet er ihn meist in ein Spiel in der Sandkiste vertieft, begeistert damit beschäftigt, den Boden im Waschraum unter Wasser zu setzen, die Toilette mit Papier zu verstopfen oder mit einer Gießkanne den Schulflur nass zu machen, so dass man darauf rutschen kann. Spricht ihn ein älterer Mitschüler dann an und bittet ihn freundlich, im Auftrag der Lehrerin in den Klassenraum zurückzukommen, so rammt er diesem häufig wortlos und unerwartet seinen Kopf in den Bauch und schlägt rücksichtslos auf den älteren und größeren Mitschüler ein.

Im Klassenunterricht zeigt er sich den erwachsenen Lehrerinnen gegenüber sehr anhänglich, sitzt auf ihrem Schoß, umarmt sie oder klammert sich auf dem Boden liegend an ihrer Wade fest, wenn sie sich anderen Kindern zuwenden möchten.

Betritt ein fremder Erwachsener den Raum, setzt er sich sofort zu dieser Person, hält sich an ihr fest und lutscht am Daumen.

Spricht hingegen die Klassenlehrerin alle Kinder als Gemeinschaft an, zeigt er keine Reaktion und erfüllt Arbeitsaufträge, die die Lehrerin stellt, grundsätzlich nie. Diese haben für ihn keine Geltung. Vielmehr irrt er zunächst scheinbar beziehungslos im Raum umher, spricht dann plötzlich und unerwartet Kinder an, um sie leise, von der Lehrerin unbemerkt, zum unerlaubten Verlassen des Klassenraumes zu überreden.

In den Spielzeiten zeigt Sven ein ähnliches Verhalten wie im Unterricht, wird aber am Nachmittag zunehmend unruhiger und aggressiver.

Der Tagesablauf der ganztägigen Grundschule ist rhythmisiert, dies bedeutet, dass sich Unterrichts- und Spielzeiten abwechseln, sich die Zusammensetzung der Lerngruppe mehrmals täglich ändert und die Gruppen häufig die Räume auf verschiedenen Etagen im Schulgebäude wechseln. Das heißt aber auch, dass sich Erzieher und Lehrer mehrmals am Tag die Tür in die Hand geben und die Klasse viele Bezugspersonen hat. So fällt es in der Klasse mit 27 Schülern nicht immer sofort auf, wenn ein Kind wie Sven unerlaubt den Raum für eine Stunde verlässt.

6.1.1.3 Die Lebenssituation von Sven und seiner Mutter

In Gesprächen zwischen der Klassenlehrerin und der Mutter stellt sich heraus, dass Sven keine Geschwister hat, Svens Mutter alleinerziehend ist und nur schlecht die deutsche Sprache beherrscht. Sven kennt seinen Vater nicht und seine Mutter verfügt über eine Aufenthaltsgenehmigung, die erlischt, sobald sie keine Erwerbstätigkeit mehr nachweisen kann. Ihre größte Angst sei, ihre Arbeit zu verlieren und in ihr Heimatland zurückkehren zu müssen.

Um pünktlich zur Arbeit gelangen zu können, muss Svens Mutter die Wohnung meist am späten Nachmittag verlassen, kurz bevor Sven aus der Schule zurückkehrt. Er soll abends alleine ins Bett gehen. Sie ist überzeugt, dass er dies zuverlässig erledigt. Sie selbst kommt nach Mitternacht zurück. Als ihr die Klassenlehrerin berichtet, dass Eltern von Mitschülern ihn regelmäßig bis 22 Uhr auf der Straße antreffen, reagiert sie wütend und sagt, die Nachbarn wollten sie nur anschwärzen. Ihr Kind sei zuverlässig.

Die Klassenlehrerin thematisiert im Gespräch auch die Finanzierung des täglichen Mittagessens, was z.B. in einer ganztägigen Grundschule in Berlin mit 2,70 Euro bezahlt werden muss. Die Mutter äußert, dass Sven nicht in der Schule Mittag essen soll. Er könne sich abends eine Mahlzeit in der Mikrowelle erwärmen. Dem Argument der Lehrerin, er könne doch nicht von 8.00-18.00 Uhr ohne warmes Essen sein, entgegnet sie, er hätte Toast dabei und am Wochenende wolle er mittags schließlich auch nicht essen. Die Klassenlehrerin versucht der Mutter Hilfsangebote zu machen und schlägt vor, sich Hilfe beim Jugendamt zu holen. Dies lehnt diese strikt ab. Es ist offensichtlich, dass sie bei den Ämtern nicht auffallen möchte. Die Lehrerin gewinnt den Eindruck, dass Svens Mutter das Jugendamt als Bedrohung erlebt. Einige Wochen später erwähnt die Lehrerin gegenüber Sven, dass alle Eltern bald zu einem Elternsprechtag in die Schule kommen, worauf er völlig panisch reagiert: „Bitte, bitte nicht meine Mutter!". Es stellt sich heraus, dass sie ihn nach dem ersten Gespräch mit der Lehrerin mit einem Gürtel geschlagen hat.

6.1.1.4 Hilfen für Sven
2006: In der Schule hat Sven inzwischen auf der Basis einer Zuordnung zu §35a KJHG 4,75 Wochenstunden für Hilfen durch einen Stützerzieher erhalten (Senatsverwaltung für Bildung, Jugend und Sport 2006), was aber in keiner Weise ausreichend ist. Die Lehrerin beantragt außerdem sonderpädagogischen Förderbedarf.

Sven ist ein Schulanfängerkind in einer ganztägigen Grundschule mit einer Problematik, die man inzwischen sehr häufig bei Kindern in Ganztagsschulen antreffen kann: Alleinerziehende Eltern sind zu Zeiten erwerbstätig, die nur schwer mit der Erziehung eines Kindes vereinbar sind. Sie verleugnen diese Situation, indem sie ihre fünfjährigen Kinder als groß und selbständig definieren. Ein Großteil der Kinder, die emotional beeinträchtigt sind und in schwierigen Lebenslagen wie Sven aufwachsen, erhalten häufig kein Mittagessen in der Schule und sind ganztägig in zu großen Gruppen untergebracht, in denen individuelle Beziehungen zwischen Bezugspersonen und schwierigen Kindern nicht vorgesehen sind. Schulische Angebote weisen meist keine Passung zu dem emotionalen Entwicklungsalter der sehr jungen Lernanfänger wie Sven auf. Die

Hilfen reichen nicht aus, da sie aufgrund der Rahmenbedingungen nicht an den Ursachen, der Lebenssituation, ansetzen können.

6.1.2 Fragestellung

Die Senatsschulverwaltung in Berlin verpflichtet die Lehrer am Schulanfang, den Leistungsstand in Deutsch und Mathematik zu überprüfen, aber nicht die Lebenslage und den Hilfebedarf von Schülern. In Brandenburg wurde ILeA, ein Verfahren zur Beobachtung der psychosozialen Situation sowie des Lernstandes in Mathematik und Deutsch entwickelt (Prengel/Liebers 2005). Die Senatsschulverwaltung hat dieses Verfahren übernommen und 2005 für alle Berliner Lehrer zur Durchführung kopieren lassen, aber den Teil über die psychosoziale Entwicklung weggelassen. In der mit dem Schulgesetz von 2005 reformierten Berliner Grundschule fallen Kinder wie Sven durch die Maschen des schulischen Netzes. Kinder wie Sven können sich in der neuen Grundschule wie Straßenkinder verhalten. Sie versuchen sich der Kontrolle von Erwachsenen zu entziehen, entwickeln Peergroups in der Schule, besorgen sich Essen von Mitschülern und sind keinen festen Strukturen oder Regeln unterworfen. Oft zeigen sie sich unfähig, in Großgruppen Beziehungen zu ihren erwachsenen Bezugspersonen aufzubauen. Mit dem Klettern über Autodächer, Aussagen wie: „Ich habe keinen Hunger!" oder dem Schlagen von älteren und größeren Kindern in der Klasse zeigen sie sich stark und unantastbar, durch Aggressionen und Gewalt fühlen sie sich stark und entwickeln Allmachtsgefühle. Diese sind vor dem Hintergrund psychoanalytischer Theorien als eine Abwehr von Ohnmacht zu verstehen, die sich bei diesen Kindern als Folge eines Mangels an emotionalem Halt in Eltern-Kind-Beziehungen einstellt und den Ausgangspunkt für dissoziale Entwicklungen, die ihren Höhepunkt im Jugendalter finden, darstellen können.

Die verantwortlichen Bildungspolitiker in der Bundesrepublik Deutschland fordern inzwischen für fast alle Bundesländer bis 2015, alle Grundschulen in Ganztagsschulen zu verwandeln (Coelen 2003). Diese Forderung wird durch Förderprogramme des Bundesministeriums für Wissenschaft und Forschung unterstützt; die rechtlichen Voraussetzungen wurden durch Änderungen in den einzelnen Schulgesetzen und Organisationsrichtlinien der Bundesländer geschaffen. Gleichzeitig reformieren fast alle Bundesländer den Schulanfang (Kapitel 1) und verankern für die Förderschwerpunkte Lernen, Sprache, emotionale und soziale Entwicklung rechtlich den Vorrang der gemeinsamen Erziehung gegenüber einer Sonderschulbeschulung in ihren Schulgesetzen (Kapitel 1 und 2).

In keiner der bisher erschienenen Publikationen zur Einführung von ganztägigen Grundschulen wurde bedacht, welche Folgen diese für die Kinder mit sonderpädagogischem Förderbedarf mit sich bringen (Bos/Klieme/Radisch

2006, Klieme 2003, Holtappels 2004, Otto 2004). Wie kommen Kinder mit Beeinträchtigungen in einer ganztägigen Schule mit hoher Klassenfrequenz und offenen Unterrichtsformen zurecht?

Mit diesem Kapitel möchte ich einen Beitrag zur Reflexion der gemeinsamen Erziehung und somit zum Zugang Benachteiligter an Bildungsprozessen leisten, indem ich mich mit den Voraussetzungen des Gelingens der gemeinsamen Erziehung in der ganztägigen Grundschule beschäftige. Ich verfolge folgende Fragestellung: Wie kann in ganztägigen Grundschulen die individuelle Förderung von Kindern mit Beeinträchtigungen in der emotionalen und sozialen Entwicklung gelingen? Ich gebe zunächst einen kurzen Überblick über die Veränderungen, die die Einführung ganztägiger Grundschulen für die Gestaltung des schulischen Alltags sowie für die sonderpädagogische Förderung nach sich ziehen. Nach Sichtung aller einschlägigen Forschungen zur Ganztagsschule prüfe ich ausgewählte Untersuchungen im Hinblick auf ihren Forschungsbeitrag zur Situation von Schülern mit sonderpädagogischem Förderbedarf des Schwerpunktes emotionale und soziale Entwicklung in ganztägigen Grundschulen. Danach beschreibe ich, welche Veränderungen diese Reform für die sonderpädagogische Förderung mit sich bringt. Hierbei unterscheide ich zwischen Veränderungen auf der schulorganisatorischen und unterrichtspraktischen Ebene sowie auf der Beziehungsebene. Ich formuliere abschließend die Lernzugänge, die für Kinder mit Beeinträchtigungen in der emotionalen und sozialen Entwicklung in ganztägigen Grundschulen wirksam werden können und so Entwicklungschancen für diese Schüler darstellen.

Angesichts der neuen bildungspolitischen Forderungen nach Ganztagsschulen und dem postulierten Vorrang der gemeinsamen Erziehung stellt sich für die sonderpädagogische Förderung nicht mehr die Frage, ob eine Unterrichtung in der Sonderschule oder in der Grundschule als pädagogisch sinnvoller zu betrachten ist. Vielmehr besteht bei den verantwortlichen Bildungspolitikern ein gewisser Konsens darüber, dass die ganztägige Grundschule die Schule der Zukunft für alle Kinder sein soll. Diese bildungspolitischen Ziele werden durch internationale Forderungen untermauert. Diese konkretisierte zuletzt der Un-Sonderbeauftragten Munoz, der das Recht auf Zugang zu Bildung massiv unterstützt. Er sieht eine Quote von fast 5 Prozent Sonderschülern in der Bundesrepublik Deutschland eindeutig als zu hoch an und legt daher dringend nahe, das selektive Schulsystem abzuschaffen und insbesondere die Integration behinderter Schüler zeitnah umzusetzen (Munoz 2007).

6.2 Empirische Befunde zur gemeinsamen Erziehung

Die Bildungsstatistik weist leider nicht aus, wie viele Schüler mit sonderpädagogischem Förderbedarf oder mit einem Bedarf an Eingliederungshilfe nach § 53 und §54/SGB XII in der ganztägigen Grundschule unterrichtet werden (Statistisches Bundesamt 2006). Unter Eingliederungshilfen sind u.a. „Hilfen zu einer angemessenen Schulbildung" nach §54 Abs.1/SGB XII für Schüler mit Behinderung oder für Schüler, die von einer Behinderung bedroht sind (Kapitel 7.5.3), zu verstehen.

Aus diesem Grunde habe ich im März 2007 eine Fragebogenerhebung zur Integration von Schülern mit sonderpädagogischem Förderbedarf bei den Bildungsministerien aller Bundesländer durchgeführt. Der Erhebungszeitraum ist das Schuljahr 2005/2006. Elf Bildungsministerien haben sich beteiligt. Die Auswertung ergab folgende Ergebnisse: Sieben Bundesländer gaben an, die Anzahl von Schülern mit Förderbedarf, die zielgleich unterrichtet werden, an ganztägigen Grundschulen gar nicht zu erheben. Dies bedeutet, dass in diesen Bundesländern Schulen, die im gemeinsamen Unterricht Schüler mit sonderpädagogischem Förderbedarf aufnehmen, keine zusätzlichen Personalressourcen, die aus dem Anspruch einzelner Kinder resultieren könnten, erhalten. Ein Teil dieser Bundesländer verfügt über eine großzügige Personalausstattung an Grundschulen, so dass die Förderung von Kindern mit sonderpädagogischem Förderbedarf problemlos geleistet werden kann. Ein anderer Teil dieser Bundesländer vergibt Stundenpools an Schulen für Schüler mit sonderpädagogischem Förderbedarf, andere berücksichtigen die Notwendigkeit spezifischer Hilfen für diese Schüler noch gar nicht.

Vier Bundesländer geben an, Daten über Schüler mit sonderpädagogischem Förderbedarf an Ganztagsschulen zu erheben. Hier stelle ich nur die Auswertung der Befragung bezüglich des Förderschwerpunktes emotionale und soziale Entwicklung vor und vernachlässige die anderen Förderschwerpunkte (Becker 2008), da sie für die Fragestellung dieses Kapitels nicht relevant sind: In Brandenburg werden 206 Schüler mit dem Förderschwerpunkt emotionale und soziale Entwicklung der Klassen 1 bis 6 in ganztägigen Grundschulen unterrichtet. In Berlin sind es 1554 Schüler. In Bremen werden 48 Kinder mit Beeinträchtigungen im Verhalten in ganztägigen Grundschulen betreut. In Nordrhein-Westfalen werden 27 Kinder in ganztägigen Grundschulen unterrichtet. Keines der befragten Bildungsministerien kann statistische Angaben über die Anzahl von Schülern mit einem Anspruch auf Eingliederungshilfe nach §54/SGB XII im Erhebungszeitraum machen.

Dies ist einerseits eine sehr positive Entwicklung. Andererseits ist sie problematisch, wenn sie damit verbunden ist, dass keine zusätzlichen personellen

Ressourcen zur Verfügung gestellt werden. Eine Ausnahme unter den an der Erhebung mitwirkenden Bundesländern stellen Nordrhein-Westfalen, Bremen, Berlin und Brandenburg dar, die diese Daten erheben und den ganztägigen Grundschulen je nach Anzahl der Schüler mit sonderpädagogischem Förderbedarf entsprechende Personalressourcen zuweisen.

Kann auf diese Weise einer Etikettierung und Stigmatisierung der Schüler präventiv begegnet werden? Kann die Integration von Schülern mit Behinderungen oder erheblichen Beeinträchtigungen in der emotionalen und sozialen Entwicklung in ganztägige Grundschulen zum Nulltarif gelingen? Schritte zur flächendeckende Einführung von Ganztagsschulen konnten durch die Bildungsreformen der letzten Jahre angeschoben werden, aber die Befragung zeigt, dass die Bildungspolitiker noch nicht im Blick haben, dass die Schwierigkeiten und Nöte, die mit der ganztägigen Unterrichtung und Betreuung von Schülern mit Beeinträchtigungen in der emotionalen und sozialen Entwicklung verbunden sind, zusätzlicher Personalressourcen bedürfen. Denn nur so lässt sich erklären, dass trotz der bildungspolitischen Forderung nach gemeinsamer Erziehung ein großer Teil dieser Schüler an Schulen für Erziehungshilfe unterrichtet werden (Kapitel 4).

6.3 Förderung in der ganztägigen Grundschule

6.3.1 Individuelle Förderung

Die Bildungsreform bringt mit sich, dass Schüler mit Beeinträchtigungen in der emotionalen und sozialen Entwicklung in ganztägigen Grundschulen keine explizit als sonderpädagogisch ausgewiesene Förderung mehr erhalten sollen. Kinder mit sonderpädagogischem Förderbedarf sind zusammen mit Kindern, die ein Anrecht auf Förderung in Deutsch als Zweitsprache, in Deutsch, Mathe und Begabung haben, oder dem §35.a KJHG/ SGB VIII oder dem § 53 SGB XII zugeordnet sind, bilden die Zielgruppe individueller Förderung. Sonderpädagogische Förderung ist in der Ganztagsschule ausschließlich als eine Schwerpunktsetzung individueller Förderung zu verstehen.

6.3.2 Ganztagsschule

Dieser Begriff wird von Klieme (2003), Prengel (2005), Coelen (2002, 2003, 2004, 2005, 2006), Otto (2004) kritisiert, da er verleugnet, dass die Ganztagsschule eine Institution der Schule wie der Jugendhilfe darstellt. So bevorzugen Prengel, Coelen, Otto u.a. den Begriff der Ganztagsbildung, um die gemeinsame Verantwortung von Schule und Jugendhilfe für Bildung zu proklamieren.

Bildungspolitiker hingegen bevorzugen unter Rückgriff auf die Reformpädagogik den Begriff Ganztagsschule, da er für bestimmte historisch bedeutsame und reformpädagogische Ansätze steht, an die die moderne Ganztagsschule nicht nur in ihren Organisationsformen, sondern auch mit ihrer Pädagogik anknüpfen soll.

Klieme führt 2003 aus, dass das UNESCO-Institut für Pädagogik in Hamburg zwischen 5 ganztägigen Betreuungsformen an Schulen unterscheidet, während der Ganztagsschulverband 2003 zwischen Ganztagsschulen in gebundener, teilgebundener und offener Form differenziert. Klieme würdigt diese Definitionen, denn: „Mit dieser Definition von Ganztagsschule durch den Ganztagsschulverband liegt also eine Definition vor, die versucht, die Möglichkeit des erweiterten zeitlichen Rahmens einer Ganztagsschule mit pädagogischen Inhalten und einem auf reformpädagogischen Überlegungen und Erfahrungen fußenden Konzept zu füllen und für eine umfassende Reform von Schule und Unterricht auszunutzen" (Klieme 2003, 12). Diese Definition hat sich inzwischen in der Bildungslandschaft der Bundesrepublik Deutschland durchgesetzt. In der gebundenen Ganztagsschule verbleiben alle Kinder an mindestens drei Wochentagen mindestens 7 Zeitstunden in der Schule. In der teilgebundenen Grundschule müssen 50 Prozent der Kinder an mindestens drei Wochentagen mindestens 7 Zeitstunden in der Schule verbringen. Die offene Ganztagsschule ermöglicht Eltern, ihre Kinder an fünf Wochentagen mindestens 7 Zeitstunden in der Schule verbleiben zu lassen. Die Grundschule in Ganztagsform hat in den letzten Jahren rasant an Bedeutung gewonnen.

Wie die Bildungsstatistik über den Zeitraum von 2002/2003 verdeutlicht, hat die Unterrichtung von Schülern an ganztägigen Grundschulen erheblich an Bedeutung gewonnen (vgl. Abb. 1).

Die Abbildung zeigt exemplarisch die Zunahme von Schülern an ganztägigen Grundschulen in den Bundesländern Nordrhein-Westfalen, Niedersachsen, Berlin und Brandenburg. Was bedeutet die Einführung ganztägiger Grundschulen sowie der individuellen Förderung für die Förderung von Kindern mit Beeinträchtigungen in der emotionalen und sozialen Entwicklung? Die Erfahrung in der schulischen Praxis zeigt, diese Kinder lehnen Förderangebote häufig ab und katapultieren sich durch ihr Verhalten ins soziale Aus (Kapitel 2; 4; Ahrbeck 2006). „Die Lehrer, die inzwischen sehr häufig vor überfüllten Klassen unterrichten, sehen sich nach schulischen Förderangeboten, die flächendeckend für sogenannte *hyperaktive* Kinder eingesetzt werden können und die Entlastung von Lehrern und Eltern garantieren. Denn: Diese Schüler sind vielen Lehrern *zuviel*" (Becker 2006).

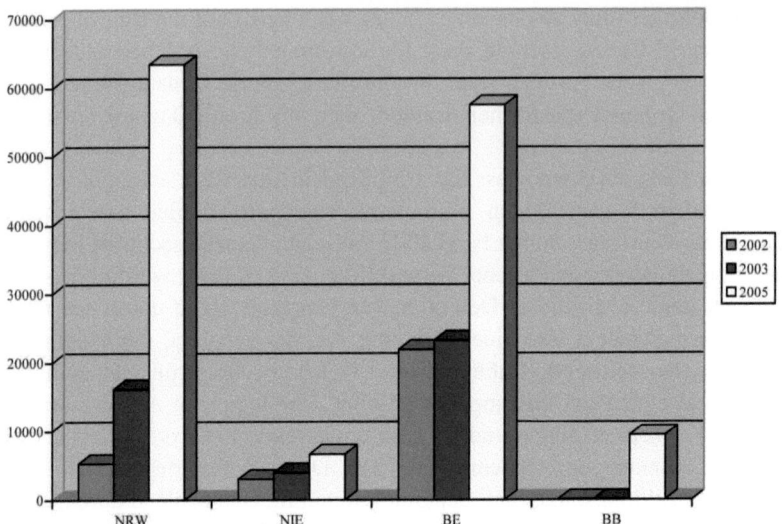

Abbildung 1: Schüler an Grundschulen in Ganztagsform (Quelle: Statistisches Bundesamt 2006)

Deshalb stellt die Förderung von Schülern mit Beeinträchtigungen in der emotionalen Entwicklung eine besondere Herausforderung der gemeinsamen Erziehung in der ganztägigen Grundschule dar. Im Ganztagsbetrieb erleben die Lehrer, Erzieher und Mitschüler diese Kinder noch schneller als in der Halbtagsschule als Belastung und verlangen ihre Aussonderung. Meine Recherchen und Anfragen beim Deutschen Institut für internationale pädagogische Forschungen, beim Deutschen Jugendinstitut, beim Institut für Schulentwicklungsforschung sowie beim Bundesministerium für Wissenschaft und Forschung haben gezeigt, dass dies bisher nicht Gegenstand wissenschaftlicher Erhebungen war (2007).

6.3.2.1 Entwicklungen auf der schulorganisatorischen Ebene
Entlang der Publikationen von Holtappels, Klieme, Otto u.a. wird deutlich, dass die Organisation des Tagesablaufes in der Ganztagsschule auf der Rhythmisierung und der Teamarbeit basiert.

Die Rhythmisierung steht entlang von Wilde „in Tradition der Reformpädagogik der 20er Jahre, die eine kindgerechte, lebensweltorientierte Gestaltung von Schule und Unterricht forderte" (Wilde 2007, 153). Klieme stellt in seinem Bericht „Wirkung ganztägiger Schulorganisation" heraus, dass wir uns historisch betrachtet in der 5. Phase der Ganztagsschulbewegung befinden. Hierfür stehen u.a. Herman Nohl (1935) und Hermann Lietz (1895, 1912) Pate. „Die neue zeitliche Struktur des Schulalltages und der Schulwoche ermöglicht es, eine Balance zwischen unterschiedlichen Angeboten, Lehr- und Lernformen, zwischen Anstrengung und Entspannung herzustellen. Und vor allem ermöglicht sie es, dem Alter der Kinder und den Anforderungen der Inhalte adäquate – längere oder kürzere – zeitliche Einheiten für Aktivitäten in und außerhalb der Schule zu schaffen" (Wilde 2007, 153f.). Dies bedeutet für Kinder mit Beeinträchtigungen in der emotionalen Entwicklung, dass sie eine stärkere Strukturierung des Alltags erfahren. Somit kommt die Ganztagsschule Forderungen vieler Vertreter von Förderansätzen nach, die die Strukturierung des Alltags als wichtige Hilfe für diese Kinder verstehen. Das Rhythmisierungskonzept birgt die Chance, Kinder in eine ganztägige Struktur einzubinden, die als Setting auf diese Kinder wirkt, ihnen in Lehrer-Schüler-Beziehungen Halt gibt und Grenzen setzen soll.

Eine weitere Säule der gebundenen Ganztagsschule stellt die Teamarbeit dar. Die Rhythmisierung kann nur realisiert werden, wenn Erzieher oder Sozialarbeiter und Lehrer in multiprofessionellen Teams zusammenarbeiten. Grundsätzlich wird eine Doppelbesetzung in jeder Klasse einer gebundenen ganztägigen Grundschule angestrebt. Dies bedeutet, dass immer ein Lehrer gemeinsam mit einem Erzieher oder einem Sozialpädagogen eine Lerngruppe betreuen.

Das multiprofessionelle Team birgt die Chance, die Förderung schwieriger Kinder gemeinsam zu tragen und dies kann eine erhebliche Entlastung für Lehrer und Erzieher darstellen, die sonst als Einzelkämpfer – die Lehrer vormittags, die Erzieher nachmittags – versuchen, mit schwierigen Kindern zurechtzukommen. Die unterschiedlichen Blickwinkel der verschiedenen Berufsgruppen können im günstigen Fall dazu führen, die Segregations-Stigmatisierungsprozesse zu reduzieren, die Möglichkeit der Wahrnehmung individueller Stärken eines schwierigen Kindes zu nutzen und Ansätze für die individuelle Förderung zu finden.

Die Teamarbeit bringt auch das gemeinsame pädagogische Handeln im schulischen Alltag mit sich. Dies setzt die Teamfähigkeit der Beteiligten sowie die Zeit und das Bewusstsein für die Notwendigkeit gemeinsamer Planungen voraus. Im Moment ist dies noch nicht übliche pädagogische Praxis. Dies zeigen die Befunde der Untersuchung von Ramseger „Grundschulen entwickeln sich" über den Schulversuch „Verlässliche Halbtagsgrundschule" in Berlin, die er mit Dreier, Kucharz und Sörensen 2000 bis 2004 durchführte: Er konnte vier Formen der Kooperation beobachten: Subordination, Distanz, gleichberechtigte Kooperation sowie eine „Mischform" (Ramseger/Dreyer/Kucharz/Sörensen 2004, 88). In 8 der 45 untersuchten Schulen dominierte die „Subordination", d.h. die Erzieherinnen übernahmen unreflektiert die Aufgaben, die ihnen die Lehrerinnen zuwiesen. Die Erzieherinnen betrachteten die Lehrerinnen als ihre Vorgesetzten.

„In 5 Schulen fanden sich zwei getrennte Welten: die des Unterrichts und die der verlässlichen Halbtagsgrundschule" (Ramseger/Dreyer/Kucharz/Sörensen 2004, 88). In nur 12 Schulen wurde eine gleichberechtigte Kooperation praktiziert. In 20 Schulen fand sich eine „Mischform": „Es gab verschiedene Ansätze zur gleichberechtigten Kooperation, wie die Integration der Erzieherinnen in den Unterricht der ersten Klassen. Viele Lehrerinnen begrüßten dies, wollten aber keine gleichberechtigte Fachkraft neben sich haben und wollten auch die Erzieherinnen nicht vertreten. Die Erzieherinnen wirkten aktiv in der Gremienarbeit der Schule und Elternarbeit mit, doch am meisten wurden sie bei Schulfesten, Ausflügen und Klassenreisen eingesetzt. Diese Ambivalenzen in der Kooperation fanden wir bis zum Ende des Schulversuchs" (Ramseger/Dreyer/Kucharz/ Sörensen 2004, 89). Ramseger benennt die multiprofessionelle Zusammenarbeit im Team als das größte Problem der modernen Grundschule.

In der multiprofessionellen Zusammenarbeit werden Probleme sichtbar, die in den verschiedenen Bildungsbegriffen der Auftraggeber von Lehrern und Erziehern, nämlich der Schule und Jugendhilfe, begründet sind.

Coelen (2002, 2003, 2006) ordnet die Schule der Kategorie der formellen Bildung und die Jugendhilfe der informellen Bildung zu: „Der Begriff formelle Bildung bezieht sich auf Institutionalisierungsformen, die curricular gestuft, oft verpflichtend, zertifizierbar strukturiert und für weitere Zugänge berechtigend organisiert sind. Aus der Sicht des Subjekts stehen hier Ergebnis- und Produktorientierungen im Vordergrund, um die zu durchlaufenden Bildungsprozesse und erreichten Bildungsergebnisse in zweckrationaler Absicht verwerten zu können. Hingegen sind mit dem gleichermaßen institutions- wie subjektbezogenen Begriff nicht-formelle Bildung solche Prozesse gemeint, die unter Abwesenheit von berechtigenden Zertifikaten freiwillig institutionalisiert oder fakultativ wählbar sind und deren Inhalte und Methoden systematisch einer relativ großen Gestaltbarkeit seitens der Teilnehmer unterliegen. Aus Sicht des Subjekts überwiegen hier Verlaufs- und Prozessorientierungen in wertrationaler Einstellung. Formelle und nicht-formelle Bildungsmodi stehen als notwendige Komponenten der materiellen und symbolischen Reproduktion demokratisch-kapitalistischer Lebensverhältnisse in einer dialektischen Beziehung" (Coelen 2006, 133f.). „Diese Positionen bedeuten kurz und überspitzt auf den Punkt gebracht: Für die Pflicht des Absicherns von Bildungsstandards sorgen Lehrer. Für die Kür bedürfnisorientierte Angebote sind die Erzieher zuständig" (Prengel 2005, 4).

Die Lehrer und Erzieher sprechen noch keine gemeinsame pädagogische Sprache. Oftmals entsteht Konkurrenz zwischen den Vertretern der verschiedenen Berufsgruppen, da wie Reiser schon 1992, Prengel 2005 und Coelen 2005 ausführen, neben ihren unterschiedlichen Aufträgen durch ihre Arbeitgeber ihre Tätigkeit unterschiedlich vergütet wird und die Erzieher eine weitaus höhere Anwesenheitsverpflichtung in der Schule haben als Lehrer. Die Konkurrenz wird in Ganztagsschulen begünstigt, da sich die Trennschärfe, gerade bei Versuchen der gleichberechtigten Kooperation, zwischen den Aufgabenbereichen der beiden Berufsgruppen auflöst. Prengel vergleicht die Beziehung zwischen Lehrern und Erziehern mit einem Schwesternstreit, in dem sich die Personen aufgrund starker Ähnlichkeiten nur durch das Bestehen auf Unterschieden, so im Streit, voneinander abgrenzen und eine eigene Identität finden können. Prengel zieht die Denkfiguren der Dialogtheorien zu Rate, um Anregungen zum Austragen dieses Schwesternstreits zu geben (Prengel 2005, 2).

Die Bildung und Erziehung von Kindern mit Beeinträchtigungen in der emotionalen und sozialen Entwicklung stellen eine besondere Herausforderung an die Teamarbeit dar. So können Gegenübertragungsreaktionen von Kollegen auf schwierige Kinder Spaltungstendenzen im Team begünstigen, die zur Unfähigkeit des gemeinsamen Handelns oder sogar zur Isolation einzelner Kollegen führen können. So birgt die Teamarbeit Chancen wie Fallstricke.

Rhythmisierung und Teamarbeit stellen die schulorganisatorischen Voraussetzungen und somit den Rahmen für die individuelle Förderung in der Ganztagsschule dar. Welche Erhebungen zur individuellen Förderung gibt es?

- Die Hamburger LAU-Studie untersucht die Lernausgangslage und Lernentwicklung von Schülern an Ganztagsschulen der Klassen 7 bis 9 (Klieme 2003)
- Eine sekundäranalytische Untersuchung „Schulentwicklung, Qualitätssicherung und Lehrerarbeit" erhebt Daten im Kontext der hessischen Arbeitsplatzuntersuchung (APU) Die Kooperation im Kollegium sowie die Schülermitarbeit und Aggressionen unter Schülern in Schulen der Sekundarstufe I wurden untersucht (Steinert/Schweizer/Klieme 2003)
- Studie zur Entwicklung von Ganztagsschulen vom Deutschen Institut für internationale pädagogische Forschungen, Deutsches Jugendinstitut und Institut für Schulentwicklungsforschung (STEG)
- Lernen für den Ganztag
- Die Schulleiterbefragung des Instituts für Schulentwicklungsforschung Dortmund (IFS) über pädagogische Profile und Organisationsformen von ganztägigen Schulen in Ost und West 2004 (Holtappels 2004) untersucht u.a. die Angebote zur individuellen Förderung an ganztägigen Schulen

Die Ergebnisse aus der Hauptperiode von STEG liegen noch nicht vor. Die Ergebnisse aus der Pilotphase beziehen sich nur auf Nordrhein-Westfalen, besitzen daher nur eine eingeschränkte Relevanz für das Bundesgebiet und beziehen sich nicht auf die individuelle Förderung.

Die Berichte, die aus Lernen für den Ganztag resultieren, legen einen Schwerpunkt auf das Thema individuelle Förderung, bieten aber nur zahlreiche Praxisbeispiele gelingender individueller Förderung an Ganztagsschulen aller Schulformen, ohne die Problematik von schwierigen Kindern überhaupt nur zu erwähnen.

Vom IFS wurden 2004 alle Schulleiter von ganztägigen Schulen in der Bundesrepublik Deutschland befragt, die bis 2002 Ganztagsschule geworden waren. Von 1759 Schulen wurden 1361 Schulleiter mit einem Fragebogen befragt. Die Rücklaufquote lag bei 48,71 Prozent. Holtappels legt einen Schwerpunkt auf den Teilbereich der Individuellen Förderung, so dass diese Untersuchung für meine Forschungen die wichtigste der aktuellen Erhebungen zur Ganztagsschule darstellt.

Holtappels benennt 2004 folgende Ziele für die Schulleiterbefragung durch das Institut für Schulentwicklungsforschung:
- Verteilung, Unterschied und Konsequenzen verschiedener Organisationsformen der Ganztagsschule
- Identifikation von Schulkonzeptionen und pädagogischen Profilen
- Empirisch gestützter Wissenstransfer
- Bestandsaufnahme zur pädagogischen Gestaltung in den Bereichen Lernangebote, Förderung und Freizeit (Holtappels 2004)

Die Sichtung bisheriger Erhebungen zeigt, dass die individuelle Förderung von Kindern mit Beeinträchtigungen in der emotionalen und sozialen Entwicklung an ganztägigen Grundschulen bisher noch nicht Gegenstand wissenschaftlicher Untersuchungen war. Die vom IFS durchgeführte Befragung von Schulleitern zum pädagogischen Profil von Ganztagsschulen hat ergeben, dass die individuelle Förderung ein sehr wichtiges Ziel für die befragten Schulleiter darstellt: Die Schulleiterbefragung kommt zu dem Ergebnis, dass Fördermaßnahmen von allen befragten Schulleitern in einer Auswahl von 17 Zielen auf einer Skala von 1 bis 4 mit Bewertung 3,5 als eines der fünf wichtigsten Ziele der Schulentwicklung benannt werden (Holtappels 2004) und somit einen sehr hohen Stellenwert besitzen. Ich beschränke mich auf die Ergebnisse zur individuellen Förderung, die die Art der Förderung und die Förderplanung betreffen:

Betrachtet man die individuellen Förderangebote, so wird deutlich, dass es große Unterschiede zwischen den Förderangeboten gibt, die die offene, die teilgebundene und die gebundene Ganztagsschule vorhalten. Die gebundene sowie die teilgebundene Form halten mehr spezifische Fördermaßnahmen vor und bieten außerdem gesonderte Förder- und Arbeitsstunden an (Holtappels 2004). Die offene Ganztagsschule investiert vorrangig in die Hausaufgabenbetreuung (Holtappels 2004). Da Letzteres für Schüler mit Beeinträchtigungen nachrangig ist und spezifische Förderangebote im Vordergrund stehen sollten, kann man die Hypothese aufstellen, dass die gebundene Ganztagsschule mit einem rhythmisierten Tagesablauf günstiger für schwierige Kinder ist.

Bezüglich der Förderplanung zeigt die Schulleiterbefragung, dass die Mitarbeiter an gebundenen Ganztagsschulen signifikant häufiger konzeptionell ihre Förderung planen und mit individuellen Förderplänen arbeiten, während die Mitarbeiter offener Ganztagsschulen signifikant häufiger nur auf Elternwunsch fördern (Holtappels 2004). Da die Eltern schwieriger Kinder die Institution Schule häufig meiden, nur selten kooperieren und schon gar nicht die Förderung ihrer Kinder aktiv organisieren, erweist sich auch bei der Förderplanung die gebundene Ganztagsschule als Ganztagsschule der Wahl für diese Kinder.

Die Schulleiterbefragung beleuchtet nicht speziell die Förderung von Kindern mit sonderpädagogischem Förderbedarf, aber die Ergebnisse zu Fragen der individuellen Förderangebote und der Förderplanung lassen die Hypothese zu, dass Kinder mit Beeinträchtigungen in der emotionalen und sozialen Entwicklung deutlich besser in gebundenen Ganztagsschulen gefördert werden. Die Rhythmisierung des Alltags in gebundenen Schulen bietet außerdem einen strukturierten Alltag, den die Kinder als Halt gebend und Grenzen setzend erfahren, was sich reduzierend auf die Symptomatik auswirken kann. Die Trennung zwischen Freizeit und Unterricht im offenen Ganztag verstärkt tendenziell bei diesen Kindern ein Gefühl von Haltlosigkeit, was eher zu einer Verstärkung der Symptomatik beiträgt.

Welche Veränderungen ergeben sich durch die Einführung ganztägiger Grundschulen auf der Ebene der zwischenmenschlichen Beziehungen für den Schüler mit Beeinträchtigungen in der emotionalen Entwicklung:

6.3.2.2 Entwicklungen auf der Beziehungsebene
zwischen Schülern und ihren Eltern:
Hartmut von Hentig führt 1993 aus, dass Kinder heute mehr Lebens- als Lernprobleme haben. Ramseger/Dreyer/Kucharz und Sörensen stellen bei der Einführung der verlässlichen Halbtagsgrundschule fest, dass die verlängerte Öffnungszeit von Grundschulen nicht nur folgerichtig, sondern von besonderer Dringlichkeit ist. Fthenakis weist auf dem Bildungskongress Jugend und Schule in Bremen unter Bezugnahme auf die Studien des Staatsinstitutes für Frühpädagogik in München auf die Situation von Schlüsselkindern hin, die in nicht betreuten Zeiten deutlich mehr fernsehen und essen: „Sie zeigen ein geringeres Interesse an ihren Schulaufgaben und sie verfügen über geringere Möglichkeiten, ein soziales Netz aufzubauen. Sie entwickeln ein Gefühl der Zurückweisung und Entfremdung, sie sind häufiger Opfer von Verbrechen und Unfällen als betreute Kinder und zeigen in einem höheren Ausmaß delinquente und vandalis-

tische Verhaltensweisen. Zudem schneiden sie schlechter als betreute Kinder in bestimmten Entwicklungsbereichen ab. Die Vermutung, dass nicht betreute Schulkinder schneller kompetent und erwachsen werden, konnte durch die Forschung nicht bestätigt werden" (Fthenakis in: Ramseger/Dreyer/Kucharz/Sörensen 2004, 71). Holtappels arbeitet die entlastende Funktion der Ganztagsschule für die Familie heraus (Holtappels 2005). Seine Befunde lassen folgende Hypothese für die Beziehungen zwischen Eltern und schwierigen Kindern zu: Die ganztägige Abwesenheit vom Elternhaus und die Übernahme von elterlichen Versorgungsaufgaben wie Verpflegung durch die Schule entlasten die intrafamiliären Beziehungen und geben den Eltern eher die Möglichkeit, Beziehungen mit ihren Kindern zu haben, die nicht durch die Anforderungen von Schule und dort entstehenden Problemen auf die Probe gestellt werden. Die Kinder erleben ihre Eltern nicht so häufig als versagende Eltern, die Alltagsanforderungen nicht gerecht werden. Sie müssen weniger zwischen Schule und Eltern vermittelnd auftreten, geraten seltener in Loyalitätskonflikte und sind weniger elterlichen Übergriffen ausgesetzt. Ich stelle die Hypothese auf, dass die Ganztagsschule eher ermöglicht, auch Eltern in erschwerten Lebenslagen die Chance zu geben, genügend gute Eltern für ihre Kinder zu sein. Dies kann sich in Einzelfällen reduzierend auf die Symptomatik von Kindern in der Schule auswirken. Die Ganztagsschule erhält hier eine kompensierende erzieherische Funktion.

zwischen Schülern:
Autoren der Psychoanalytischen Pädagogik beschreiben, wie Kinder unbewusst in ihren Beziehungen zu Mitschülern ihre Geschwisterbeziehungen neu inszenieren. Dies ist besonders in altersgemischten Klassen am Schulanfang zu beobachten: Da die Geschwisterbeziehungen in Familien in erschwerten Lebenslagen oft von Machtstrukturen, aggressiven Auseinandersetzungen und Übergriffen geprägt sind, inszenieren sie diese Verhaltensweisen unbewusst erneut mit ihren Klassenkameraden, was ein zusätzliches Konfliktpotential im Unterricht schafft.

zwischen Lehrern, Erziehern und Schülern:
Beiträge zur psychoanalytischen Pädagogik von Ahrbeck, Datler, Heinemann, Leber, Reiser u.a. führen aus, dass das Kind unbewusst Aspekte der Mutter und des Vaters auf die Bezugspersonen überträgt (Kapitel 4). Dies führt mit Melanie Klein gesprochen zu einer projektiven Identifikation der Bezugspersonen mit diesen unbewussten Zuschreibungen. So kann es im Sinne Kleins (1932) und Winnicotts (1965) u.a. zu einer Spaltung zwischen guter und böser Mutter kommen, die dazu führt, dass ein Schüler in der Lehrerin z.B. die Böse sieht, die er hasst und aggressiv attackiert, und in der Erzieherin die gute, liebende

Mutter wahrnimmt, die ihn vielleicht mit Süßigkeiten als Trostspender versorgt. Diese Spaltungen können auch der Ansatzpunkt einer milieutherapeutischen Arbeit mit diesem Kind darstellen, wenn die Bezugspersonen die Chance haben, diese unbewussten Übertragungen und ihre Gegenübertragungsreaktionen in regelmäßiger Supervision zu verstehen und als Ausgangspunkt der individuellen Förderung zu nutzen. Ist dies nicht der Fall, so können entlang der Studien von Keilson diese Übertragungen mit den bereits dargestellten Problemen der Teamarbeit als Ergänzungsreihe wirksam werden (Keilson 1979) und zu unüberwindbaren Spaltungen im multiprofessionellen Team führen (s.o.).

Gelingt jedoch die multiprofessionelle Zusammenarbeit, können die Helfer für das Kind die Bedeutung von Ersatzeltern gewinnen, die ihm genügend Halt geben und Grenzen setzen, und der Ausgangspunkt von Entwicklung im Sinne einer Ich-Integration sein, wenn diese Prozesse erkannt und im pädagogischen Alltag genutzt werden.

6.3.2.3 Entwicklungen auf der unterrichtspraktischen Ebene

Im rhythmisierten Schulalltag einer ganztägigen Grundschule in gebundener Form mit heterogenen Lerngruppen ergibt sich für alle Schüler eine Änderung der Methoden, Sozialformen und auch der Unterrichtsinhalte. Die Forschungen von Prengel, Preuss-Lausitz u.a. zeigen, dass eine Pädagogik der Vielfalt bei heterogenen Lerngruppen am ehesten zur Integration aller Schüler beitragen kann (Kapitel 2). Die Pädagogik der Vielfalt impliziert als Unterrichtsmethoden offene Formen wie Wochenplan, Freiarbeit und die Arbeit an eigenen Themen. Portfolioarbeit, Lerntagebücher und Lernverträge verbreiten sich gegenwärtig als neue Formen der Lern- und Leistungsdokumentation. Die Chancen dieser offenen Unterrichtsformen liegen in der Möglichkeit der Ausbildung individueller Stärken und Interessen z.B. bei der Arbeit an eigenen Themen, so dass neben dem Kanon an verpflichtenden Unterrichtsinhalten viele andere Unterrichtsthemen und -inhalte als Kür möglich werden (Bannach 2002).

Diese Lernmethoden ermöglichen, aber verlangen auch, selbständiges Arbeiten der Kinder an ihren individuellen Lernwegen. Dies bedeutet, dass Kinder ohne die individuelle Unterstützung oder die aus dem Frontalunterricht bekannte Anleitung durch den Lehrer unstrukturierte Unterrichtszeit als „Lernzeit" nutzen müssen.

Untersuchungen von Bennett (1998), Deppe-Wolfinger/Prengel/Reiser (1990), Faust-Siehl/Garlichs (1996) machen aber deutlich, dass Kinder mit Beeinträchtigungen in der emotionalen und sozialen Entwicklung signifikant weniger von offenen Unterrichtsformen profitieren als andere (Kapitel 1 und 2). Das Dilemma ist, dass diese Kinder zu einem Großteil den Zugang zum schulischen Lernen nicht finden (Kapitel 1, 2 und 5).

Eine Voraussetzung für das Auffinden des Zuganges zum schulischen Lernen stellt das Entwickeln eines ein „Heimatgefühls" im Sinne Specks dar (Speck 1987, 1997). Bisher haben vorrangig Untersuchungen aus sonderpädagogischen Diskursen Beiträge zur Gestaltung von Heimat schaffenden Milieus an Schulen erbracht. Hier ist insbesondere das Konzept der realitätsnahen Schule von Hiller zu erwähnen. Auch die Interkulturelle Pädagogik hat mit Konzepten wie dem Situationsansatz hierzu wichtige Beiträge für Kindertagesstätten wie für die Schulen für Lernbehinderte geliefert (Iben 1996, Zimmer 1998). Die Freinet-Pädagogik sowie die Pädagogik von Freire (Zimmer 1998) sind auch in diesem Zusammenhang zu nennen, denn diese Ansätze betonen den Zusammenhang von Individualisierung und Gemeinschaft.

6.4 Lernzugänge als Entwicklungschance

Kinder mit Beeinträchtigungen in der emotionalen Entwicklung benötigen in ganztägigen Grundschulen Hilfen, um einen Zugang zum offenen Unterricht wie zu Angeboten offener und gebundener Freizeit im Ganztagsbetrieb finden zu können. Diese Hilfe kann eine spezifische Struktur des Wochenplans, die Festlegung von Lernpartnern, die Vorstrukturierung von Lernecken oder eine Person sein, die Hilfs-Ich-Funktionen übernehmen kann, und den Kindern ermöglicht, den Schatz, der im offenen Unterricht für sie liegt, zu bergen. Wie können die Gefahren, die die ganztägige Grundschule für diese Kinder birgt, gebannt werden, um diesen Kindern den Zugang zu den Angeboten des offenen Unterrichts zu ermöglichen? Hierzu stelle ich im Folgenden Strukturen dar, die als Lernzugänge wirksam werden und somit Schülern mit Beeinträchtigungen in der emotionalen und sozialen Entwicklung verbesserte Möglichkeiten schaffen, den Zugang zum Lernen in ganztägigen Grundschulen zu finden. Diese Lernzugänge sind: Mehrpersonensetting, Entwicklungsräume und -zeiten, Beratung von Eltern und Lernbegleitung.

6.4.1 Mehrpersonensetting

In Anlehnung an die Arbeiten von Aichhorn, Federn, Bettelheim und Bernfeld gehe ich davon aus, dass die Integration und Förderung von schwierigen Kindern gelingen kann, wenn Kinder am „sozialen Ort" Schule in einem Mehrpersonensetting gefördert werden. Unter Mehrpersonensetting versteht man ein multiprofessionelles Team aus mindestens drei Bezugspersonen, die in einem festgelegten zeitlichen Rahmen den Kindern zur Verfügung stehen und zur Reflexion des Handelns Supervision erhalten.

Durch die Schaffung eines Mehrpersonensettings eröffnet sich den Schülern ein Zugang zum „sozialen Ort" Schule. Die Eltern werden so einbezogen, dass sie und die Mitarbeiter der Schule konstruktiv miteinander kooperieren und die Vertreter beider Gruppen dazu beitragen, die soziale Kompetenz der Kinder zu verbessern. Die Bezugspersonen Lehrer und Erzieher erhalten im „System Schule" so viel Unterstützung, dass sie die Schüler unterrichten können und nicht mehr deren Aussonderung fordern.

Entlang meiner Studien muss für diese Kinder ein Mehrpersonensetting am „sozialen Ort" ganztägige Grundschule geschaffen werden. Es ist von zentraler Bedeutung, dass die Mitarbeiter in regelmäßiger Supervision die Möglichkeit haben, die Entwicklung eines schwierigen Kindes so zu reflektieren, dass sie ihm Halt geben, Grenzen setzen und für den Schüler Hilfs-Ich-Funktionen übernehmen können: Kinder mit Beeinträchtigungen in der emotionalen Entwicklung entlasten sich, indem sie unterschiedliche Aspekte wichtiger elterlicher Bezugspersonen auf die verschiedenen Mitarbeiter in der Schule übertragen. Identifizieren sich die Mitarbeiter mit diesen Zuschreibungen, so kann es im Team zu Spaltungstendenzen kommen (Kapitel 6.3.2.2). Das Verstehen dieser Übertragungsprozesse im Team unterstützt ein gemeinsames pädagogisches Handeln und schafft so die Möglichkeit, dass schwierige Kinder unabhängig davon, ob sie mit dem Lehrer oder Erzieher sprechen, Antworten erhalten, die auf einer gemeinsamen pädagogischen Haltung beruhen. Dies gibt schwierigen Kindern Sicherheit und unterstützt die Integration des Ichs. Die Gestaltung eines solchen Mehrpersonensetting kann die gebundene Ganztagsschule mit ihrem Angebot von Rhythmisierung und multiprofessionellen Teams eher vorhalten als die Ganztagsschule in offener Form.

6.4.2 Entwicklungsräume und -zeiten

Die gebundene Ganztagsschule mit der Implementierung von Strukturen, die für Kinder mit Beeinträchtigungen in der emotionalen und sozialen Entwicklung als Lernzugänge wirksam werden, ermöglicht es Kindern, von Schule als Entwicklungsraum und Entwicklungszeit zu profitieren. Zeit und Raum für Beziehungen in Schule ermöglichen ein emotionales Wachstum, das die Ich-Integration aktiv unterstützt und somit dazu beiträgt, die soziale Kompetenz sowie die Lern- und Leistungsbereitschaft emotional und sozial beeinträchtigter Schüler deutlich zu erhöhen.

In heterogenen Lerngruppen wird vorrangig mit offenen Unterrichtsformen und vielfältigen Sozialformen in verschiedenen Räumen mit unterschiedlichen Verweildauern gearbeitet. Eine häufig gewählte Organisationsform des Unterrichts ist die Wochenplanarbeit, die idealerweise zur Hälfte Freiarbeitsanteile und Pflichtanteile enthält. Das Lernen wird in dieser Organisationsform oft ganzheitlich gestaltet. Lernprozesse geraten gegenüber inhaltlichen Resultaten in den Vordergrund. Diese Vielfältigkeit des Unterrichts bedingt, dass Arbeitszeiten selbst von den Schülern eingeteilt werden können und sie auch die Nutzung von Räumen, Arbeitsecken, Ateliers, Computerarbeitsplätzen, usw. selbst organisieren und festlegen. Unter dem Zeitaspekt muss betont werden, dass die Kinder zu unterschiedlichen Zeitpunkten und mit einer individuellen Zeitdauer ihre Aufgaben erledigen. Das übergeordnete Ziel stellt hierbei aber die Bearbeitung des Wochenplans dar, was insbesondere Schüler mit Beeinträchtigungen in der emotionalen und sozialen Entwicklung häufig aus dem Auge verlieren.

Oft ist zu beobachten, dass diese Schüler sich zwar im Klassenraum mit individuell gewählter kurzer oder langer Verweildauer bewegen, aber nur selten ihre Wochenplanaufgaben bewältigen. Im Folgenden zeige ich exemplarisch an der Wochenplanarbeit auf, welche Probleme für diese Kinder im offenen Unterricht auftreten. Eine besondere Schwierigkeit stellt für diese Schüler die Anforderung dar, die Nutzung von vorgegebenen Zeiträumen selbständig zu planen. Die Vorgabe eines normativen Zeitbegriffs behindert die Nutzung von Unterricht als Entwicklungsraum und -zeit. Normative Zeitsetzungen, wie sie im Unterricht üblich sind, bewirken bei Kindern mit Beeinträchtigungen im Lernen oder der emotionalen Entwicklung ein Rückzugsverhalten oder motorische Unruhe und führen langfristig immer zum sozialen Ausschluss und zur Verlangsamung ihrer Entwicklung im Hinblick auf schulische Leistungen (Becker 2006, 245).

„Zeit ist verinnerlichte Handlung" (Hawking 1991, Herzog 2002, Piaget 1946). Der Zeitbegriff setzt sich entlang Piaget aus verschiedenen Denkschemen zusammen, die sich mit zunehmendem Alter des Kindes immer weiter differenzieren und koordinieren. Missverständnisse zwischen Lehrern und Schülern oder innerhalb der Schülergruppen können zum sozialen Ausschluss und zu einer sekundären Traumatisierung von schwierigen Kindern im Unterricht führen, wenn diese Prozesse nicht von den Lehrern verstanden werden.

Die Wahrnehmung der Zeit setzt voraus, dass das Kind den Begriff einer gleichförmigen Bewegung ausbildet, ohne dass es diese Bewegung, außer an einer Uhr, beobachten kann. „Erst mit dem Eintritt in die Phase der operationalen Intelligenz (...) wird das praktische Zeitverständnis des Kindes kognitiv rekonstruiert. Das Denken ist nun dezentriert und es ermöglicht eine objektive Betrachtung der Welt" (Piaget 1946, 137 ff.). Dadurch kann sich das Kind mental von der Gegenwart lösen; zeitliche und räumliche Reihenfolgen treten auseinander, ebenso Zeit und Geschwindigkeit. Das Kind ist erstmals in der Lage, die Zeit zu verstehen. „Die Zeit verstehen heißt ... durch geistige Beweglichkeit das Räumliche überwinden" (Piaget 1946, 365, zit. nach: Herzog 2002, 120). Bei der Zeit handelt es sich um eine Bewegung im Raum mit einer bestimmten Geschwindigkeit. Zeitabläufe sind irreversibel.

Beim Zeitbegriff handelt es sich um ein intellektuelles Konstrukt. „Der Begriff der Zeit ist eine intellektuelle Konstruktion, eine Beziehung zwischen einer Aktion – etwas, was getan wird – und der Geschwindigkeit, mit der es getan wird" (Piaget 1973, 80). Das Denken von Zeit setzt ein Gedächtnis voraus. „Die Zeit denken kann nur, wer sich von der Gegenwart zu lösen und sich an etwas erinnern vermag. Ohne eine repräsentative Logik scheint es Zeit nicht zu geben" (Piaget 1946, 365. Zit. in: Herzog 2002, 118). Dies ist ein schwieriger Vorgang, der nicht natürlichen Ursprungs ist und nur durch die Erwartungshaltung von Erwachsenen zustande kommt. „Vom Kinde wird verlangt, seine Tätigkeiten von jeglichem Inhalt zu entleeren und einzusehen, ‚dass eine an bestimmte Ereignisse oder Bewegungen qualitativ gebundene Zeit sich von diesem qualitativen Zusammenhang loslösen und sich als bloße Zeit in einem anderen Zusammenhang reproduzieren lässt (...)'" (Piaget 1946, 387, zit. nach: Herzog 2002, 123). „Das Zeitverständnis der Kinder entwickelt sich daher nicht natürlicherweise, sondern nur unter dem Erwartungsdruck der Eltern und Erzieher. Diese verlangen von den Kindern ein bestimmtes Zeitverhalten. Insofern steht die Entwicklung des Zeitbegriffs unter einem normativen Anspruch" (Herzog 2002, 124).

Unser gegenwärtiger Zeitbegriff geht auf Aristoteles, Galilei und Newton zurück. Aristoteles wie Newton glaubten an eine absolute Zeit. „Das heißt, sie glaubten, man könnte das Zeitintervall zwischen zwei Ereignissen eindeutig bestimmen, und diese Zeit bliebe stets die gleiche, wer auch immer sie messe – vorausgesetzt, die Uhr geht richtig. Nach dieser Auffassung ist Zeit getrennt und unabhängig vom Raum" (Hawkings 1991, 31). „Die Relativitätstheorie macht der Vorstellung den Garaus, es gebe eine absolute Zeit! Es sieht so aus, als hätte jeder Beobachter sein eigenes Zeitmaß, seine eigene Uhrzeit, und als würden auch dieselben Uhren, von verschiedenen Beobachtern genutzt, in ihren Angaben nicht unbedingt übereinstimmen" (Hawkings 1991, 35) (Becker 2006, 247ff.).

„Die Relativitätstheorie zwingt uns jedoch, unsere Vorstellung von Raum und Zeit grundlegend zu ändern. Wir müssen uns mit dem Gedanken anfreunden, dass die Zeit nicht völlig losgelöst und unabhängig vom Raum existiert, sondern sich mit ihm zu einer Entität verbindet, die wir Raumzeit nennen (...) Die Relativitätstheorie unterscheidet im Grunde nicht zwischen Raum- und Zeitkoordinaten, wie es in ihr auch keinen wirklichen Unterschied zwischen zwei beliebigen Raumkoordinaten gibt" (Hawking 1991, 38). Dabei legen die vier Koordinaten eines Ereignisses den vierdimensionalen Raum fest, in dem ein Ereignis stattfindet.

„Raum und Zeit sind nun dynamische Größen: Wenn ein Körper sich bewegt oder eine Kraft wirkt, so wird dadurch die Krümmung von Raum und Zeit beeinflusst – und umgekehrt beeinflusst die Struktur der Raumzeit die Bewegung von Körpern und die Wirkungsweise von Kräften. Raum und Zeit wirken nicht nur auf alles ein, was im Universum geschieht, sondern werden auch davon beeinflusst. So wie man ohne die Begriffe von Raum und Zeit nicht über Ereignisse im Universum sprechen kann, so ist es in der Allgemeinen Relativitätstheorie sinnlos, über Raum und Zeit zu sprechen, die außerhalb der Grenzen des Universums liegen" (Hawking 1991, 51). Die Entwicklung des Zeitbegriffs in der Physik erfolgte in verschiedenen Etappen:

1. Trennung von Raum und Zeit: Annahme einer absoluten Zeit
2. Aufhebung der Trennung von Raum und Zeit: Vier Koordinaten bestimmen ein Ereignis; Annahme einer Raumzeit (Relativitätstheorie).

„Die Pädagogik jedenfalls bleibt bis heute auf dem Stand der Vorstellung einer absoluten Zeit, die die Planung, Durchführung, Auswertung und Reflektion bis heute stark beeinflusst. Es wird nach wie vor von einer Trennung zwischen Raum und Zeit ausgegangen: Die Aufspaltung des Unterrichts in eine räumliche und zeitliche Dimension entsteht aus dem Bedürfnis von Lehrern, Unterricht zu planen, effizient durchzuführen und im Hinblick auf die Erreichung von Bildungsstandards evaluieren zu können. Die Aufspaltung des Unterrichtsgeschehens in eine räumliche und zeitliche Dimension, in denen Inhalte und Methoden Platz greifen, resultiert aus dem Bedürfnis nach Reduktion des komplexen Unterrichtsgeschehens auf kontrollierbare und verifizierbare Lernprozesse unter Ausschluss überflüssiger und scheinbar störender Interaktionen. „Die Reduktion der unterrichtlichen Komplexität durch Zurechnung kommunikativer Ereignisse auf Handlungen bzw. Intentionen führt zu einem verräumlichten (überschaubaren) Bild des Unterrichts. Die Verwendung des Handlungsschemas als Kausalschema macht aus dem Unterricht eine lineare Abfolge von Tätigkeiten. Ausgeblendet wird das soziale Substrat der pädagogischen Situation, aus dem kommunikative Sequenzen allererst hervorgehen können" (Herzog 2002, 449).

Die Integration von Kindern mit Beeinträchtigungen in der emotionalen und sozialen Entwicklung erweitert hingegen die Komplexität von Unterricht, was zugleich das Kontrollbedürfnis der Lehrkräfte erhöht. Im traditionellen Unterricht geraten Lehrer in eine zunehmende Leistungsspirale, die den Leistungsdruck verschärft und wenig Platz für ungeplante soziale Erfahrungen im Unterricht lässt. Verbale Interaktionen werden genauso geplant wie Klassenarbeiten. So werden soziale Interaktionen im Unterricht antizipiert und Kinder in ihren sozialen Erfahrungen beschnitten" (Becker 2006, 245ff.): „Der Unterricht wird in seiner sozialen Opulenz dadurch beschnitten, dass die kommunikativen Ereignisse Personen zugeschrieben werden" (Herzog 2002, 452).

"Indem die kommunikativen Ereignisse schematisiert werden, erhalten sie eine lineare Struktur. Da die Reduktion von sozialer Komplexität für die Beeinflussung von sozialer Ordnung zwingend ist, bildet sie ein notwendiges Moment der Integration sozialer Systeme. Wenn wir die Schulklasse als ein System verstehen, das aus dem Zusammenspiel vielfältiger sozialer Einzelhandlungen immer wieder neu entsteht, dann ist leicht ersichtlich, dass in diese hochkomplexe Situation Strukturen eingelassen werden müssen, die eine Orientierung überhaupt erst möglich machen" (Herzog 2002, 453). „Es stellt sich die Frage, ob die Unterrichtssituation so begriffen werden kann, dass ihre Komplexität zwar reduziert, nicht aber ihre systemische Struktur ausgeblendet wird. Da die Sozialität an Zeit gebunden ist, kann nur eine Theorie, die das räumliche Denken zu relativieren und die Zeitlichkeit des Unterrichts zu fassen vermag, diesem Anspruch genügen" (Herzog 2002, 454). Ich fasse zusammen:
1. Die genetische Epistemologie versteht Entwicklung als Folge von Assimilations- und Akkomodationsprozessen.
2. Entwicklungszeiten und -räume sind Momentaufnahmen in der Entwicklung. Für Assimilations- und Akkomodationsprozesse und somit Entwicklungsprozesse benötigen Kinder Zeit und Raum.
3. Der Zeitbegriff entsteht nur durch einen normativen Druck der Umwelt und ist nicht der kindlichen Entwicklung immanent. Durch befristete Unterrichtseinheiten setzen wir zeitliche Normen, die der Nutzung des Unterrichts als Entwicklungszeit und -raum im Sinne von Assimilation und Akkomodation entgegenwirken.
4. Die Physik hat die Annahme von einer absoluten Zeit (Newton) überwunden und geht von einer Raumzeit aus. Die Pädagogik hingegen spaltet im traditionellen Unterricht noch immer den Unterricht in eine räumliche und zeitliche Dimension auf. Die „Verräumlichung" (Herzog 2002) in der Pädagogik beschleunigt den sozialen Ausschluss.

Die ganztägige Grundschule birgt die Chance, diese Trennung zu überwinden.

Die Organisationsstrukturen der ganztägigen Grundschule ermöglichen durch die Rhythmisierung die multiprofessionelle Teamarbeit und durch die veränderten Unterrichtsmethoden die Aufhebung der Trennung zwischen Raum und Zeit sowie die Überwindung der Verräumlichung in der Pädagogik (Herzog 2002). Auf diese Weise können Kinder von der Schule als Entwicklungsraum und -zeit profitieren. Aus meinen Studien resultieren folgende Empfehlungen für die schulische Praxis im Hinblick auf die besondere Berücksichtigung des Unterstützungsbedarfs von Schülern mit Beeinträchtigungen in der emotionalen und sozialen Entwicklung:

Empfehlungen zur Raum- und Zeitstrukturierung von Unterricht in heterogenen Lerngruppen:
- Die Unterrichtsplanung lässt Zeit für Unerwartetes.
- Die Unterrichtsplanung berücksichtigt Zeit für soziale Prozesse im Klassenverband (tägliche Kreisgespräche, Klassenrat, Karten- und Brettspiele, Bewegungsspiele, Tauschspiele).
- Der Wochenplanunterricht erweist sich hinsichtlich der sozialen Integration von Kindern mit sonderpädagogischem Förderbedarf und der Förderung ihrer kognitiven Entwicklung als erfolgreichste Unterrichtsmethode in heterogenen Lerngruppen.
- Ateliers, Materialkoffer und Materialwagen ersetzen (bis Klasse 6) Fachräume (Werken, Küche, Textiles Gestalten).
- Der Klassenraum ist als Lebens- und Erfahrungsraum gestaltet. Es stehen entweder ein Unterrichts- und ein Freizeitraum zur Verfügung oder ein Raum ist ausreichend groß und mit entsprechenden Möbeln und Materialien ausgestattet, so dass er beide Bereiche integriert.

Empfehlungen zur Gestaltung eines Wochenplanes:
- Lehrer formulieren Aufgaben, die minimale Überforderungen darstellen.
- Lehrer planen die Lernpartnerschaften und Lerngruppen.
- Lehrer stellen Aufgaben, die ergebnisorientiert und materialorientiert sind.
- Lehrer verwenden ikonische Darstellungen zur Verdeutlichung von Aufgaben.
- Der Wochenplan enthält zu je 50 Prozent Mathematik und Deutschaufgaben,
- zu 30 Prozent Aufträge aus dem technisch-naturwissenschaftlichen Bereich und zu 20 Prozent Spielzeit.
- Der Wochenplan besteht je zur Hälfte aus Freiarbeits- und Pflichtaufgaben.
- Der Wochenplan sieht Möglichkeiten zur Selbst- und Fremdkontrolle vor (Becker 2006).

6.4.3 Elternberatung

Wie Reiser und Loeken in ihrer Publikation über das Zentrum für Erziehungshilfe in Frankfurt am Main ausführen (Reiser/Loeken 1993) und die Untersuchungen von Preuss-Lausitz (2006) wie auch die Ergebnisse meiner Erhebung über den Förderansatz Projekt „Übergang" zeigen (Kapitel 7), trägt die kontinuierliche Beratung von Eltern erheblich zur Entwicklung dieser Kinder bei, da sie hilft, Brücken zwischen der Institution Schule und bildungsfernen Eltern zu bauen. Werden regelmäßige Elternberatungen in die ganztägige Grundschule eingeführt, stellen sie einen zentralen Lernzugang für schwierige Schüler, ihre Eltern, ihre Lehrer und ihre Erzieher dar. Aus meinen Studien resultieren folgende Empfehlungen für Elternberatungen durch Lehrer und Erzieher an ganztägigen Grundschulen, die ich in den Kapiteln 6.4.3.1-6.4.3.3 darstelle.

6.4.3.1 Gesprächsanlässe

Szene 1: Die Lehrerin, Frau Meyer, macht sich Sorgen um ihren 9-jährigen Schüler Pierre. Seine Leistungen in Deutsch und Mathematik sind ausreichend. Nach ihrem Empfinden könnte er durchaus besser sein, wenn ihm nicht das häusliche Üben fehlen würde.

Szene 2: Saida besucht die erste Klasse. Sie wirkt immer übermüdet, wenn sie morgens zur Schule kommt, frühstückt vorher nicht und kann sich erst ab 10^{00} Uhr auf den Unterricht konzentrieren. Herr Otto, der Lehrer, weiß, dass die Eltern häufig bis spät am Abend in einem Restaurant arbeiten.

Szene 3: Özgür besucht die 7. Klasse einer Hauptschule. Sie kommt meist zu spät zum Unterricht und erledigt nur selten ihre Hausaufgaben. Sie berichtet ihrem Klassenlehrer, dass sie nachmittags und früh am Morgen ihre jüngeren Geschwister versorgen muss.

Die Klassenlehrer bitten aus Sorge um ihre Schüler Eltern zu einem Gespräch, um sie aus schulischer Sicht auf die Gefährdung der Entwicklung ihrer Kinder aufmerksam zu machen. Häufig schlagen Lehrer die Änderung häuslicher Gewohnheiten als Lösungsweg vor, wie z. B.: „Saida sollte früher zu Bett gehen." Meist verlaufen solche Beratungsgespräche für die Lehrer nicht zufriedenstellend, da Eltern die gutgemeinten Ratschläge der Pädagogen als Kritik erleben und nicht als Hilfsangebote. Viele Eltern fangen an, sich zu rechtfertigen und kontern mit einem Angriff auf die Unterrichtsform und das Lehrerverhalten. Es werden Kommentare geäußert wie: „Zu Hause ist meine Tochter morgens nie müde. Offenbar ist ihr Unterricht so langweilig, dass sie einschläft."

6.4.3.2 Kulturelle Heterogenität zwischen Lehrern und Eltern

In den hier skizzierten Gesprächsanlässen prallen zwei Welten aufeinander:
- Eltern, die in erschwerten Lebenslagen leben oder aus anderen Kulturkreisen kommen, haben selbst häufig negative Schulerfahrungen gemacht und finden daher den Zugang zur Schule und den Lehrern ihrer Kinder nur schwer. Aufgrund ihres biographischen Hintergrundes sind sie selbst kaum in der Lage, ihren Kindern ein positives Bild von Schule zu vermitteln. Außerdem gelingt es ihnen oftmals nicht, ihren Kindern notwendige Hilfen zum erfolg-

reichen Besuch der Schule zu geben, wie etwa eine Unterstützung bei den Hausaufgaben.
- Lehrer hingegen haben meist spezifische, aber unausgesprochene Erwartungen an Eltern, die nur Erwachsene mit ähnlichen soziokulturellen Erfahrungen unmittelbar verstehen.

„Wenn Lehrer den Eltern in dieser Konstellation rezeptartige Hinweise geben, ist ein Misslingen vorprogrammiert. Stattdessen müssen Lehrer und Eltern in einen prozessorientierten Dialog miteinander treten, der ein gegenseitiges Verstehen ermöglicht. Auf dieser Grundlage können sie Vereinbarungen treffen und realisieren (…) Sie tragen nicht nur zur Verringerung von Verhaltensauffälligkeiten im Unterricht bei, sondern führen auch zur Verbesserung der individuellen und gemeinsamen Arbeitsfähigkeit aller Beteiligten" (Becker/Hansen 2004, 128).

Eltern aus erschwerten Lebenslagen oder aus anderen Kulturkreisen verfügen oftmals über ungenutzte Ressourcen, die für die Lernkultur einer Schule bei der Gestaltung von Unterrichtsprojekten und Schulfesten von ungeahntem Nutzen sein können. Die Voraussetzung für die Freisetzung dieser Ressourcen stellt das Überwinden gegenseitiger Vorurteile, die Anerkennung der kulturellen Heterogenität und die Schaffung eines von Neugier geprägten Gesprächsklimas zwischen Eltern und Lehrern dar. In den Beratungsgesprächen an der Werbellinsee-Grundschule in Berlin haben sich die im Folgenden genannten Vorgehensweisen als erfolgreich erwiesen. Sie schaffen einen Rahmen für gegenseitige Annäherungsprozesse und gemeinsame Vereinbarungen zwischen Lehrern, Eltern und ggf. Schülern (Becker/Hansen 2004, 123).

6.4.3.3 Die „gemeinsame Vereinbarung" als Schlüssel zum Erfolg
Grundsätze:
Lehrer und Erzieher
- wählen einen geschützten Ort und legen einen Zeitrahmen fest (45 Minuten).
- vermeiden jede Art von Vorwürfen, denn diese führen zu Schuldgefühlen bei den Eltern und nur zur Eskalation von Aggressionen im Gespräch.
- versuchen ein „Klima der Neugier" zu schaffen.

Die Ablaufplanung:
- Einladender Gesprächseinstieg
- Formulierung eines Gesprächsthemas
- Erörterung der unterschiedlichen Sichtweisen
- Suchen eines gemeinsamen Lösungsweges
- Treffen einer gemeinsam getragenen Vereinbarung

- Festlegung eines neuen Gesprächstermins zur Überprüfung des Wirksamwerdens der Vereinbarung (nach 2 bis 4 Wochen)

Die Erörterung der verschiedenen Sichtweisen bewirkt eine gegenseitige Annäherung, die es erleichtert, gemeinsam Lösungswege zu suchen. Auf dieser Grundlage kann der Lehrer Vorschläge machen, die an die Situation der Familie anknüpfen und für die Eltern praktikabel sind. Dem Angebot von möglichen Maßnahmen folgt das gemeinsame Aushandeln und die Entscheidung für eines der Angebote durch die beteiligten Gesprächspartner. Die Beratung schließt mit einer gemeinsamen Vereinbarung, die eine konkrete Umsetzung des Lösungsweges darstellt. Die gemeinsame Vereinbarung verpflichtet Lehrer, Erzieher, Eltern und Schüler zur Übernahme einer Aufgabe, so dass alle gemeinsam die Verantwortung für die Umsetzung des Lösungsweges tragen. So können für die oben skizzierten Gesprächsanlässe Vereinbarungen getroffen, eingehalten und nach einigen Wochen überprüft werden:

Vereinbarung 1 (Überprüfung der Praktikabilität für alle Beteiligten nach 4 Wochen):
Lehrerin: Eintragen der Hausaufgaben ins Hausaufgabenheft
Erzieherin: Begleitung von Pierre zur Hausaufgabenhilfe
Pierre: Besuch der Hausaufgabenhilfe
Eltern: tägliches Gespräch mit Pierre über die Hausaufgaben, gemeinsames Betrachten seiner Hausaufgaben nach dem Abendessen

Vereinbarung 2 (Überprüfung der Praktikabilität für alle Beteiligten nach 2 Wochen):
Lehrer: täglich ein kurzes Gespräch mit Saida vor Unterrichtsbeginn
Saida: frühstückt, bevor sie zur Schule geht
Schwester: bringt Saida um 19.30 Uhr zu Bett
Eltern: rufen um 20.00 Uhr Saidas ältere Schwester an, um beiden eine gute Nacht zu wünschen.

Vereinbarung 3 (Überprüfung nach 4 Wochen):
Eltern: Beantragung einer Betreuungshilfe beim Jugendamt für die jüngeren Geschwister von Özgür am Nachmittag
Özgür: Erledigung der Hausaufgaben am Nachmittag
Lehrer: tägliche Kontrolle der Hausaufgaben und telefonische Kurzmitteilung an die Eltern am Freitag

Die gemeinsame Vereinbarung wird in der Regel in einem Vertrag schriftlich festgehalten und von den beteiligten Lehrern, den Eltern und dem Schüler unterschrieben. Der Vertrag bildet die Grundlage für die Überprüfung der Praktikabilität der Vereinbarung nach einigen Wochen (Becker/Hansen 2004, 123).

6.4.4 Lernbegleitung

Die temporäre Übernahme von Hilfs-Ich-Funktionen durch eine Lernbegleitung nach Oelsner (2006) kann Kinder beim Auffinden von Zugängen zum Lernen im offenen Unterricht unterstützen, wenn sie das Verstehen von Aufgaben sowie die Handlungsplanung nicht selbständig ausführen können. Die individuelle Förderung dieser Kinder scheitert, wenn sie sich auf spezielle Trainings- und Förderprogramme konzentriert, da der Erfolg der Förderung nicht von den Inhalten eines Förderunterrichtes, sondern vom Setting und den darin wirksamen Beziehungen abhängt. Oelsner schlägt die Lernbegleitung, d.h. eine Bezugsperson, die für ein schwieriges Kind bei speziellen Problemlagen zur Verfügung steht, als Unterstützung in Einzelfällen vor, um auch die Teilhabe von Schülern mit erheblichen Beeinträchtigungen in der emotionalen Entwicklung am Schulleben ganztägiger Grundschulen zu sichern (Kapitel 7).

6.5 Resümee

Die Einführung ganztägiger Grundschulen sowie der Vorrang der gemeinsamen Erziehung von Schülern mit sonderpädagogischem Förderbedarf stellen Fortschritte im Hinblick auf die Umsetzung der Erklärung von Salamanca dar (Kapitel 5). Bisher wurde weder in bildungspolitischen Überlegungen noch in wissenschaftlichen Publikationen bedacht, welche spezifischen Hilfen Kinder mit Beeinträchtigungen in der emotionalen und sozialen Entwicklung wie auch ihre Bezugspersonen in der ganztägigen Grundschule benötigen, damit die Integration dieser Kinder in dieser Schulform gelingen kann. Die Implementierung von spezifischen Strukturen in ganztägigen Grundschulen eröffnet Lernzugänge. Diese stellen Entwicklungschancen für diese schwierigen Kinder, ihre Eltern und die Bezugspersonen in der Schule dar. Diese Lernzugänge sind: das Mehrpersonensetting, Entwicklungsräume und -zeiten, die Beratung von Eltern sowie ggf. der Einsatz einer zusätzlichen Bezugsperson, die eine individuelle Lernbegleitung übernimmt.

7 Projekt „Übergang" – ein Förderansatz für Schüler mit erheblichen Beeinträchtigungen in der emotionalen und sozialen Entwicklung

7.1 Fragestellung

Das Ziel dieses Förderansatzes besteht darin, Schüler mit erheblichen Beeinträchtigungen in der emotionalen und sozialen Entwicklung so zu fördern und sozial zu integrieren, dass sie in der Schule ihres Wohnortes unterrichtet werden können.

Der Name Projekt „Übergang" geht auf den Kinder- und Jugendpsychiater Winnicott zurück, der diesen Begriff im Kontext seiner Theorie der Übergangsphänomene und -objekte entwickelte (Kapitel 7.4). Schüler mit Beeinträchtigungen in der emotionalen und sozialen Entwicklung fühlen sich im Unterricht von ihren Lehrern entweder verfolgt oder vernachlässigt. Nicht zuletzt schwanken die vielen schwierigen Kinder zwischen diesen Empfindungen gegenüber ihren Lehrern. Beides hindert sie am Lernen im Unterricht (Becker 2006). Bei dem Projekt „Übergang" handelt es sich um einen Förderansatz, der nicht die Inhalte der Förderung, sondern das Setting der Förderung mit ihren darin wirksamen Beziehungen in den Mittelpunkt stellt.

Das Setting bezeichnet die örtlichen, zeitlichen und personellen Rahmenbedingungen von therapeutischen Hilfen oder Hilfen der Jugendhilfe. Im Projekt „Übergang" verstehe ich unter Setting den Rahmen der Förderung schwieriger Schüler. Innerhalb solch eines Settings, das ich im Folgenden ausführlich darstelle (Kapitel 7.3), werden positive Aspekte der Lehrer-Schüler-Beziehung so wirksam, dass schulisches Lernen wieder möglich wird. Das Setting ist ein Lernzugang, wenn es in einer Schule implementiert wird und wie im Projekt „Übergang" Raum für Beziehungen schafft, die dem Schüler helfen, sich einen Lernzugang zu erschließen.

Bei dem Projekt „Übergang" handelt es sich um einen Förderansatz, der in den drei Untersuchungsphasen Abduktion, Induktion und Deduktion (Steiner 2005) vor dem Hintergrund psychoanalytischer Theorien und meiner Feldkenntnis von mir erarbeitet wird. Dabei provoziert die Praxis die Theorie: „In einem solchen Projekt erzeugt die Praxis neue Theorie und die Theorie trägt zur Beziehungs- und Prozessqualität von integrationspädagogischer Unterrichtspraxis bei" (Becker 2001, 16).

In Anlehnung an die Arbeiten der Ethnopsychoanalyse (Beer 2003, Devereux 1984, Heinemann 1990, Nadig 1986) lasse ich mich emotional im Unterricht mit schwierigen Kindern und ihren Lehrern „verwickeln", um Erkenntnisse über das subjektive Erleben von Schule zu erlangen. Von diesem Erkenntnisgewinn aus lasse ich mich durch abduktives und induktives Denken leiten, um auf notwendige Veränderungen in der Grundschule zu schließen, die den Betroffenen Lernzugänge eröffnen können. Folgende Forschungsfragen stellen sich: Inwieweit stellt das Setting das entscheidende Instrument der Förderung sowie der Beschulung schwieriger Schüler dar? Inwieweit hat das Setting Vorrang gegenüber den Inhalten der Förderung? Was muss das Setting vorhalten, um Schüler, die als nicht unterrichtbar gelten, sozial zu integrieren und unterrichten zu können?

Meine theoretisch fundierte Feldkenntnis, die neben meinen Forschungen eine entscheidende Voraussetzung für die Entwicklung dieses Förderansatzes darstellt, habe ich in der École Expérimentale in Bonneuil sur Marne in Frankreich (Mannoni 1982), in Arbeitsfeldern der Jugendhilfe, in der Schule für Lernbehinderte, in berufsvorbereitenden Lehrgängen sowie in einer außerbetrieblichen Lehrwerkstatt mit benachteiligten Jugendlichen erworben.

Ich stelle zunächst die theoretischen Grundlagen dieses Förderansatzes vor. Dabei handelt es sich um psychoanalytische Arbeiten zum Zusammenhang von Angst, Aggression und Lernen (Becker 1995, Ekstein 1969, Heinemann 1992, Neidhardt 1977, Winnicott 1971), die die Funktion des Unterrichtsgegenstandes als Übergangsobjekt fokussieren. Aus diesen Arbeiten leite ich Lernzugänge ab, die zur sozialen Integration und Unterrichtung von Schülern mit erheblichen Beeinträchtigungen in der emotionalen Entwicklung beitragen. Im Folgenden stelle ich die Lernzugänge vor und präsentiere Fallvignetten.

Ich komme durch abduktives und induktives Schließen zu dem Ergebnis, dass die bestimmte Lernzugänge bereits durch ihre Existenz eine so Angst mindernde Wirkung auf Schüler, Lehrer und Eltern haben, dass das Ausmaß und die Häufigkeit der Verhaltensstörungen bei den betroffenen Kindern deutlich nachlässt, die Unterrichtung garantiert werden kann und sich die Leistungen sowie die soziale Integration nachhaltig verbessern (Mannoni 1982).

Das Setting per se als pädagogisch wirksames Instrument einzusetzen eröffnet Schülern, Lehrern und Eltern den Zugang zum schulischen Lernen. Das Setting als Instrument bei der Förderung schwieriger Kinder in der Grundschule einzusetzen ist neu und wurde bisher in Publikationen der Integrationspädagogik, der Pädagogik bei Schülern mit den Förderschwerpunkten emotionale und soziale Entwicklung sowie Lernen nicht diskutiert. Bisher hat man sich in der Pädagogik auf die Beforschung der Unterrichtsinhalte sowie der Beziehungen im Unterricht beschränkt. Die Frage des Settings wurde psychoanalytisch bisher nur im Hinblick auf die Gestaltung von Unterricht in Sondereinrichtungen diskutiert (Ahrbeck 2006). Insofern stellt dies einen neuen Forschungsbeitrag dar. Hierbei findet psychoanalytisches Wissen über die Bedeutung von Settingvariationen Anwendung in der integrativen Pädagogik wie in der Pädagogik bei Schülern mit den Förderschwerpunkten Lernen sowie emotionale und soziale Entwicklung.

7.2 Übertragungs- und Gegenübertragungsprozesse

Die Institution Schule stellt einen Rahmen für die Zeit von der Kindheit zum Erwachsenenalter dar und, „if everything goes well", tatsächlich eine brauchbare Welt im Übergang zwischen diesen Lebensphasen (Ekstein/Motto 1969). Schüler, die Beeinträchtigungen in der emotionalen und sozialen Entwicklung zeigen, verfügen zunächst nicht über die psychischen Voraussetzungen, um in einer heterogenen Schulklasse mit 24 bis 30 Schülern, wie sie inzwischen an Grundschulen üblich sind, lernen zu können. Dies liegt vorrangig an im Unterricht wirksamen Übertragungs- und Gegenübertragungsprozessen, worunter Vertreter psychoanalytischer Theorien das unbewusste Beziehungsgeschehen zwischen Schüler und Lehrer verstehen. Unter Übertragung fassen Autoren der Psychoanalyse die unbewusste Übertragung positiver wie negativer Aspekte früherer Beziehungserfahrungen mit subjektiv bedeutsamen Bezugspersonen, wie Mutter oder Vater, auf die Person des Lehrers. Dies bedeutet, ein Schüler nimmt, ohne sich dessen bewusst zu sein, den Lehrer als seine Mutter oder seinen Vater wahr. Da schwierige Schüler häufig Elternbeziehungen haben, die durch Konflikte geprägt sind, dominieren oft negative Übertragungen die Beziehungen zwischen schwierigen Schülern und ihren Lehrern (Ahrbeck 2006).

Unter Gegenübertragung verstehen Autoren der Psychoanalyse alle unbewussten Reaktionen des Lehrers auf einen Schüler. Bei schwierigen Schülern reagieren Lehrer häufig unbewusst mit Aggressionen, Ängsten oder Rückzug, so dass die unbewusste Beziehungsszene zwischen beiden häufig durch Konflikte gekennzeichnet ist. So wird das schulische Lernen erheblich beeinträchtigt und der schwierige Schüler kann den Zugang zum Unterricht meist nicht finden.

Dieses Unvermögen resultiert aus der Schwierigkeit, dass wirksame Übertragungsprozesse in der Lehrer-Schüler-Beziehung auch Ängste mobilisieren, die die Nutzung der kognitiven Ressourcen des Schülers in erheblichem Maße reduzieren: „Angst macht dumm!" (Zulliger 1930). Diese mit dem Übertragungsprozess einhergehenden Ängste bewirken, dass der Schüler auf Denk- und Handlungsprozesse zurückgreift, die den Eindruck vermitteln, er sei in seiner kognitiven Entwicklung verzögert. Piaget spricht in diesem Kontext von assimilatorischen Handlungen mit Kompensationen des Typs α, die durch assimilatorisches Handeln im Sinne des Zwangs zur Wiederholung gekennzeichnet sind (Mannoni 1964).

„Hierbei schränkt die Angst die Wahrnehmung des Kindes ein und führt durch einen Vorrang von assimilatorischen Handlungs- und Denkweisen zu einer durch Egozentrismus geprägten Weltsicht, in der sich der Schüler schnell bedrängt und zur aggressiven Abwehr genötigt fühlt" (Becker 2001, 14). Zur Abwehr der mit der Übertragung einhergehenden Ängste im Unterricht zeigen Schüler mit Beeinträchtigungen in der emotionalen und sozialen Entwicklung sehr häufig auch aggressive Verhaltensweisen, die die Lehrer als Unterrichts- bzw. Verhaltensstörung wahrnehmen (Becker 2006).

Lehrer identifizieren sich als Gegenübertragungsreaktion häufig unbewusst mit den Ängsten der Schüler, so dass Lehrer und Schüler auf der Ebene des Unbewussten so zusammenwirken, dass das auffällige Verhalten eines Schülers eher Verstärkung erfährt. Der Lehrer trägt die Sorge mit sich, der schwierige Schüler könne andere mit seinem Verhalten anstecken, ihm „den Unterricht schmeißen" oder es könne zu Gefährdungen von Mitschülern kommen. „Es entsteht zwischen Lehrern, Eltern und dem Problemschüler ein von Ängsten und Aggressionen geprägtes Klima. Die durch Angst geprägte Situation schafft wie im Schachspiel ein ‚Remis', in dem kein Raum mehr für Bewegung bleibt. Aufgrund der bestehenden Ängste erscheint die Situation auf allen Seiten ausweglos. Die Angst sorgt für eine eingeschränkte Wahrnehmung, so dass auch vonseiten des Lehrers keine Schritte mehr möglich sind, obwohl der Lehrer grundsätzlich über das entsprechende Wissen und auch über den Willen, dem Schüler zu helfen, verfügt" (Becker 2001, 14).

7.3 Lernzugänge im Projekt „Übergang"

7.3.1 Setting

Schülern mit erheblichen Beeinträchtigungen in der emotionalen und sozialen Entwicklung ist es kaum möglich, sich für Unterrichtsthemen, die der Rahmenlehrplan für die Grundschule vorsieht, zu interessieren (Senatsverwaltung für Schule, Jugend und Sport 2005b). Vielmehr zeigen sie im Unterricht einer Grundschulklasse häufig eine negative Fixierung auf den Lehrer, der sie durch Störungen des Unterrichtsgeschehens Ausdruck verleihen (Ahrbeck 1999, 2006). Mit dieser negativen Fixierung schützen sie sich vor möglichen positiven Erfahrungen mit dem Lehrer, weil sie oftmals vor dem Hintergrund ihrer Biografie nicht wissen, ob sie dieser erwachsenen Bezugsperson Vertrauen schenken können (Becker 2006). Die negative Fixierung auf den Lehrer kann aber durch die Veränderung des Settings im Unterricht, das durch die qualifizierte An- und Abwesenheit des Lehrers beim Lernprozess des Schülers bzw. der Schülergruppe gekennzeichnet sein sollte, erheblich reduziert werden (Becker 1995, 1996, Freud, S. 1920, Mannoni 1982). Dies bedeutet, dass der Lehrer den Schüler nicht mit Anforderungen und Erwartungen konfrontiert, sondern ihm als Assistent zur Seite steht, indem er als Lehrer Hilfs-Ich-Funktionen (Becker 2006a) übernimmt. Für diese Kinder ist es wichtig, immer wieder neu ihr aktuelles Gegenüber, den Lehrer, als Halt gebende Instanz wahrnehmen zu können, die anwesend ist, ohne durch ihre pädagogische Aufdringlichkeit auf diese Kinder verschlingend zu wirken. Dies führt im Unterricht dazu, dass sich der Lehrer dem Schüler als Ansprechpartner anbietet, aber auch immer wieder von ihm weggeht. In Anlehnung an Freud (1920), Lacan (1966) und Mannoni (1982) spreche ich von einer Lehrer-Schüler-Beziehung, die durch ein „Fort" und „Da" gekennzeichnet ist (Becker 1995). Dieses „Fort" und „Da" führt zur Reduktion negativer Übertragungen zugunsten positiver Übertragungen von Schülern auf ihre Lehrer (Mannoni 1981). Gelingt es, das Setting in der hier dargestellten Weise zu gestalten, stellt es einen Lernzugang dar, weil es Schüler beim Erschließen des schulischen Lernens unterstützt.

In solch einem Setting wird den Schülern soviel an Trennungs- und Bindungserfahrung zugemutet, dass sie weder aus dem Gefühl heraus, beim Lehrer zu wenig Halt zu erfahren, noch aus der Empfindung, von ihm verschlungen zu werden, sich zu Unterrichtsstörungen verführt fühlen, sondern ein Interesse an einem ‚gemeinsamen' Unterrichtsgegenstand entwickeln. Dieser wird im Sinne der Theorie von Winnicott über Übergangsobjekte zu einem ‚privaten Besitz von Lehrer und Schüler'. Beginnen kleine Kinder, Trennungen in Form der zeitlich begrenzten Abwesenheit einer sonst anwesenden primären Bezugsperson wahrzunehmen, entwickeln die meisten Kinder ein Übergangsobjekt, das ihnen als psychische Brücke zur Bewältigung der mit der Abwesenheit dieser Bezugsperson einhergehenden Trennungsangst dient. Was für das sehr kleine Kind in Zeiten einer zu überbrückenden Abwesenheit der Mutter der Bettzipfel, das Nuckeltuch oder der Teddybär sind, sind später beim Erwachsenen Religion, Kultur und Wissenschaft (Becker 2001, 14f.).

„1. Der Ort, wo die kulturelle Erfahrung lokalisiert ist, liegt in dem potentiellen Raum zwischen dem Individuum und der Umwelt (ursprünglich dem Objekt). Dasselbe kann vom Spielen gesagt werden. Die kulturelle Erfahrung beginnt mit kreativem Leben, das sich zuerst im Spiel manifestiert.
2. Für jedes Individuum ist der Gebrauch dieses Raumes durch die Lebenserfahrungen bestimmt, die in den frühen Stadien der Existenz des Individuums gemacht werden.

3. Von Anfang an hat der Säugling maximal intensive Erfahrungen in dem potentiellen Raum zwischen dem subjektiven Objekt und dem als objektiv erkannten Objekt, zwischen Ich-Erweiterungen und dem Nicht-Ich. Dieser potentielle Raum existiert in der Wechselwirkung zwischen dem Es-gibt-nichts-anderes-als-mich und den Objekten und Phänomenen außerhalb der omnipotenten Kontrolle.
4. Jedes Kind hat hier seine günstigen oder ungünstigen Erfahrungen. Die Abhängigkeit ist maximal. Der potentielle Raum ereignet sich nur in Beziehung auf ein Gefühl des Vertrauens seitens des Babys, das heißt, Vertrauen bezogen auf die Verlässlichkeit der Mutterfigur oder der Umweltelemente, wobei Vertrauen der Beweis für Verlässlichkeit ist, die introjiziert wird.
5. Um das Spiel und dann das kulturelle Leben des Individuums zu studieren, muss man das Geschick des potentiellen Raumes zwischen jedem beliebigen Kind und der menschlichen (und daher fehlbaren) Mutterfigur studieren, die grundsätzlich aus Liebe anpassungsfähig ist.

Wenn man dieses Gebiet als einen Teil der Ich-Organisation betrachtet, wird man gleich erkennen, dass es sich hier um einen Teil des Ich handelt, der nicht Körper-Ich ist, das heißt, er gründet sich nicht auf die Muster des Körper-Funktionierens, sondern auf die Körper-Erfahrungen. Diese Erfahrungen gehören zur Objektbeziehung nicht-orgiastischer Art oder zu dem, was man als Ich-Bezogenheit bezeichnen könnte, an den Ort, von dem man sagen kann, „dass hier die Kontinuität der Kontiguität Raum gibt" (Winnicott 1971, 14f.). „Nicht der Teddybär, der Bettzipfel oder später der Unterrichtsgegenstand in der Schule sind per se Übergangsobjekte, sondern ein sicher verinnerlichtes Vertrauen des Kindes in genügend gute Eltern oder elternanaloge Bezugspersonen ermöglicht, dass ein Teddybär, Bettzipfel oder später ein Unterrichtsgegenstand in die Funktion eines Übergangsobjektes geraten und innerhalb eines prozesshaften Beziehungsgeschehens Phantasieren, Spielen und Lernen Raum und Zeit gewinnen" (Winnicott 1971, 14f.).

„Entlang der Arbeiten von Mannoni (1982) zieht die Einführung von Trennungen im Unterricht zwei Effekte nach sich:
- Es reduzieren sich erheblich, wie in der Mutter-Kind-Beziehung (s.o.), die Trennungs- oder paranoiden Ängste von Schülern gegenüber ihren Lehrern und somit auch die damit einhergehenden Aggressionen, die als Abwehr dieser Ängste zu verstehen sind.
- Der Unterrichtsgegenstand wird zu einer psychischen Brücke zwischen dem Lehrer und dem Schüler im Sinne eines Übergangsobjektes, das ihn letztendlich mit dem Lehrer verbindet und ihm ermöglicht, ohne Störung

zu lernen. „Durch die Entstehung des Übergangsobjektes im Unterricht verwandelt sich die Lehrer-Schüler-Beziehung, die von Schülern mit Verhaltensstörungen unbewusst als Dyade gebraucht wird, in eine Triade. Der eigentliche Wert dieser Triade liegt in der Verwandlung der Dyade, die immer mit einer zweidimensionalen und somit egozentrischen Raumwahrnehmung einhergeht, in einen dreidimensionalen Raum, in dem sich Schüler wie Lehrer bewegen können. Die Überwindung der zweidimensionalen Raumwahrnehmung führt dazu, dass sich der Schüler nicht mehr in der Lehrer-Schüler-Beziehung durch ihn scheinbar überfordernde unterrichtliche Anforderungen ‚erdrückt' fühlt und mit Ängsten wie mit Aggressionen reagiert, sondern zum Subjekt des Lernens wird, in dem er den Unterrichtsgegenstand in der Funktion eines ‚Übergangsobjektes' in der Beziehung zum Lehrer und seinen Mitschülern gebraucht. Der intermediäre Raum, der zwischen Lehrer und Schüler entsteht, kann entlang Winnicott als ein ‚Übergangsraum' oder ‚Übergang' bezeichnet werden. Die Konstruktion des Überrichtsgegenstandes als Übergangsobjekt fördert daher Prozesse kreativen Lernens und anerkennt den Schüler als Erfinder, Finder und Entdecker seines ihm in der Schule dargebotenen Wissens" (Becker 2001, 15).

Hieraus resultiert ein Ansatz zur Förderung von Schülern mit dem Förderschwerpunkt emotionale und soziale Entwicklung, der auf fünf verschiedenen Ebenen zuverlässige Beziehungen zwischen Schülern, Lehrern, außerschulischen Helfern und Eltern inszeniert, die durch ein kontinuierliches und zuverlässiges „Fort" und „Da" gekennzeichnet sind. Dadurch wird bei Schülern die Notwendigkeit zur Abwehr von Ängsten erheblich reduziert und der Zugang zum Lernen kann sich für schwierige Schüler und ihre Lehrer eröffnen. Das Setting wirkt hier als Lernzugang. Es schafft den Raum für Beziehungen im Projekt „Übergang" und erweist sich somit als der wichtigste Lernzugang dieses Förderansatzes.

7.3.2 Entwicklungsräume und Entwicklungszeiten

„Die Entwicklung von zeitlich begrenzten Trennungen innerhalb einer Halt gebenden Beziehung in der sonderpädagogischen Förderung von Schülern mit dem Förderschwerpunkt emotionale und soziale Entwicklung schafft durch die Verwandlung von einer durch Egozentrismus geprägten zweidimensionalen Welt in einen dreidimensionalen Raum Möglichkeitsräume, in denen Entwicklungsprozesse bei Schülern, Lehrern und Eltern Platz haben" (Becker 2001, 14). Dabei wirken die Übergangsräume, die innerhalb der Triade Lehrer-Schüler-Unterrichtsgegenstand entstehen, als Möglichkeitsraum und zugleich als Begrenzung. Rückkopplungsprozesse (Briggs/Peat 1995) werden begünstigt, die Veränderungen bei Schülern, Eltern, Lehrern und Sonderschullehrern bewirken. So können Entwicklungsprozesse angeregt werden, die sich zunächst so darstellen, dass sich eine bestehende Ordnung in eine Unordnung verwandelt (Hentig 1985) und sich erst im weiteren zeitlichen Verlauf auf eine neue Ordnung, deren Ergebnis nicht antizipierbar ist, einpendeln (Becker 2001, 16). Damit sich diese Prozesse vollziehen können, benötigen Kinder wie Lehrer Zeit (Ahrbeck 1997).

Die Situation lässt sich vergleichen mit einem Billardspiel: Hierbei ist die Bande des Billardtisches, die zugleich eine Begrenzung für den Lauf der Kugeln als auch die Möglichkeit zur Änderung der Laufrichtung in sich birgt, vergleichbar mit dem durch Übergangsräume strukturierten Setting. Beim Billardspiel denkt man über den logischen nächsten Schritt nach und stößt nach bestem Wissen eine Kugel in der Hoffnung an, dass sie einen bestimmten Verlauf nehmen möge. Es ist jedoch trotz aller Bemühungen unklar, ob die Kugel dass vom Spieler avisierte Ziel erreichen wird. Im Unterricht mit Schülern mit dem Förderschwerpunkt emotionale und soziale Entwicklung wird jeder Lehrer nach bestem Wissen seinen Unterricht planen. Da es sich jedoch wie beim Billardspiel um einen nicht-linearen Prozess handelt, bleibt unklar, ob der Schüler das avisierte Lernziel erreichen wird. Durch die hier vorgeschlagene Settingkonstruktion schaffen wir nach außen eine Begrenzung und durch die Übergänge innerhalb der Lernumwelt Entwicklungs- und Handlungsspielzeiten wie Entwicklungsräume. Zeitlich zumutbare Trennungen sorgen hierbei für eine Verschiebung der Aufmerksamkeit des Schülers von der Lehrer-Schüler- oder Schüler-Schüler-Beziehung auf den Lerngegenstand, der zur psychischen Brücke zwischen Schüler und Lehrer wird (Becker 2001, 16).

7.3.3 Beratung von Lehrern

Im Projekt „Übergang" bieten die tätigen Sonderschullehrer Beratung für alle Lehrer der jeweiligen Grundschule an. Der Beratungsansatz verbindet Konzepte zur Beratung vor dem Hintergrund psychoanalytischer Theorien mit dem Konzept der lösungsorientierten Kurzzeittherapie (Berg, Insoo Kim 1992). Diese Beratung wirkt präventiv einer Verschärfung der Situation von schwierigen Kindern an Grundschulen entgegen. Bezüglich seiner Organisationsform lehnt es sich am Ambulanzlehrersystem in Berlin und an anderen bekannten Organisationsformen von Beratung in der Schule (Reiser 1995) an: Das Setting ist so gestaltet, dass im Beratungsgespräch ein „Übergangsraum" im Sinne Winnicotts entsteht, der dazu genutzt wird, vor dem Hintergrund wirksamer Übertragungs- und Gegenübertragungsprozesse ein Verstehen der um den Problemschüler entstandenen Schwierigkeiten zu ermöglichen. Das Setting sieht vor, dass Beratungsgespräche nicht einmalig stattfinden, sondern die Klassenlehrer schwieriger Schüler in einen Beratungsprozess eintreten, der durch Kontinuität und Regelmäßigkeit gekennzeichnet ist (Becker 1995, 1997, 1998; Loch 1985).

Durch den Beratungsprozess kann sich eine Entspannung der Situation einstellen, können positive Aspekte der „Lernumwelt" verstärkt und falls nötig durch eine Beratung in Bezug auf außerschulische Hilfen zügig Hilfemaßnahmen (z.b. gemäß dem KJHG oder eine Ergotherapie über die Krankenkasse) beantragt und eingeleitet werden.

Durch den sogenannten Übergangsraum in der Beratung wird eine Triangulierung geschaffen, die den durch Ängste verstellten dreidimensionalen Raum wieder für Denk- und Handlungsprozesse eröffnet (s.o). In diesem Raum können Probleme mit der Integration von Schülern mit dem Förderschwerpunkt emotionale und soziale Entwicklung im Schulalltag genauso besprochen werden wie Unterrichtsideen für solche Klassen, die in Gestalt von Übergangsobjekten zunächst zwischen dem Lehrer und dem beratenden Sonderpädagogen (oder Schulpsychologen) Platz gewinnen. Ich spreche hier von einem Übergangsobjekt und somit von einem kreativen Prozess im Sinne Winnicotts, in dem Aggressionen in der Gegenübertragung des Lehrers auf den Schüler genauso Platz haben können wie die Liebe und Zuwendung, die man dem Schüler geben will. Bleiben die Aggressionen des Lehrers unberücksichtigt, kommt es zur Ausbildung von Schuldgefühlen, die dazu führen, dass Denk- und Handlungsprozesse bei Lehrern wie bei den Schülern blockiert werden. Erst die Berücksichtigung des Hasses in der Gegenübertragung, der eine Reaktion auf die Übertragung des Schülers darstellt, ermöglicht dem Lehrer immer wieder neu, dem Schüler als Halt gebende Bezugsperson zu begegnen und in Gestalt von Übergangsobjekten, deren spezifisches Charakteristikum unter anderen darin liegt, dass man es mit Liebe wie mit Aggressionen beladen kann, ohne das es zerstört wird, Unterrichtsideen und Innovationen zur Gestaltung der Lernumwelt des Schülers zu entwickeln (Becker 2001, 16f.). Dies möchte ich exemplarisch verdeutlichen:

Beispiel: Ein Lehrer einer 8. Klasse spricht mich im Rahmen einer Beratung wegen eines seiner Meinung nach verhaltensgestörten Schülers an. „Der kann, will aber nicht. Wenn ich ihm sage, er soll etwas von der Tafel abschreiben, macht er es einfach nicht." Der Lehrer schildert umfassend, wie sich der Schüler sich immer dann verweigere, wenn es um Kulturtechniken im Unterricht gehe. „Wenn er mal was schreibt, dann schmiert er und arbeitet sehr unsauber". Der Lehrer wirkt sehr wütend auf den Schüler und lässt ihn nachsitzen und zusätzliche Hausaufgaben anfertigen.

Im weiteren Gesprächsverlauf erfahre ich, dass der Lehrer selbst aus einer Familie stammt, die seit mehreren Generationen ein Fahrradgeschäft führt und er selbst viel lieber an Fahrrädern und insbesondere Motorrädern handwerklich arbeiten würde, statt in der Schule tätig zu sein. Es stellt sich heraus, dass seine Berufswahl auf den Wunsch seiner Großeltern zurückgeht.

Hier trifft sich die Unlust des Kindes, die wiederum aus der Abwesenheit seiner elterlichen Bezugspersonen und deren Desinteresse an der Schullaufbahn ihres Sohnes resultiert, mit der Unlust des Lehrers auf traditionellen Unterricht. Fokussiert man den Blick wieder auf die unbewussten Prozesse, so wird deutlich, dass der Junge Aspekte seiner Eltern auf den Lehrer überträgt, der als Gegenübertragungsreaktion eine ähnliche Reaktion wie seine Eltern zeigt: Er wird wütend, weil das Kind nicht arbeiten will.

Diese Gegenübertragungsreaktion wird begünstigt, da der Lehrer selbst eigentlich lieber etwas anderes in der Schule tun würde. Nachdem wir dies erarbeiten, öffnet sich für den Lehrer ein neuer Raum, in dem er Ideen für die Gestaltung der Lernumwelt des Schülers entwickeln kann, die ihn wie den Schüler entlasten und ihm Lernprozesse im Unterricht ermöglichen: Der Lehrer entwickelt das Konzept für eine Fahrradwerkstatt und ein Fahrradreparaturprojekt. Der Schüler übernimmt im Projekt auf einen Vorschlag des Lehrers hin das Schreiben und Gestalten eines Handbuches für Fahrradreparaturen, was ihm mühelos gelingt. Lehrer wie Schüler können hier Spaß am Lernen gewinnen (Becker 1997).

Im Rahmen dieses Settings gewinnt diese Unterrichtsidee die Qualität eines Übergangsobjektes. Hier trägt das Verstehen von Übertragungs- und Gegenübertragungsprozessen zur Öffnung eines neuen Möglichkeitsraumes bei, der Platz für die Entwicklung einer Unterrichtsidee schafft. Die Beratung ermöglicht die Entwicklung einer Unterrichtsidee vor dem Hintergrund der emotionalen Situation von Schülern und Lehrer wie vor dem Hintergrund schulorganisatorischer Bedingungsfaktoren von Unterricht (Klassenraum, Rahmenlehrpläne, Gruppengröße usw.). So können sich wie in dem geschilderten Beispiel Lernwiderstände zugunsten von Lern- und Entwicklungsprozessen auflösen. Es gerät ein Ball ins Rollen; die bestehende Ordnung gerät in Unordnung und es bleibt unklar, welche Lernprozesse beim Schüler losgehen. So hätte es beispielsweise auch sein können, dass der Schüler im Fahrradprojekt kein Handbuch verfassen will, sondern lieber die Übersetzung der Zahnräder berechnen möchte, oder sich gar lieber auf die Lackierung von Fahrrädern im Projekt spezialisieren will. Es wird deutlich, dass die Beratung im besten Fall dazu führen kann, eine Unterrichtsidee im Sinne einer Lernumweltgestaltung für einen Schüler oder eine Klasse zu entwickeln. Was der Schüler lernen wird, kann aber nicht im Vorfeld antizipiert werden (Becker 2001, 19).

7.3.4 Beratung zwischen Schule und Jugendhilfe

Wie bei REBUS in Hamburg (Kapitel 4), dem Zentrum für Erziehungshilfe in Frankfurt am Main (Reiser 1993) und anderen Konzepten zur Förderung schwieriger Schüler (Kapitel 2 und 4) wird im Projekt „Übergang" die im Jugendhilfegesetz geforderte Zusammenarbeit zwischen Schule und Jugendhilfe realisiert.

„Das Zusammenwirken von Jugendamt und Schule sollte mehr sein als eine punktuelle Arbeitsbeziehung, denn die pädagogischen Systeme von Jugendhilfe und Schule arbeiten mit der gleichen Zielgruppe, und von beiden Bereichen werden unterschiedliche Aspekte einer gelungenen Sozialisation von Kindern angestrebt. Kooperation sollte deshalb als ein grundsätzliches und selbstverständliches Prinzip angenommen werden. Das bedeutet aber, dass es nicht so sein kann, dass problematische Kinder dem Jugendamt gemeldet werden und damit das Problem in eine andere Zuständigkeit gewechselt ist. Ohne ein Zusammenwirken aller Beteiligten hat die Jugendhilfe wenige Chancen, Kindern zu helfen"(Gladisch, in: Sörensen 1997).

Diese Bestrebungen konkretisieren sich im Projekt „Übergang" in der Beratung von Grundschullehrer (s.o.) und Eltern (Kapitel ff.) sowie in regelmäßigen Fallbesprechungen zwischen Lehrern und Erziehern wie auch Lehrern und außerschulischen Helfern.

„Wir begeben uns auf einen gemeinsamen Weg, bei dem Verantwortlichkeiten oder Probleme nicht verschoben werden, sondern eine integrative Zusammenarbeit angestrebt wird, bei der Erzieher und Lehrer sowie außerschulische Helfer Zieheltemfunktionen erfüllen und gemeinsam Halt gebende wie Grenzen setzende Erziehungsanteile übernehmen" (Becker 1998). Hierbei sollen bei Schülern mit schwerwiegenden Verhaltensstörungen Maßnahmen der Jugendhilfe in den Bereichen der pädagogischen und damit verbundenen therapeutischen Hilfe sowie der Schulintegration (§11.3 §27.3, 35a KJHG/SGB VIII) und pädagogisch-therapeutischen Maßnahmen ausgeschöpft werden.

Der Paragraph 35a KJHG/SGB VIII bezieht sich auf Kinder und Jugendliche, die durch den Kinder- und jugendpsychiatrischen Dienst als seelisch behindert anerkannt oder davon bedroht sind. Für diese Kinder und Jugendliche werden von Lempp (1995) verschiedenste Erscheinungsbilder beschrieben. So beschreibt er auch Kinder und Jugendliche, die an einer „Grundstörung" oder einer „basic fault" (Balint 1938, Lempp 1995), d.h. einem grundlegenden Mangel, leiden. Diese Gruppe von Kindern und Jugendlichen trifft sich mit den Schülern, die wir im schulischen Bereich als Schüler mit sonderpädagogischem Förderbedarf mit dem Schwerpunkt emotionale und soziale Entwicklung bezeichnen und die über übliche therapeutische Verfahren, Elternarbeit oder Familienhilfe nicht erreichbar sind. Es handelt sich um Schüler, die bereits in der Kindertagesstätte oder in der Schulanfangsphase (Senatsverwaltung für Schule, Jugend und Sport 2005b) auffallen und uns häufig im Jugendalter als Straftäter wieder aufsuchen.

„Die davon betroffenen Kinder und später auch Jugendliche zeigen eine ausgeprägte Kontaktunfähigkeit bei gleichzeitig bestehendem Kontakthunger, was dazu führt, dass sie ständig Bindungen suchen, sie aber durch übersteigerte Forderungen und einseitige Belastungen alsbald wieder scheitern lassen. Sie vermögen sich nur beschränkt auf die Wünsche und Belange ihrer Umgebung einzustellen, vermögen kaum zugunsten eines anderen zu verzichten, suchen ständig Anerkennung und Liebe und zerstören diese wieder durch ihr dissoziales und provozierendes Verhalten.

Sie bereiten schon im Kindesalter nicht unerhebliche Erziehungsschwierigkeiten durch Widersetzlichkeit und Aggressivität. Sie drängen sich in den Vordergrund und suchen Beachtung um jeden Preis und wollen offenbar lieber bestraft werden als nicht beachtet werden. Diese Verhaltensweise entspricht einer Bindungsschwäche, ja Bindungslosigkeit, die dann im fortschreitenden Alter sehr häufig auch in dissoziale und kriminelle Verhaltensweisen übergeht.

Da sie auf diese Weise bei ihren Eltern und auch bei den Erzieherinnen und Erziehern keine tragfähigen Beziehungen aufbauen können, suchen sie später Schutz und Bindung in der Peergroup, die keine besonderen Leistungen außer der Übernahme der Gruppenwerte erfordert. Häufig sind dies dissoziale, ja kriminelle Gruppen und Banden und so findet man diese Jugendlichen besonders häufig unter hartnäckigen Rückfalltätern, meist in Verbindung mit Alltagskriminalität, Diebstahl, Raub, Einbruch, schließlich aber auch bei Gewaltdelikten" (Lempp 1995). „(...) Werden diese Kinder einfach als ‚erziehungsschwierig' repressiven Maßnahmen unterworfen oder werden sie als jugendliche Kriminelle den üblichen Maßregeln der Justiz bis hin zur Jugendstrafe unterworfen, dann sind diese Erfahrungen durchweg ungeeignet, hier eine Sozialisierung der Kinder herbeizuführen. Die Jugendgerichtsbarkeit ist durch diese Tätergruppe überfordert. Diese Jugendlichen und Heranwachsenden bedürfen einer geduldigen, durch nichts nachhaltig störbaren Persönlichkeit eines Erziehers oder einer Erzieherin, die das Verhalten der Kinder verstehen und in der Lage sind, mit den unvermeidlichen Frustrationen einigermaßen fertig zu werden. Dies gelingt eigentlich nur dann, wenn diese Eltern oder Erzieher und Erzieherinnen eine Supervision und therapeutisch begleitende Beratung zur Verfügung gestellt wird, oder wenn dieselben in einem pädagogischen Team einen entsprechenden Rückhalt erfahren können" (Lempp 1995).

Hier empfiehlt Lempp eine aufwendige sozialpädagogische Einzelbetreuung: „Gerade eine solche kann in einem langfristig günstigen Verlauf mit schließlich gelungener Resozialisierung den damit unvermeidlich verbundenen hohen personellen Einsatz und Aufwand" nach §27.3 KJHG rechtfertigen (Lempp 1995), der eine pädagogische und damit verbundene therapeutische Maßnahme vorsieht (Lempp 1995; Becker 2001).

Reichen Hilfen wie Elternarbeit und die Lehrerberatung nicht aus, soll für eine Aufnahme im Projekt „Übergang" bei Schülern ab Klasse 2 ein Verfahren zur Feststellung des sonderpädagogischen Förderbedarfs mit dem Schwerpunkt „Emotionale und soziale Entwicklung" erfolgen. Dieses sieht in Berlin zunächst die Einberufung einer Schulhilfekonferenz vor, zu der außer den unterrichtenden Lehrern, den Erziehern, den Eltern, bereits tätiger außerschulischer Helfer sowie einem Sonderpädagogen ein Vertreter des Jugendamtes eingeladen werden muss (Senatsverwaltung für Schule, Jugend und Sport 2005 a, b).

Nach Feststellung des sonderpädagogischen Förderbedarfs kann bei Schülern ab Klasse 3 die Teilnahme am Unterricht einer temporären Lerngruppe „Übergangsklasse" erfolgen. Kinder der Schulanfangsphase können ohne dieses Verwaltungsverfahren im Projekt „Übergang" aufgenommen werden. Die Erfahrungen der letzten zehn Jahre zeigen, dass die Verweildauer zwischen sechs Monaten und drei Jahren liegen kann. Bei Schülern der Schulanfangsphase zeigen sich positive Entwicklungsverläufe nach kürzerer Zeit und mit größerer Nachhaltigkeit als bei älteren Grundschülern. Die Aufenthaltsdauer ist von den Schwierigkeiten eines jeden Schülers abhängig und individuell verschieden.

7.3.5 Die „Übergangsklasse"

7.3.5.1 Die temporäre Lerngruppe

Die temporäre Lerngruppe „Übergangsklasse" bietet einen Rahmen in der Schule, in dem die Kinder oder Jugendlichen vier Mal neunzig Minuten in der Woche sowohl an den Unterrichtsinhalten ihrer Grundschulklasse als auch an ‚eigenen Themen' arbeiten (Kapitel 1). Die dort unterrichtenden Lehrer oder Sonderpädagogen beziehen dabei sozialpädagogische, therapeutische und schulische Zugänge ein. Die temporäre Lerngruppe besteht aus vier Schülern mit sonderpädagogischem Förderbedarf des Schwerpunktes „emotionale und soziale Entwicklung" oder aus vier Kindern der Schulanfangsphase, die entsprechende Auffälligkeiten zeigen.

Der Unterricht der Übergangsklasse dient ausschließlich der Wiederherstellung der Lernbereitschaft und -fähigkeit der Schüler. Diese Zielsetzung wird durch eine Lehrerhaltung realisiert, bei der der Sonderpädagoge das Ich des Kindes zu stärken versucht, indem er Grenzen aufzeigt und zwischen Anforderungen der Schule an das Kind und seinem subjektiven Erleben des Lebensalltags vermittelt. Im Unterschied zur klassischen Sonderschullehrertätigkeit wird nicht versucht, eine ‚exklusive' Beziehung zwischen Schüler und Sonderpädagoge aufzubauen, sondern vor allem positive Aspekte der Beziehung zwischen dem Schüler und seinem Klassenlehrer zu unterstützen. Dies gelingt durch eine gegenseitige Bezugnahme des Sonderpädagogen auf den Klassenlehrer und umgekehrt. Auf diese Weise entsteht zwischen dem Sonderpädagogen und dem Schüler ein Übergangsraum im Sinne Winnicotts (1971), in dem der Unterrichtsgegenstand zu einem die zeitlich begrenzte Trennung vom Klassenlehrer überbrückenden Objekt, d.h. einem Übergangsobjekt, wird (Becker 2001, 18f.).

Beispiel: Ali besucht die temporäre Lerngruppe „Übergangsklasse" seit vier Monaten. Im Unterricht der Grundschulklasse setzt er sich bei der Aufforderung, schriftlich einen Arbeitsauftrag zu erledigen, unter den Tisch und weigert sich, wieder hervorzukommen. In die Übergangsklasse bringt Ali zwar widerwillig seinen Wochenplan mit, ist aber nach einer Phase, in der basales Lernen im Bereich Mathematik stattfindet, bereit, in seinem „Schülerbüro" zu arbeiten: Dort wendet er sich zunächst einem eigenen Thema zu und sägt einen Holzigel mit der Laubsäge aus. Dabei ist er sehr engagiert und holt sich Hilfe bei mir als Lehrerin. Als ich ihn danach auffordere, an seinem Wochenplan zu arbeiten, schimpft er über den blöden Wochenplan. Von außerhalb seines Schülerbüros frage ich ihn, wie er damit umgehen will, dass er keine Lust zum Schreiben habe, aber die Lehrerin noch heute seinen möglichst fertiggestellten Wochenplan sehen wolle. Es erfolgt keine Antwort von Ali. Als ich ihm vorschlage, dass ich die Lehrerin frage, ob sie damit einverstanden wäre, dass er von jedem Arbeitsbogen 5 Aufgaben rechnet und wir alle anderen mit der Schere abschneiden und verbrennen, erklärt er sich sofort bereit zu arbeiten. Er beginnt zügig, arbeitet selbständig und ist am Ende der Stunde froh, als er entdeckt, dass er sogar - scheinbar aus Versehen - 10 Aufgaben gerechnet hat.

Ali kehrt, nachdem wir die nicht gerechneten Aufgaben verbrannt haben, mit seinem Wochenplan und seinem selbst ausgesägten Holzigel in die Klasse zurück. Dort zeigt er seiner Klasse das Ergebnis seiner Holzarbeit und erzählt der Lehrerin stolz, wie er ihn hergestellt hat. Da Ali den Wochenplan aus der Klasse mit in die Übergangsklasse bringt sowie umgekehrt Ergebnisse seines entdeckenden Lernens im Klassenverband vorstellt, geraten Klasse und „Übergangsklasse", somit auch der Klassenlehrer und der Sonderpädagoge durch die zeitlich begrenzte Trennung in ein solches Verhältnis, das der Schüler die Trennung zum Klassenlehrer durch die Arbeit am Wochenplan psychisch überbrückt und umgekehrt. Es entstehen hier verzeitlichte Raumerfahrungen, die die zweidimensionale Welt zu einem dreidimensionalen Raum eröffnen (Becker 2001, 18) und Ali angstfreies Lernen ermöglichen.

Der Unterricht der Übergangsklasse findet montags, dienstags, donnerstags und freitags von der 3. zur 4. Stunde statt. Die temporäre Lerngruppe wird von einem Sonderschullehrer oder einem Grundschullehrer mit entsprechenden Vorerfahrungen geleitet. Der Unterricht der temporären Lerngruppe „Übergangs-

klasse" von 10.00 bis 11.30 Uhr umfasst insgesamt 8 Unterrichtswochenstunden und gliedert sich in fünf Phasen:
- Basales Lernen (Motorik, Wahrnehmung, Kognition) in der Kleingruppe (15 Minuten)
- Bilanz zur Arbeit in der Vierergruppe (5 Minuten)
- Spiele zur Einführung von „Regeln" in der Kleingruppe (20 Minuten)
- Arbeit am Wochenplan im „Schülerbüro" (ca. 20 Minuten) (Der Wochenplan ist an der Lernentwicklung des Schülers orientiert)
- „Entdeckendes Lernen" an einem „Übergangsthema" im Schülerbüro (20 Minuten)
- Abschlussrunde mit Präsentation der Arbeitsergebnisse (ca. 10 Minuten) (Becker 2001, 19).

7.3.5.2 Beratung mit den Klassenlehrern

Das Alternieren zwischen der Grundschule und der Übergangsschule bei gleichzeitiger enger Kooperation zwischen der Kollegin der „Übergangsklasse" und den Grundschullehrern stellt ein wichtiges pädagogisches Prinzip dar (Mannoni 1964, 1982), was das Verhältnis von Nähe und Distanz zwischen Problemschüler, Klasse und Lehrer so relationiert, dass sich die Schüler in ihrer Klasse weniger verfolgt oder verlassen fühlen und somit seltener Symptome in Form von Aggressivität zeigen müssen (Mannoni 1982). Um die eingangs beschriebene triangulierende Wirkung wie in einem Dreieck zu erzeugen, kommen nicht nur die Schüler in die „Übergangsklasse", sondern der die „Übergangsklasse" unterrichtende Sonderschullehrer eine Unterrichtswochenstunde in der jeweiligen Grundschulklasse und berät sich einmal wöchentlich in einem Gespräch mit dem Klassenlehrer über die Inhalte des Wochenplans, der für den entsprechenden Schüler individuell differenziert wird sowie über die Integration des Schülers mit dem Förderschwerpunkt emotionale und soziale Entwicklung in die Grundschulklasse (Becker 2001, 19).

7.3.5.3 Elternberatung

Die Ziele der Elternberatung liegen in der Stärkung der Erziehungskompetenz der Eltern (z.B. Gestaltung der Hausaufgabensituation, tägliches Aufräumen der Schultasche, Freizeitgestaltung usw.) wie in dem Erkennen ungelöster Familienkonflikte, die nicht selten hinter den Schulproblemen von Schülern mit Beeinträchtigungen in der emotionalen und sozialen Entwicklung stehen. Oftmals erweist sich ein Problemkind als Symptomträger für ein familiäres Problem. Die gemeinsame Sorge von Eltern um schlechte Noten oder das störende Verhalten des Problemkindes führt oftmals dazu, dass Schwierigkeiten in der Familie in den Hintergrund treten (Becker 2001, 19). Im Projekt „Übergang" werden die

Eltern, deren Kinder die temporäre Lerngruppe „Übergangsklasse" besuchen, in einen Beratungsprozess eingebunden.

Die Eltern kommen 14-tägig zu einem Gespräch in die Schule oder, wenn sie sich aufgrund negativer Erfahrungen mit der Institution Schule nicht dazu durchringen können, der Sonderpädagoge geht zu ihnen nach Hause. In diesen Gesprächen gewinnen zunächst die Gründe für die Auffälligkeiten des Kindes Raum und die Eltern verstehen häufig verstehen, aus welchen Motiven heraus sich ihr Kind störend verhält. Auf diese Weise können Eltern ihre Einstellung gegenüber ihrem Kind verändern und es eröffnet ihnen eine andere Perspektive von Eltern auf ihre Kinder. Dies entlastet die Eltern-Kind-Beziehung und ermöglicht den Eltern, sich anders ihrem Kind gegenüber zu verhalten.

Beispiel: Ein zehnjähriger Junge besucht eine dritte Klasse einer Grundschule und hat sonderpädagogischen Förderbedarf des Förderschwerpunktes emotionale und soziale Entwicklung, der in Zusammenhang mit einem allgemeinen Schulleistungsversagen steht. In einer Universitätsklinik wurde ein hyperkinetisches Syndrom diagnostiziert. Er zeigt die dafür typischen Symptome in sehr ausgeprägter Form. Der Junge nimmt entsprechend der ärztlichen Verordnung seit einem Jahr das Psychopharmaka Ritalin ein. Darüber hinaus hat vor drei Monaten eine Ergotherapie zur Behandlung seiner feinmotorischen Auffälligkeiten begonnen.

Die Eltern sind beide berufstätig, etwa Mitte 30 und versorgen den Sohn in angemessener Weise. Die Mutter schildert, er sei schon immer so gewesen. Der Vater zeigt sich angesichts der vielen Probleme seines Sohnes in den Elterngesprächen zunächst als sprachlos.

Im nächsten Elterngespräch erfahre ich beim Nachfragen über die Beziehungen zu den Großeltern des Jungen, dass die Mutter vor etwa fünf Jahren anlässlich eines Jubiläums zum ersten Mal ihren leiblichen Vater getroffen hat, den sie bisher nur aus Beschreibungen ihrer Mutter kannte. Es stellt sich heraus, dass sich diese wegen einer Suchterkrankung des Mannes von ihm getrennt habe. Die Mutter des Jungen hat eine gute Beziehung zu ihrem Stiefvater und sah nie einen Grund, ihren leiblichen Vater treffen zu wollen.

Sie berichtet ebenfalls, dass ihr Ehemann auch an einer Suchterkrankung litt. Der Vater des Jungen berichtet in wenigen kurzen Sätzen, dass er nach einer Behandlung und seit dem Kennenlernen seiner Frau von der Droge lassen konnte. Die Mutter spricht darüber, dass sie vor der Geburt ihres Sohnes die Sorge hatte, er könne so werden wie ihr leiblicher Vater. Sie erzählt, sie habe oft bei Abweichungen seines Verhaltens von ihrer Erwartung überstark wütend reagiert. Wir finden heraus, dass sie minimale Entwicklungsverzögerungen des Jungen, wie das späte Laufenlernen, als ein Indiz dafür gewertet hat, dass er so werden könne wie ihr Vater und dann bereits in seinem Kleinkindalter ablehnend oder wütend auf den Jungen reagiert hat.

Im dritten Gespräch wird den Eltern deutlich, dass der Vater des Jungen eher in eine Zuschauerposition gegenüber dem Beziehungsgeschehen zwischen seiner Frau und dem Jungen getreten ist. Obwohl er oftmals eine Freizeitaktivität mit dem Jungen unternimmt, entlastet er seine Frau bezüglich ihrer Sorgen um den Jungen nicht.

Die Sorge, ihr Sohn könne ein Suchtkranker werden, führt dazu, dass die Eltern oft unangemessen reagieren. So wird die Mutter oft wütend. Der Vater nimmt angesichts der gesamten Problematik seines Sohnes eher eine Position des Rückzugs ein. Beide elterlichen Haltungen sind von einer den Jungen überfordernden Erwartungshaltung geprägt. Auf diese Weise führt die Sorge um den Jungen unbewusst dazu, dass sie ihn mit seinem Großvater vergleichen, ihn kontrollieren und mit ihrer Haltung unbeabsichtigt die Probleme des Jungen selbst verstärken.

Im Folgenden können wir im Rahmen der die Schule betreffenden Elterngespräche konkrete häusliche Situationen, wie sie beim Aufräumen der Schultasche mit diesem Jungen entstehen können, durchsprechen und Handlungs- wie Gesprächsalternativen erarbeiten, in denen die Einstellungsänderung der Eltern ihrem Kind gegenüber wirksam wird (Becker 2001, 19).

7.3.6 Qualifikationen für Lehrer in heterogenen Lerngruppen

Wie ich zu Beginn dieses Buches bereits ausführe, bietet das Landesinstitut für Schule und Medien (LISUM) in Berlin bietet seit sieben Jahren mit Marina Koch-Wohsmann und mir als Referentinnen Fortbildungen zum Förderansatz Projekt „Übergang", zur Beratung an Schulen und zum sozialen Lernen an. Die teilnehmenden Lehrer erhalten nach 36 Doppelstunden ein Fortbildungszertifikat. Bisher haben 28 Lehrer dieses Zertifikat erworben und etwa 250 Lehrer an einzelnen Lernzugängen Fortbildung im Umfang von 9 Doppelstunden wahrgenommen (Kapitel 1). Dieses Zertifikat soll die Teilnehmer dazu befähigen, durch ihre Beratung, ihren Unterricht und ihre Förderaktivitäten in temporären Lerngruppen wie der „Übergangsklasse" zur Integration von Schülern mit erheblichen Beeinträchtigungen in der emotionalen und sozialen Entwicklung beizutragen. Hierzu sind folgende Kompetenzen von besonderer Relevanz:
- Das Verstehen des Übertragungs- und Gegenübertragungsgeschehens zwischen Lehrern und Schülern
- Das Verstehen der Bedeutung des Settings für erfolgreiche Beratung und Unterricht
- Beratung in schwierigen Situationen
- Kenntnisse über den Zusammenhang zwischen der sozioökonomischen sowie soziokulturellen Situation von Familien und Störungen in der emotio-

nalen und sozialen Entwicklung, die sich im Unterricht als Verhaltensstörungen zeigen
• Wissen um die Möglichkeiten der Jugendhilfe

Die soziale Qualität in der Förderung kann in der allgemeinen Schule und heterogenen Lerngruppen nur gesichert werden, wenn die allgemeine Schule zu einem „sozialen Ort" für alle Schüler wird. Schule als „sozialer Ort" (Bernfeld 1929) versteht sich als eine Institution, die für alle Schüler, Eltern, Lehrer, Sozialpädagogen und Mitarbeiter anderer Berufsgruppen zu einer zweiten Heimat wird, in der sie sich im täglichen Zusammensein üben, gemeinsam und individuell „Toleranz, Verantwortung, Verlässlichkeit, Arbeit und Feiern zu lernen" (Hentig 1996, 58). Dabei hinterlassen Erfahrungen in der Schulgemeinschaft Erinnerungsspuren, die die Reproduktion sozialer Ungleichheiten langfristig reduzieren und die soziale Kompetenz aller Schüler kurzfristig erhöhen. Dies setzt Qualifikationen von Lehrern voraus, die die Umsetzung von sozialpädagogischen, interkulturellen, sonderpädagogischen und koedukativen Kompetenzen garantieren. Umgesetzt werden kann dies durch eine interdisziplinäre Teamarbeit und Kooperation, die die grundsätzliche Voraussetzung zur Schaffung einer „Schule für alle" ist. Bei der Fortbildung von Lehrern ist es zur Sicherung der sozialen Qualität von entscheidender Bedeutung, dass Lehrer ein Gespür für soziale Benachteiligungen von Schülern in der allgemeinen Schule entwickeln und die Schaffung einer Schule als „sozialem Ort" durch Teamarbeit und interdisziplinäre Kooperation, insbesondere mit der Jugendhilfe, als eine ihrer zentralen Aufgaben ansehen.

Aber nicht nur das Lernen für Schüler in erschwerten sozialen Lebenslagen und Milieus erweist sich als steinig. Im Zeitalter von Kürzungen im Sozialen wie im Bildungsbereich sowie gesellschaftlichen Umbruchprozessen ist auch das Lernen für Lehrer und Sozialpädagogen, Bildungspolitiker und nicht zuletzt für Studenten an Universitäten erschwert, solange sich gesamtgesellschaftliche Veränderungen noch nicht in einer Neustrukturierung der unterschiedlichen Ebenen von Bildung und Erziehung niedergeschlagen haben. Denn erst die Berücksichtigung der Sicherung sozialer Qualität von Schule in der Lehrerbildung wird dazu führen, dass Schulen als „soziale Orte für alle" gestaltet werden und soziale Ungleichheiten, wie sie bereits in den 60er bis 80er Jahren sowie erneut durch PISA aufgezeigt wurden, und an die wir durch Gewalttaten wie in Erfurt immer wieder erinnert werden, erheblich reduziert werden können. So schreibt Giesecke: „Alle übrigen Erziehungs- bzw. Sozialisationsfelder entwickeln wichtige Fähigkeiten des Kindes, aber nur in der Schule können sich systematische, ‚sinnvolle' Vorstellungen über die wesentlichen Dimensionen der gesellschaftlichen und kulturellen Existenz – über Politik, Wirtschaft, Kultur, Natur – aufbauen." (Giesecke 1996, 113).

7.4 Ergebnisse einer empirischen Untersuchung

In Berlin wurden seit 1998 40 Schüler mit dem Förderansatz „Projekt Übergang" gefördert (Kapitel 1). Das Projekt „Übergang" und seine Wirkung auf die Entwicklung von Schülern mit Beeinträchtigungen in der emotionalen und sozialen Entwicklung werden regelmäßig durch Fragebogenerhebungen, Expertenbefragungen sowie die Auswertung von Zeugnissen untersucht. An der Werbellinsee-Grundschule wurden von 1998 bis 2004 vierzehn Schüler gefördert. Bis 2006 konnten weitere 26 Schüler mit erheblichen Beeinträchtigungen in der emotionalen und sozialen Entwicklung an fünf Schulen gefördert werden (Becker 2007). Die Ergebnisse, die ich hier vorstelle, sind Teil der aktuellen Untersuchung an fünf Berliner Schulen. In diesem Kapitel präsentiere ich ausschließlich die Ergebnisse der integrativen Förderung an drei Berliner Grundschulen, an denen 2004-2006 16 Schüler im Projekt „Übergang" gefördert wurden. Die Untersuchung erfolgt durch einen halb standardisierten Fragebogen sowie eine Auswertung der Zeugnisse der Schüler im Hinblick auf Schulleistungen sowie die Regelmäßigkeit des Schulbesuches.

Bei der Betrachtung von Analysen der schulischen Biografien von Schülern mit erheblichen Beeinträchtigungen in der emotionalen und sozialen Entwicklung fällt auf, dass die Klassenlehrer diejenigen sind, die sagen: „Das halt ich nicht mehr aus. Das ist unzumutbar. Ich kann nicht mehr" (Becker 2006). Dies liege nicht etwa an den „schwachen Nerven" der Klassenlehrer, sondern an der mangelnden Unterstützung, die sie als Lehrer im „System Schule" erhalten (Reiser 1997). Die Publikationen von Reiser zeigen, dass das Gelingen der Integration von Schülern mit erheblichen Beeinträchtigungen in der emotionalen Entwicklung entscheidend von Unterstützungen abhängt, die die erwachsenen Bezugspersonen des Kindes, wie der Klassenlehrer, für diese schwierige Aufgabe erhalten (Reiser 1997).

Schüler mit erheblichen Beeinträchtigungen in der emotionalen Entwicklung können genauso wenig ohne zusätzliche Hilfen in einen Klassenverband integriert werden, wie Sinnes- oder Körperbehinderte. Das Projekt „Übergang" knüpft an Reisers Forderungen an, insbesondere Unterstützungen für Lehrer und Erzieher im System Schule bereitzustellen. Der Fragebogen richtet sich deshalb an die Klassenlehrer der jeweiligen Schüler und nicht an die Förderlehrer, die sie im Projekt „Übergang" betreuen. Der Fragebogen ermittelt keine objektiven Daten. Der Fragebogen ermittelt das subjektive Erleben der Klassenlehrer im Hinblick auf die Veränderung der Lehrer-Schüler-Beziehung während der Förderung im Projekt „Übergang" sowie die Entwicklung des „schwierigen Schülers" in Bezug auf sein Sozial- und Konfliktlösungsverhalten. Mit der Fragebogenerhebung untersuche ich auch, welche Bausteine des Projekts die Klassenlehrer subjektiv als besonders hilfreich erleben. Daneben beinhaltet die Untersuchung eine Auswertung der Zeugnisse der Schüler. Es werden die Fehlzeiten sowie die Schulleistungen in Deutsch und Mathematik in den Jahren 2004 und 2006 durch Auszählung ermittelt.

Die Auswertung der Fragebögen sowie der Zeugnisse führt zu einer Darstellung der Ergebnisse in fünf Kategorien:
- Fremd- und Selbstgefährdung
- Konfliktlösungsverhalten
- Kontaktaufnahme zu Lehrern
- Schulbesuch
- Schulleistungen in Deutsch und Mathematik

Zu jedem Bereich wird je ein Säulendiagramm gezeigt, dem die Entwicklung der schwierigen Schüler im Zeitraum von 2004 bis 2006 entnommen werden kann. Abschließend zeigt eine Tabelle, welche Unterstützungen im „System Schule" die Klassenlehrer als besonders hilfreich erleben (Becker 2007b, 497ff.).

An der Werbellinsee-Grundschule wurde der Fragebogen von elf Klassenlehrern der geförderten Schüler ausgefüllt. Zwei Klassenlehrer der Havelmüller-Grundschule sowie drei Klassenlehrer der Mendel-Grundschule nahmen ebenfalls an der Erhebung teil.

Hier die Befunde der Fragebogenerhebung von drei Berliner Grundschulen:

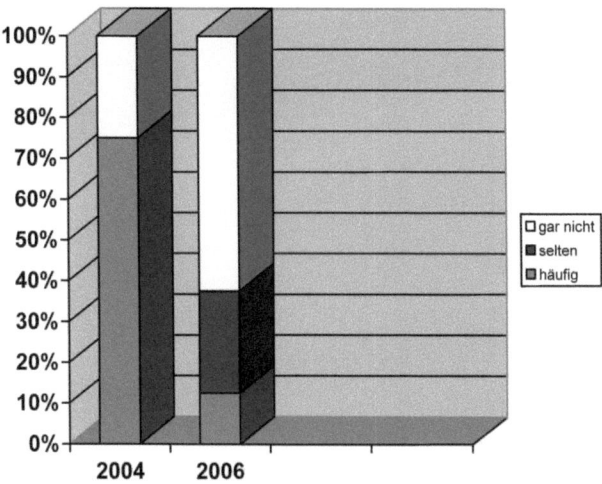

Abbildung 2: Fremd- und Selbstgefährdung. Quelle: Becker, U., Erste Evaluation im Projekt „Übergang" – einem Förderansatz für Schüler mit erheblichen Beeinträchtigungen in der emotionalen und sozialen Entwicklung. In: Zeitschrift für Heilpädagogik 58, 2007, 12, S. 499

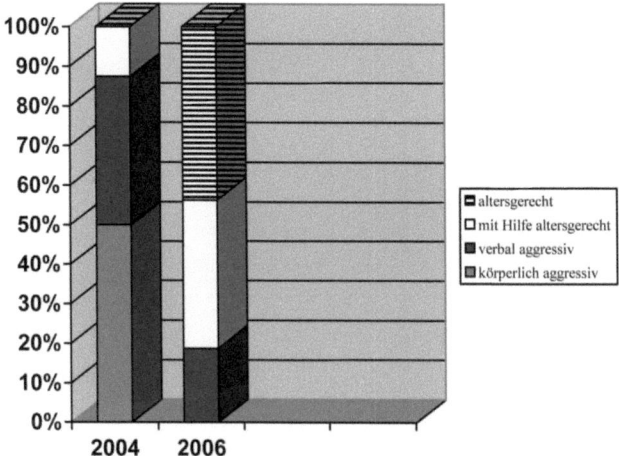

Abbildung 3: Konfliktlösung. Quelle: Becker, U., Erste Evaluation im Projekt „Übergang" – einem Förderansatz für Schüler mit erheblichen Beeinträchtigungen in der emotionalen und sozialen Entwicklung. In: Zeitschrift für Heilpädagogik 58, 2007, 12, S. 499

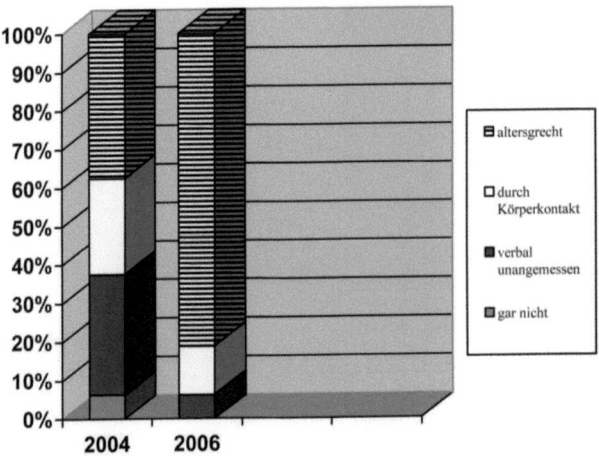

Abbildung 4: Kontaktaufnahme zu den Lehrern. Quelle: Becker, U., Erste Evaluation im Projekt „Übergang" – einem Förderansatz für Schüler mit erheblichen Beeinträchtigungen in der emotionalen und sozialen Entwicklung. In: Zeitschrift für Heilpädagogik 58, 2007, 12, S. 499

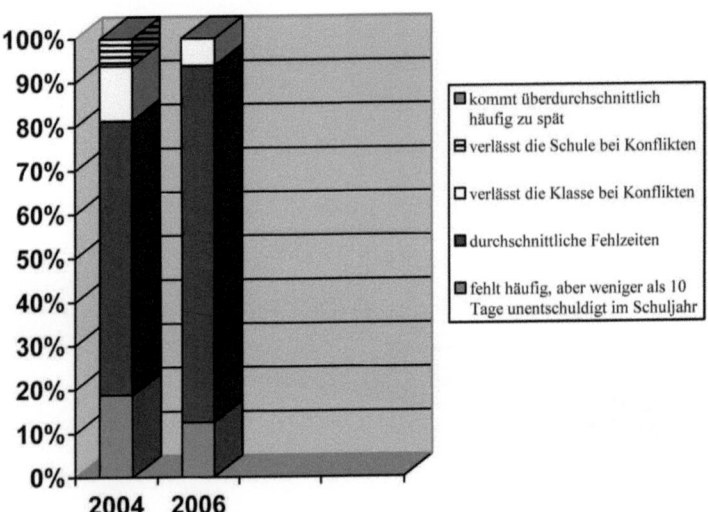

Abbildung 5: Schulbesuch. Quelle: Becker, U., Erste Evaluation im Projekt „Übergang" – einem Förderansatz für Schüler mit erheblichen Beeinträchtigungen in der emotionalen und sozialen Entwicklung. In: Zeitschrift für Heilpädagogik 58, 2007, 12, S. 499

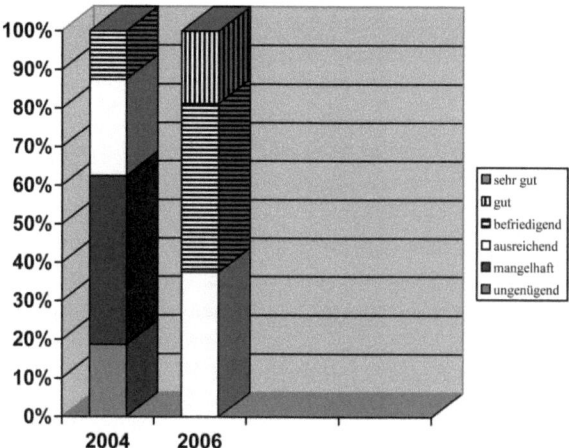

Abbildung 6: *Schulleistungen in Deutsch und Mathematik. Quelle: Becker, U., Erste Evaluation im Projekt „Übergang" – einem Förderansatz für Schüler mit erheblichen Beeinträchtigungen in der emotionalen und sozialen Entwicklung. In: Zeitschrift für Heilpädagogik 58, 2007, 12, S. 499*

Tabelle 1: *Unterstützung der Klassenlehrer*

Die 16 befragten Klassenlehrer erlebten folgende Unterstützungen als besonders hilfreich	
Hilfen zur Organisation individueller Lernstrategien	6
Differenzierung von Klassenarbeiten	6
Förderung in der temporären Lerngruppe „Übergangsklasse"	16
Kooperation mit außerschulischen Helfern	14
Therapeuten	2
Tagesgruppe	3
Familienhelfer/Einzelfallhelfer	2
Jugendamt	0
Fachärzte für Kinder- und Jugendpsychiatrie	0
Kooperation mit dem Lehrer der „Übergangsklasse"	16
Elternberatung	16

Quelle: *Becker, U., Erste Evaluation im Projekt „Übergang" – einem Förderansatz für Schüler mit erheblichen Beeinträchtigungen in der emotionalen und sozialen Entwicklung. In: Zeitschrift für Heilpädagogik 58, 2007, 12, S. 499*

Die wichtigsten Ergebnisse aller bisherigen Erhebungen sind: 100 Prozent der geförderten Kinder konnten den Platz an ihrer Grundschule behalten und verbesserten ihre individuellen Schulleistungen. Die Beziehungen zwischen Lehrern, Eltern und Schülern verbesserten sich erheblich im Verlauf der Förderung. Alle Schüler konnten im untersuchten Zeitraum die Lernziele ihrer Klassenstufe erreichen. Trotz ungünstiger Prognose wurde keiner der im Projekt „Übergang" geförderten Schüler in dem untersuchten Zeitraum zum Schulschwänzer.

Die Fragebogenerhebung ergibt, dass die Zufriedenheit von Lehrern, Eltern und Schülern mit diesem Förderansatz hoch ist. Als besonders hilfreich erlebten die Lehrer den Besuch der temporären Lerngruppe „Übergangsklasse", die Elternberatung sowie die Kooperation mit dem Lehrer (Sonderpädagogen) der temporären Lerngruppe „Übergangsklasse". 25 Prozent der Kinder hatten zum Zeitpunkt ihres Wechsels an die Oberschule keinen sonderpädagogischen Förderbedarf mehr. 75 Prozent benötigten auch an der Oberschule sonderpädagogische Förderung. Der Besuch der Oberschule fand bei 90 Prozent regelmäßig statt, während 10 Prozent der Schüler im Verlauf des Besuchs der Oberschule aus familiären Gründen, wie Gewalt, in eine Heimeinrichtung aufgenommen wurden.

Im Projekt „Übergang" scheint durch Kooperation, Vernetzung und Beratung etwas zu gelingen, was den Kindern mit erheblichen Beeinträchtigungen in der emotionalen und sozialen Entwicklung, die in der Regel von Einrichtung zu Einrichtung weitergereicht werden, die Teilhabe am Unterricht ermöglicht (Becker 2007b). Die Befragung der Klassenlehrer zeigt, dass dies vorrangig auf die Unterstützung zurückzuführen ist, die sie im Projekt „Übergang" bei der Unterrichtung dieser Schüler erfahren. Durch diese Unterstützung sowie die Förderung in einer temporären Lerngruppe und die Einbindung von Eltern in einen Beratungsprozess können auch Schüler mit Beeinträchtigungen in der emotionalen Entwicklung von offenen Unterrichtsformen im Verband einer Grundschulklasse profitieren (Becker 2007b, 500f.).

7.5 Resümee

Unter den Voraussetzungen des Settings im Projekt „Übergang" kann sich ein Zugang zum schulischen Lernen eröffnen, da die Lehrer, die ihre Schüler begleiten, Hilfs-Ich- Funktionen übernehmen und ihnen die Möglichkeiten des Lernens in Übergangsräumen ermöglichen, aber ihnen zugleich die Steuerung ihres Entwicklungsprozesses überlassen. Das Setting im Projekt „Übergang" eröffnet Räume für Beziehungen in Schule. Deshalb ist es als Lernzugang zu bezeichnen. Andere Lernzugänge sind die Elternberatung, die Beratung mit den Klassenlehrern, die Kooperation zwischen Schule und Jugendhilfe, die temporäre Lerngruppe „Übergangsklasse", die Qualifikationen für Lehrer in heterogenen Lerngruppen sowie Entwicklungsräume und –zeiten. Es erweist sich als entscheidend, dass der Lehrer, der die temporäre Lerngruppe leitet auch die Beratungen mit den Eltern und Lehrern durchführt. Auf diese Weise wird die Aufsplitterung von Hilfen, die sich entlang der Forschungen von Stähling als kontraproduktiv erweist, vermieden (Stähling 2006). Die Zufriedenheit der Schüler in der temporären Lerngruppe „Übergangsklasse" basiert darauf, dass in ihr Getrenntheit und Bindung zusammengeschlossen sind; im Erleben des Schülers bedeutet dies, dass er sich weder einsam noch einer scheinbaren „Invasion von übergriflichen Objekten" ausgesetzt fühlt. Trotz der hohen Kollektivität des Zusammenwirkens aller hier vorgestellten Institutionenkooperationen (s.o.) bleibt ein großer Spielraum für kreative Prozesse.

8 Schuldistanz

Mit dem Kapitel 8 möchte ich mich mit Kindern und Jugendlichen befassen, die im Laufe ihrer Schullaufbahn den Zugang zum schulischen Lernen verlieren, nämlich den Schülern mit Schuldistanz in der Grundschule, in der Schule für Erziehungshilfe, in Schulen der Sekundarstufe I und in vorberuflichen Bildungsgängen:

Szene 1: Sabine ist schwerhörig und besucht als 13-jährige die 7. Klasse eines Gymnasiums. Sie versteht akustisch zunehmend weniger im Unterricht, da sie Schwierigkeiten hat, sich auf die verschiedenen Fachlehrer einzustellen und nicht alle daran denken, die Mikroportanlage zu nutzen. Sie traut sich nicht nachzufragen, da sie Angst hat, von ihren Mitschülern wegen ihres Hörgerätes und ihrer schlechten Aussprache gehänselt zu werden. Als sie schlechte Noten in den Arbeiten erhält, geht sie zunehmend seltener zur Schule. Sie verlässt morgens pünktlich das Elternhaus und kehrt nach Unterrichtsschluss zurück.

Szene 2: Fatima, 14, darf nach ihrer täglichen Rückkehr aus der Schule nicht mehr ihr Elternhaus verlassen. Sie zieht zwei kleinere Brüder groß und erledigt alle Aufgaben im Haushalt, da ihre Mutter zusammen mit ihrem Vater ein Lebensmittelgeschäft führt. Um ihren deutschen Freund Jens heimlich treffen zu können, verlässt sie täglich nach der vierten Unterrichtsstunde unerlaubt die Hauptschule, in der sie Schülerin mit Förderbedarf ‚Lernen' ist, und kehrt nach Unterrichtsschluss pünktlich nach Hause zurück.

Szene 3: Sven ist seit 6 Monaten Schüler der Schulanfangsphase, besucht den Unterricht seit 3 Monaten nicht mehr. In den ersten 12 Wochen ist er ein für die Lehrer unauffälliges Kind, bis bei einer Geburtstagsfeier die Alarmanlage in der Schule ertönt. Er beginnt furchtbar zu weinen, will nach Hause und ist nur noch durch die ihn abholende Mutter zu beruhigen. Seit diesem Tag weigert sich Sven vehement, in die Schule zu gehen.

Szene 4: Ahmet, 17, besucht die 9. Klasse einer Schule für Erziehungshilfe nur unregelmäßig. Anfang November drängen seine Eltern ihn, in die Schule zu gehen, da sie zum Erhalt des Kindergeldes dringend eine Schulbescheinigung benötigen. Zu Beginn einer Unterrichtsstunde, als der Lehrer noch nicht eingetroffen ist, wird Ahmet von dem libanesischen Mitschüler Ousama beleidigt. Ahmet schlägt ihm eine blutige Nase und tritt ihn so in den Bauch, dass dieser rückwärts durch die Glasscheibe einer geschlossenen Tür fällt. Glücklicherweise erleidet Ousama nur einige Schnittverletzungen. Der Lehrer kommt in diesem Moment in den Klassenraum und bringt Ahmet zum Schulleiter, der Ordnungsmaßnahmen einleitet und ihm eröffnet, dass seine Eltern die Tür bezahlen müssen. Ahmet findet diese Entscheidung ungerecht, da sein Mitschüler ihn beleidigt habe. Er bleibt von diesem Tag an der Schule fern. Stattdessen macht er Streifzüge durch Geschäfte, klaut CDs und elektronische Geräte, um sie weiterzuverkaufen.

Die hier dargestellten Szenarien bilden eine Auswahl an Fällen, die ich für eine Untersuchung zu Schuldistanz an Berliner Schulen gesammelt habe. Sie illustrieren Formen schuldistanzierten Verhaltens bei Mädchen und Jungen mit Förderbedarf, deutscher und nichtdeutscher Herkunft im Alter von 6 bis 17 Jahren in der Sonderschule, der Hauptschule, dem Gymnasium sowie in der Grundschule. Sie zeigen, wie sich Schülern der Zugang zum Lernen zunehmend verschließt. Sie werfen Fragen auf: Weshalb reagieren die Lehrer nicht umgehend auf das Fehlen der Schüler? Bemerken Sie überhaupt das Schwänzen einzelner Jugendlicher? Werden die Eltern informiert? Oder vermuten die Lehrer etwa, dass häufig fehlende Schüler krank sind?

Das Thema Schuldistanz hat besondere Aktualität, da es immer häufiger in der Presse und in bildungspolitischen Debatten im Kontext von Gewalt und sozialen Kosten gesehen wird. Europaweit zeigen 11 Prozent der Schülerschaft ein schuldistanziertes Verhalten, was bei einem Großteil der Jugendlichen dazu führt, dass sie aus dem schulischen Bildungsprozess ausgeschlossen werden (Schreiber-Kittl 2002, 19) und sie in der schulfreien Zeit häufig Straf- oder Gewalttaten verüben (Landeskommission gegen Gewalt 2003). Schuldistanz ist darum mit schwerwiegenden Desintegrationsprozessen auf der persönlichen und auf der gesellschaftlichen Ebene verbunden. Sie zieht erhebliche Folgekosten nach sich. Daraus ergibt sich die Herausforderung an die Pädagogik, diesen Mangel an Integration von Schülern mit Förderbedarf besser zu verstehen und zu erklären sowie pädagogische Konzepte in den Bereichen Schulpädagogik, Sonderpädagogik, Schulpsychologie und Sozialpädagogik zur besseren Integration zu entwickeln. In meinem Beitrag verfolge ich zwei Fragen:
- Wie wird Schuldistanz in den einschlägigen Forschungen beschrieben und erklärt?
- Welche Konsequenzen ergeben sich für eine integrative Pädagogik?

8.1 Begriff und Häufigkeit von Schuldistanz

8.1.1 In der Bundesrepublik Deutschland

In der pädagogischen, soziologischen, medizinischen und psychologischen Fachliteratur herrscht „keine konsensfähige Begriffsverwendung (...)" (Thimm 2000). In den einschlägigen Forschungen wird u.a. von Schulverweigerung (Deutsches Jugendinstitut), Schulversäumnis, Schulabstinenz (Neukäter 1997, Ricking 2003), Schulaversion (Wittrock/Schulze 2000), Schulschwänzen, Unterrichtsvermeidung, Schulangst und Schulphobie gesprochen.

Der Sozialpädagoge Thimm hat den Begriff der „Schuldistanz" geprägt (Thimm 2000). „Auf der beschreibenden Ebene kann von einer ‚Nicht-Passung zwischen Schule und Individuum' gesprochen werden (...) Der Begriff der Nicht-Passung zwischen Schule und Individuum ist zu umständlich. Der Begriff ‚Schuldistanz' dagegen ist neutral und als nicht-stigmatisierend konzipiert worden. Außerdem ist er geeignet, die Formen schuldistanzierten Verhaltens sowohl innerhalb als auch außerhalb von Schulen zu erfassen und somit die gesamte Spannbreite des Phänomens, soweit es die Schule betrifft, sichtbar werden zu lassen" (Handreichung Schuldistanz 2003, 7; Thimm 2000).

Thimm unterscheidet zwischen 5 Stufen der Ausprägung von Schuldistanz und reduziert somit begriffliche Unschärfen, die die Vergleichbarkeit von Studien erschweren. Die Erhebung der Landeskommission gegen Gewalt in Berlin zeigt, dass entlang der Klassifikation von Thimm (2000) etwa 17 Prozent der Schüler sich innerhalb der Schule zeitweise entfernen und somit der Stufe 1 angehören, mehr als 66 Prozent der Schüler weniger als zehn Schultage im Halbjahr fehlen und der Stufe 2 zuzurechnen sind, etwa 12 Prozent der Schüler 11-20 Tage im Halbjahr der Schule fernbleiben und der Stufe 3 angehören, 4 Prozent der Schüler 21-40 Tage im Halbjahr fehlen und der Stufe 4 zuzurechnen sind sowie 1 Prozent der Schüler, die mehr als 40 Tage im Halbjahr dem Unterricht fernbleiben, der Stufe 5 zugeordnet werden müssen. In der Studie wird auch deutlich, dass Schüler nichtdeutscher Herkunft signifikant häufiger fehlen als Schüler deutscher Herkunft.

Horstkemper u.a. betonen schon 1984 als Ergebnis einer Longitudinalstudie die altersabhängige Komponente von Schuldistanz (Horstkemper u.a. 1984, 281). Die Befunde dieser Studie verdeutlichen den Anstieg von Schuldistanz beim Wechsel von der Grundschule zur Hauptschule. Die Autoren sprechen in diesem Kontext vom Sekundarstufenschock.

Alle Erhebungen zeigen einen eindeutigen Zusammenhang zwischen Schulform und Schuldistanz auf. Exemplarische Ergebnisse aus Nordrhein-Westfalen, Mecklenburg-Vorpommern, Berlin und Brandenburg (vgl. Abb. 7), Untersuchungen von Wagner (2005) u.a. verdeutlichen, dass Schuldistanz am häufigsten in der Hauptschule, gefolgt von der Förderschule, gezeigt wird. Wagner kommt zu dem Ergebnis, dass sich ein umgekehrt proportionales Verhältnis zwischen der Häufigkeit des Schulschwänzens und den akademischen Anforderungen ergibt (Wagner 2004, 483):

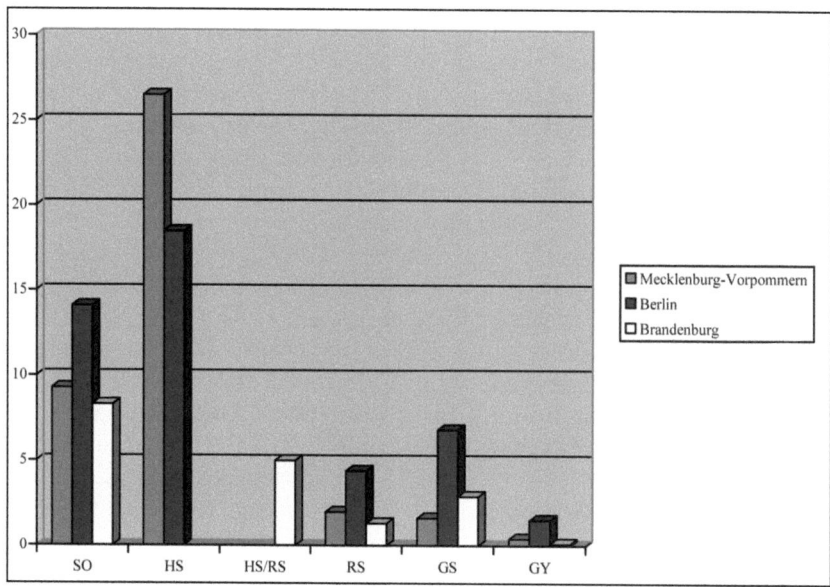

Abbildung 7: Schuldistanz in Mecklenburg-Vorpommern, Berlin und Brandenburg nach Schulform in Prozent. Quelle: Landeskommission gegen Gewalt 2003; Timm 2000; Wagner 2005; Wittrock 2000

Die Statistik über die Haupt-, Haupt/Real- und Gesamtschule sowie Gymnasien bezieht Schüler mit Förderbedarf, die integrativ unterrichtet werden, mit ein, ohne sie gesondert auszuweisen. Eine von mir 2007 durchgeführte Umfrage bei allen Bildungsministerien der Bundesländer hat ergeben, dass diese Schüler nicht erfasst werden, da in einem Großteil der Bundesländer diese Jugendlichen keinen Status mehr erhalten (Kapitel 6), sondern den Einzelschulen pauschal Förderstunden zugewiesen werden (Becker 2008).

In der Studie von Wocken (2005) über die allgemeinen Förderschulen in Brandenburg, Hamburg und Niedersachsen finden die hohen Fehlzeiten von Schülern an der allgemeinen Förderschule Erwähnung. 1968 hat Nauck und 1979 hat Hildeschmidt eine Untersuchung dazu mit dem Ergebnis durchgeführt, dass diese damals weit über den Fehlzeiten von Schülern an Hauptschulen lagen. Diese Tendenz zeigt sich auch in amerikanischen Studien, die zu dem Ergebnis kommen, dass in den USA die durchschnittlichen Fehlzeiten bei Schülern mit Behinderungen bei 37 Prozent liegen. Bei Schülern mit Verhaltensstörungen erhöht sich die Quote auf 55 Prozent (Ricking 2003). Bei Schülern mit kognitiven Entwicklungsverzögerungen, d.h. mit Beeinträchtigungen im Lernen, liegen die Fehlzeiten durchschnittlich bei 36 Prozent. Mir ist keine differenzierte, aktuelle deutsche Studie über die Fehlzeiten von Schülern mit sonderpädagogischem Förderbedarf „Lernen" bekannt, ebenso wenig über Förderschulen mit sonderpädagogischen Förderschwerpunkten wie Hören, Sehen, Autismus, geistige oder körperliche Entwicklung sowie Sprache.

Warzecha (2001) hat sich in einer Studie den Schulversäumnissen an einer Form der Förderschule, der Schule für Erziehungshilfe, gewidmet. Diese fällt in der Bildungsstatistik unter die Förderschulen und stellt die Schulform mit den höchsten Fehlzeiten dar. Bundesweit besuchen durchschnittlich 0,46 Prozent der Schüler die Schule für Erziehungshilfe. Außerdem ist es die einzige Schulform, die erhebliche Differenzen in der Häufigkeit des Schulversäumnisses bei Jungen und Mädchen aufweist. Warzecha stellt fest: „In der Klassenstufe 1 kommt dieses Verhalten bei Jungen zu 3%, in der Klassenstufe 3 bereits zu ca. 8%, in der Klassenstufe 5 zu 31% und in der Klassenstufe 9 zu 53% vor. Schülerinnen bleiben in der Klassenstufe 8 zu 27% dem Unterricht fern, in der Klassenstufe 9 zu ca. 16% und in der Klassenstufe 10 zu 9%" (Warzecha 2001, 25).

Somit sind die Hauptschule und die Förderschule die Schulformen mit den höchsten Fehlzeiten. Unter den Förderschulen kommt Schuldistanz am häufigsten in der Schule für Erziehungshilfe vor, in der bis zu 50 Prozent der Schüler gar nicht anwesend sind, und somit auch weder gefördert noch unterrichtet werden können. Hier wird deutlich, dass sich insbesondere in diesen Schulformen der Zugang zum schulischen Lernen den Schülern mit zunehmendem Alter immer mehr verschließt.

8.1.2 Im internationalen Vergleich

Ich komme zur Schuldistanz in Europa, Neuseeland und den USA:

Aus meiner Sicht stellt die Untersuchung „Die Bekämpfung des Schulversagens: eine Herausforderung für ein vereintes Europa" (Europäische Kommission 1994) die bedeutendste internationale Studie dar. Diese Untersuchung beschreibt das Phänomen in seinen Ausprägungen der zwölf Mitgliedsstaaten im Jahr 1994 vor dem Hintergrund einer steigenden Arbeitslosigkeit in Europa und dokumentiert, dass die Ausbreitung von Schuldistanz parallel zur Entwicklung von Arbeitslosigkeit verläuft.

In Frankreich spricht man im Kontext von Schuldistanz von descolariation, déviance scolaire, décrochage scolaire, démission und absentéisme. Es gibt zwei aktuelle Forschungen. „La déviance scolaire et le controle social" von Andreo untersucht in einer Feldstudie ethnographisch drei Einzelfälle (2005). Esterle-Hedibel hat im Auftrag des CESPID (Centre de recherches sociologiques sur le droit et les insitutions pénales) 2005 bis/und 2006 eine empirische Untersuchung an drei Oberschulen über Schulabbrecher unter 16 Jahren mit dem Titel „La descolarisation, une nouvelle forme de déviance juvenile" (2007) durchgeführt. Sie kommt zu dem Ergebnis, dass an den drei untersuchten Schulen bis zu 17,7 Prozent der Schüler an mindestens 4 halben Tagen pro Woche fehlen, was nach Thimm der Stufe 4 entspricht. Esterle-Hedibel zeigt auf, dass ausschließlich strafende Maßnahmen nicht hilfreich sind und zu einer Verschärfung der Situation beitragen. „Dans aucune des situations étudiées, les sanctions énumérées ici n'ont permis de modifier le comportement de l'élève dans le sens souhaité par les aucteurs scolaires. Au contraire, on constate une progression d'incidents traités par des commissions de vie scolaire" (Esterle Hebidel 2007, 162).

Im englischen Sprachraum wird im Kontext von Schuldistanz der Begriff „Truancy" am häufigsten gebraucht. England gibt seit 1998 jährlich einen Regierungsbericht mit dem Titel: „Truancy and School Exclusion Report" heraus. In Großbritannien liegt die durschnittliche Quote für regelmäßiges Schulschwänzen bei 12,5 Prozent. Die bedeutendste britische Forschung ist die Untersuchung „Truancy and school absenteeism" von Reid, der 1984 und 1985 128 die Schule schwänzende Jugendliche sowie eine Kontrollgruppe im Hinblick auf die Ursachen befragt. Eine weitere Erhebung führt er 1999 durch. Nach Reid sind die Ursachen zwar auch, aber nicht vorrangig in schulischen, sondern vielmehr in personennahen Faktoren zu suchen. Reid (1982, 1985, 1999) verdeutlicht in seinen Publikationen, dass die Jugendlichen, die dem Unterricht fernbleiben, außerhalb von Schule signifikant häufiger als Schüler, die die Schule regelmäßig besuchen, Verhaltensprobleme aufweisen. Seine Befunde münden in einer Klassifikation verschiedener Formen des Schulschwänzens, die den Ausgangspunkt für therapeutische Interventionen darstellen.

Nach meiner Einschätzung sind die Untersuchungen von Duckworth und de Jung von 1986 mit dem Titel „Variation in Student skipping: a study of six high schools" sowie die Studie „Characteristics of Truants in 8th and 10th Grade" von Kimberly aus dem Jahr 2007 wichtige amerikanische Erhebungen. Duckworth und de Jung befragen an sechs High Schools Schüler über ihr Schulschwänzen in den vorangegangenen vier Wochen mit dem Ergebnis, dass die Dunkelziffer unerwartet hoch ist. Die Befunde zeigen, dass die Schule schwänzenden Jugendlichen vorrangig in erschwerten Lebenslagen aufwachsen, aber dies nicht der Grund für das Schulschwänzen darstellt. Aus Schülersicht liegen die Hauptgründe in der Angst vor Leistungsanforderungen und vor Lehrern bei nicht erledigten Hausaufgaben.

Kimberly (2007) untersucht mit einer quantitativen Erhebung seit 1975 im 8. und 10. Schulbesuchsjahr die Häufigkeit von Fehlzeiten im Unterricht sowie die Korrelation zwischen Schulschwänzen und Straftaten. Die Fehlzeiten in dem 8. und 10. Schulbesuchsjahr liegen bei etwa 12 Prozent und in einigen Ballungsgebieten erreichen sie 30 Prozent. 57 Prozent der Straftaten Jugendlicher in den USA werden während der Unterrichtszeit verübt. Kimberly formuliert folgende These: Es gibt einen eindeutigen Zusammenhang zwischen Schulschwänzen und dem Einstieg in eine Karriere als Straftäter. Aufgrund der hohen sozialen Folgekosten von Schulschwänzen werden in den USA inzwischen „truant officers" eingesetzt, die schwänzende Schüler auf der Straße aufgreifen, in Zentren bringen, die die Jugendlichen und deren Eltern konfrontativ beraten oder per Gerichtsbeschluss in Trainingsprogramme vermitteln und Bußgelder auferlegen.

In Neuseeland fehlen in „secondary schools" durchschnittlich 15,2 Prozent der Schüler. Rangahau hat 2004 im Auftrag des Bildungsministeriums eine quantitative Erhebung mit dem Titel „Attendance, Absence and Truancy in New Zealand Schools" durchgeführt (Ministry of Education 2005). Er kommt zu dem erstaunlichen Resultat, dass in Neuseeland Jugendliche in Schulen mit geschlechtsspezifischer Unterrichtung signifikant seltener schwänzen als in koedukativen Schulen.

8.2 Erklärungsansätze für Schuldistanz

Überschaut man die einschlägigen Studien, so lassen sich die Erklärungsansätze in zwei Gruppen einteilen: umweltzentrierte und individuumzentrierte. Ich beginne mit den umweltzentrierten Ansätzen. Hier sind der polit-ökonomische, der ökologische und der soziologische Ansatz zu nennen:

8.2.1 Umweltzentrierte Erklärungsansätze

Der polit-ökonomische Ansatz betrachtet Schuldistanz als ein Ausdruck ökonomischer und soziokultureller Gesellschaftsverhältnisse. So beeinträchtigen schwierige Wohnverhältnisse, unsichere Familienbeziehungen, Armut und niedrige Bildung Jugendliche in ihrer Selbstverwirklichung und Persönlichkeitsentwicklung. Die Institution Schule manifestiert „negative Schulkarrieren", indem sie mittelschichtsorientierte Bildungserwartungen und -strukturen ansetzt und die Lebenslagen von Schülern ausblendet. Dies wird exemplarisch an dem Fallbeispiel „Fatima" deutlich, in dem die soziokulturelle und sozioökonomische Situation der Familie sie an ihrer Entwicklung so stark hindert, dass sie aufgrund eines allgemeinen Schulleistungsversagens als Schülerin mit Förderbedarf mit dem Schwerpunkt Lernen geführt wird.

Schuldistanz weist auf eine Störung der Austauschprozesse zwischen der Mikroebene, vertreten durch das Individuum und die Familie, der Mesoebene, mit der Institution Schule, und der Makroebene, der Gesellschaft, hin. Nach dem ökologischen Ansatz von Bronfenbrenner (1981) kann Schuldistanz als eine Störung des Systems betrachtet werden, die, um sie zu verstehen, einer Analyse dieser drei Ebenen bedarf. Solche Störungen der Austauschprozesse zwischen der Mikro- und der Mesoebene werden in den eingangs dargestellten Bildungsszenarien über Ahmed und Sabine deutlich.

Wagner (2002) greift in seiner 2001 in Köln gemachten soziologischen Untersuchung die Anomietheorie von Durkeim (1973/1893, 1938 von Merton reformuliert), die Kontrolltheorie, die Theorien der Subkultur sowie den Etikettierungsansatz wieder auf (Wagner 2002). Er betont die Bedeutung sozialer und ökonomischer Ungleichheiten als den zentralen Ausgangspunkt für schulvermeidendes Verhalten. „Weil die so benachteiligten Jugendlichen nicht über die Voraussetzungen verfügen, ihre Ziele mit legitimen Mitteln zu erreichen, greifen sie zu regelverletzenden Verhaltensweisen" (Schreiber-Kittl 2002, 55). Zu schwache Bindungen in sozialen Gruppen und Organisationen, die einen normierenden Einfluss ausüben, führen zu mangelnder sozialer Kontrolle und können so zu abweichendem Verhalten führen. Orientieren sich Jugendliche an Subkulturen, die Wertesysteme haben, die denen der herrschenden Kultur widersprechen, kann ein schulvermeidendes Verhalten ebenso durch Anerkennung in der Subkultur Unterstützung und Verstärkung erfahren. Werden außerdem Jugendliche, die die Schule schwänzen, durch ihre Mitschüler und Lehrer stigmatisiert, kommt es nach dem Etikettierungsansatz zur Verstärkung des abweichenden Verhaltens (Wagner 2002) und zum sozialen Ausschluss aus schulischen Bildungsprozessen.

Wie sich die Zugänge zum schulischen Lernen den Jugendlichen zunehmend verschließen, verdeutlichen die Forschungsergebnisse aus der qualitativen Studie des Deutschen Jugendinstituts „Abgeschrieben". Ich möchte diese exemplarischen Ergebnisse vorstellen, um zu verdeutlichen, wie sich im Mikroprozess der Lehrer-Schüler-Interaktion Stigmatisierung, Etikettierung und Segregation fortsetzen:

8.2.1.1 „Abgeschrieben" – eine Studie des Deutschen Jugendinstituts
Untersuchungspopulation:
An der Studie nehmen 37 Experten aus 36 Praxisprojekten teil, die 346 Schulverweigerer fördern, um ihnen einen Schulabschluss zu ermöglichen. Von den 36 Praxisprojekten liegen 13 in den neuen und 23 in den alten Bundesländern.

Gegenstand und Forschungsdesign:
Schreiber-Kittl untersucht von 1998 bis 2001 Ursachen und Prozesse von Schuldistanz. Sie greift das Schulschwänzen als Untersuchungsgegenstand heraus und geht nur randständig auf andere Formen der Schuldistanz ein. „Es handelt sich um einen interaktiven und offenen Forschungsprozess, der durch einen Mix aus quantitativen und qualitativen Methoden gekennzeichnet war" (Schreiber-Kittl 2002, 107). Probleme dieser Studie liegen in der Positivauslese unter Schülern mit Schuldistanz sowie im Fehlen einer Kontrollgruppe.

8.2.1.2 Ausgewählte Ergebnisse der Studie „Abgeschrieben"
Alter zu Beginn der Schuldistanz: Nach Schreiber-Kittl (2002, 125) beginnt Schuldistanz bei 61 Prozent der betroffenen Schüler im Alter von 12 bis 14 Jahren, bei 24 Prozent im Alter von 14 bis16 Jahren, bei 12 Prozent im Alter von 9 bis11 Jahren und bei 3 Prozent im Alter von 6 bis 8 Jahren.

Ursachen aus Schülersicht: Bei der Fragebogenerhebung waren Mehrfachnennungen möglich:
- 59 Prozent der Schüler, die dem Unterricht fernbleiben, haben Ärger mit Lehrern.
- 37 Prozent dieser Schüler wollen Freunde treffen.
- 37 Prozent dieser Schüler möchten die Freundin bzw. ihren Freund treffen.
- 31 Prozent dieser Schüler haben schlechte Leistungen.
- 20 Prozent dieser Schüler leiden unter anderen schulischen Problemen.
- 19 Prozent dieser Schüler fühlen sich krank (Schreiber-Kittl 2002, 165).

Klassenwiederholungen: 41 Prozent mussten einmal, 33 Prozent zweimal und 21 Prozent mehr als zweimal eine Klasse wiederholen (Schreiber-Kittl 2002, 156).

Reaktionen von Lehrern und Eltern: „Fast die Hälfte der Lehrer führt kein Gespräch mit dem fehlenden Jugendlichen (41 %). Wenn Schüler im Unterricht abtauchen oder nach längerer Fehlzeit wieder in den Unterricht kommen, werden sie nach Berichten der Schüler vom Lehrer sehr häufig gar nicht mehr dran genommen und kommentieren das Verhalten der Schüler mit Beiträgen wie:

‚Träumen kannst du auch zu Hause. Was willst du überhaupt hier? Hast du dich etwa verlaufen?' Hilfreich fanden die interviewten Schüler, dass Lehrer ihnen gelegentlich Nachhilfe anboten (15%)" (Schreiber-Kittl 2002, 189f.).

Nach Schreiber-Kittl bewerten die befragten Schüler die Reaktionen von Lehrern als Ausdruck von Desinteresse. Sie messen der Reaktion von Lehrern hohe Bedeutung bei: „Die Reaktionen der Umwelt und hier besonders die der Schule und Mitschüler können den Verlauf von Schulverweigerung positiv oder negativ beeinflussen. Wie Lehrkräfte und Mitschüler auf abweichendes Verhalten reagieren, ist den meisten Schulverweigerern keinesfalls egal – im Gegenteil: Akzeptanz, Ablehnung oder Indifferenz können dazu beitragen, Schulverweigerung abzubrechen oder zu verfestigen. In den Interviews überwogen die negativen Beispiele bei weitem" (Schreiber-Kittl 2002, 189). Die Befragungen zeigen, dass akzeptierendes Verhalten und Hilfeangebote den regelmäßigen Schulbesuch fördern, während offenbar Ignorieren und Sanktionieren Schuldistanz verstärkt.

Auch die Reaktionen von Eltern verdeutlichen, dass diese zwar einmal das Gespräch mit ihren Kindern suchen, dann aber aufgrund von Hilflosigkeit oder infolge von Wut, die entstehen kann, da sie sich durch das Verhalten ihrer Kinder bloßgestellt fühlen, mit unangemessenen Sanktionen reagieren.

Somit bestätigen die Ergebnisse der Studie von Schreiber-Kittl (2002) die Befunde von Thimm (2000) und zeigen, dass die Hauptursache für das Fehlen von Zugängen zum schulischen Lernen in der Nichtpassung zwischen den individuellen Bedürfnissen der Jugendlichen und den schulischen Angeboten liegt. Die Befunde von Schreiber-Kittl verdeutlichen, dass die befragten Schüler durchgängig schlechte Beziehungen zu ihren Lehrern und/oder schlechte Bewertungen für ihre Leistungen erhalten. Ergänzend kommt die Möglichkeit hinzu, in der schulfreien Zeit lustbetonten Beschäftigungen nachgehen zu können.

Aus Schülersicht verhalten sich weder Lehrer noch Eltern adäquat. Die Erwachsenen machen zu selten Hilfsangebote. Aus Schülersicht stellt das Fernbleiben vom Unterricht eine Lösung ihrer Schwierigkeiten dar, während der Schulbesuch neue Probleme für sie schafft. Wenn sie in die Schule gehen, wünschen sie sich den kontinuierlichen Dialog mit Lehrern, können dies aber nicht ausdrücken, sondern zeigen Lehrern ein für diese widersprüchliches Verhalten. „Die Erwartungshaltung der Jugendlichen scheint auf den ersten Blick etwas widersprüchlich zu sein: Einerseits bleiben sie der Schule fern, weil sie mit ihr (…) nichts mehr zu tun haben wollen, andererseits erwarten sie aber, dass die schulische Erwachsenenwelt sich um sie kümmert" (Schreiber-Kittl 2002, 190).

Die Ergebnisse von Schreiber-Kittl bestätigen auch die Ergebnisse einer Untersuchung von Hofmann, die innerhalb des Forschungsschwerpunktes „Schulabsentismus" am Institut für Heil- und Sonderpädagogik der Justus-Liebig-Universität Gießen das Ausmaß, die Ursachen und hilfreiche Handlungsstrategien erforscht. Hofmann/Bader und Ried wenden qualitative wie quantitative Methoden an (2007). Im Rahmen der qualitativen Untersuchungen werden Interviews mit Schülern durchgeführt, die die Forscher ebenfalls zu dem Ergebnis kommen lassen, dass sich Schüler, die der Schule fernbleiben, von ihren Lehrern nicht anerkannt fühlen: „In mehreren Interviews wird der Anschein erweckt, als fühlten sich Einzelne der befragten Jugendlichen von den Lehrkräften nicht als Person wahrgenommen und akzeptiert. Mitunter wird auch zu verstehen gegeben, dass erbrachte Leistungen nicht honoriert werden" (Bader, Hofmann, Ried 2003).

Diese scheinbar widersprüchlichen Verhaltensweisen von schuldistanzierten Jugendlichen lassen sich mit individuumszentrierten Ansätzen erklären. Dies ist möglich auf der Grundlage der Lernpsychologie, der Tätigkeitstheorie, der Klinischen Psychologie und Psychiatrie sowie der Psychoanalyse. Die Lernpsychologie versteht Schuldistanz als Folge langsam erworbener Gewohnheiten, die sich Jugendliche durch das Lernen am Modell und durch negative wie positive Verstärkungsprozesse innerhalb der Familie und der Peergroup aneignen. So schreibt Neukäter (1998): „Die Ausführungen bilden Schulabsentismus als eine zentrale Verhaltensvariable ab, der negativen Erlebniswelt zu entkommen, sich der intendierten Schulwirkung zu entziehen, dadurch angstauslösende und unangenehme Aspekte der Schulsituation zu beenden und in einen positiv getönten Erlebnisbereich zu wechseln" (Neukäter 1998. 421). Wittrock zeigt, wie Jugendliche durch das Modell- und Verstärkungslernen immer weiter vom Wirkungsraum Schule abdriften und sich alternativen Wirkungsräumen zuwenden. Schuldistanz entwickelt sich über längere Zeiträume. Häufig gibt es ein Schlüsselerlebnis, wie bei dem eingangs geschilderten Fall Ahmed, eine Konfrontation mit Lehrern oder Mitschülern, auf die mit Vermeidungsverhalten, dem Schulschwänzen reagiert wird. Von der Reaktion der Umwelt hängt es ab, ob sich dieses Verhalten verstärkt und generalisiert.

Nach der Tätigkeitstheorie kann Schuldistanz als eine Folge von Misserfolgserlebnissen verstanden werden. Nach Jantzen „(...) gerät der Jugendliche in einen Konflikt mit seiner Umwelt. Die isolierenden Bedingungen halten an oder nehmen sogar zu, so dass das Kind immer mehr unter psychischen Stress gerät (...) Durch die langfristige Aufrechterhaltung der isolierenden Bedingungen kommt es schließlich zu einer Adaption an diese, d.h. zu einem Tätigkeitsaufbau" (Jantzen 1980, 43). Dieser Tätigkeitsaufbau kann in schuldistanziertes Verhalten münden.

8.2.2 Individuumzentrierte Erklärungsansätze

Schuldistanz wird in der klinischen Diagnostik und Psychiatrie, dem ICD 10 (2007) sowie in den Leitlinien zu Diagnostik und Therapie von psychischen Störungen (2007) nur unzureichend als Störung des Sozialverhaltens abgebildet. Interessant ist, dass im ICD 10 unter F91.2 Bindungs- und Anpassungsstörungen als eine mögliche Ursache von Schuldistanz betrachtet werden. Der Schwerpunkt der klinisch-psychologischen und psychiatrischen Forschung liegt auf zwei Formen von Schuldistanz, nämlich der Schulangst und der Schulphobie, die unter F40, F 93,1 und F93.2 ICD weitere Erläuterung finden. Der eingangs dargestellte Fall Sven, bei dem der Schüler an einer Schulphobie leidet, macht deutlich, wie eine Trennungsangst zu dieser Form von Schuldistanz führen kann.

Die Psychoanalyse selbst widmet sich wie die Studien der Klinischen Psychologie sowohl vorrangig der Schulangst als auch der Schulphobie. Eine interdisziplinäre Untersuchung des Instituts für Sozialforschung und des Institutes für analytische Kinder- und Jugendpsychotherapie in Frankfurt am Main untersucht mit psychoanalytischen wie soziologischen Methoden die Zusammenhänge individueller und institutioneller Konfliktgeschichten dissozialer, „nicht beschulbarer Jugendlicher" und fokussiert dabei vorrangig das Schulschwänzen (Freyberg/Wolff 2006). Autoren der Psychoanalytischen Sozialarbeit und -pädagogik widmen sich ebenfalls dem Schulschwänzen. Ich konzentriere mich vorrangig auf die Beiträge von Winnicott (1965) und von Autoren der Psychoanalytischen Pädagogik (Ahrbeck 2004, 2006), da sie sich mit einem Klientel beschäftigen, dass der Population von Schülern mit Förderbedarf Lernen oder emotionaler und sozialer Entwicklung am ehesten entspricht.

In den Anfängen der Psychoanalytischen Pädagogik, in den 20er Jahren des 20. Jahrhunderts, wird Schulschwänzen als eine Form dissozialen Verhaltens betrachtet. Aichhorn hat sich zu der Zeit eingehend damit befasst und spricht im Kontext vom Fernbleiben von der Schule vom „Vandieren" (Aichhorn 1925). Dies trifft sich mit den Beiträgen von Winnicott (1965), der das Fernbleiben von der Schule in den 50er und 60er Jahren als eine Auswirkung einer „Antisozialen Tendenz" betrachtet. Diese wiederum interpretiert er als Folge einer gestörten Eltern-Kind-Beziehung (Becker 1995). Dies hat heute für die Vertreter der Psychoanalytischen Pädagogik noch Gültigkeit. So stellen sie fest, dass die Störung darin besteht, dass Eltern Halt gebende Funktionen in der Erziehung nicht übernehmen und somit ihre Elternrolle nicht ausfüllen.

Aktuelle Beiträge zur Psychoanalytischen Pädagogik (Ahrbeck 2006, 2007) führen aus, dass das Kind unbewusst Aspekte der Mutter-Kind- und der Vater-Kind-Beziehung auf die Lehrerinnen überträgt. Dies führt mit Melanie Klein gesprochen zu einer projektiven Identifikation der Bezugspersonen mit diesen unbewussten Zuschreibungen (Klein 1932).

Freyberg, Wolff und Leuzinger-Bohleben kommen bei ihrer interdisziplinären Forschung über „nicht beschulbare Jugendliche" (2005) zu der Erkenntnis, dass „die inneren Konflikt- und Beziehungsmuster (...) von diesen im Kontakt mit Lehrern, Erziehern oder Sozialarbeitern reinszeniert werden und dass die informellen und formalen Regelungen und Verhaltensweisen, mit denen die Institutionen bzw. Professionen reagieren und ihre Angebote und Auflagen präsentieren, den Jugendlichen bei ihren Inszenierungen ungewollt entgegenkommen" (Freyberg/Wolff u.a. 2005). Freyberg und Wolff haben hierzu zehn Einzelfallstudien durchgeführt und zeigen insbesondere an einer Studie über ein Mädchen mit schulvermeidendem Verhalten den Zusammenhang zwischen dem Schulschwänzen und früher emotionaler Verletzung sowie Traumatisierung auf.

Auf der Basis dieser Theorie schlussfolgere ich, dass der schuldistanzierte Schüler im Elternhaus oft Gleichgültigkeit erfährt oder subjektiv empfindet, den Eltern eine Last zu sein. Er hat die unbewusste Erwartung, dass sein Schulbesuch dem Lehrer genauso gleichgültig ist wie seine Anwesenheit im Elternhaus und hofft unbewusst, die Lehrer würden anders reagieren und sich aktiv für sein Kommen einsetzen. Die meisten Lehrer wiederum zeigen in ihrer Gegenübertragung ähnliche Reaktionen wie die Eltern: Gleichgültigkeit, Ignorieren oder Sanktionieren. Diese Reaktionen stellen eine Bestätigung der unbewussten negativen Erwartung des Jugendlichen dar und begünstigen somit das schuldistanzierte Verhalten. Schuldistanz wird durch Ignorieren, Gleichgültigkeit und Sanktionieren gestützt. Solche Reaktionsweisen tragen nicht zur Öffnung von Lernzugängen bei Schülern mit Schuldistanz bei. Diese Ergebnisse treffen sich mit den Resultaten der französischen Studie von Esterle-Hedibel (2007).

8.2.3 Schuldistanz als multifaktorielles Bedingungsgefüge

Ich komme zu einer der eingangs gestellten Fragestellungen zurück: Wie wird Schuldistanz in den einschlägigen Forschungen beschrieben und erklärt? Die unterschiedlichen Erklärungsansätze sowie die Ergebnisse der dargestellten Studien zeigen, dass es sich bei Schuldistanz um ein multifaktorielles Bedingungsgefüge handelt: „Unterrichtsvermeidende Verhaltensmuster bilden sich im Zusammenwirken von multifaktoriellen Bedingungsgeflechten in einem schrittweisen individuellen Entwicklungsprozess heraus" (Wittrock 2000, 320). Individuelle Ursachen und Umweltfaktoren ergänzen sich in allen Fällen, wobei der Ausprägungsgrad der verschiedenen Faktoren individuell verschieden ist und stark von der Lebenslage wie der Schulform abhängt. Dies verdeutlichen die eingangs vorgestellten Bildungsszenarien. So zeigt der kleine Sven eine Schulphobie, wenn er Angst vor der Alarmsirene entwickelt. Hier handelt sich um eine Form der Schuldistanz, die vorrangig durch eine Trennungsangst vom Elternhaus ausgelöst wurde. Fatimas Fernbleiben vom Unterricht ist fast ausschließlich durch Umweltfaktoren bedingt. Bei Ahmet ergänzen sich individuelle Faktoren, ein gering ausgebildetes Über-Ich und ein Fehlen von Schuldgefühlen, mit einem familiären Umfeld, dass sein Schwänzen toleriert. Seine Eltern verlangen von ihm nur, die Schule kurzzeitig zu besuchen, um eine Bescheinigung für das Kindergeld zu erhalten. Auch im Fall Sabine kommt es zu einer Ergänzung von geringem Selbstwertgefühl, einer Angst vor Kränkung sowie einer mangelnden Bereitschaft von Lehrern, sich auf ihre spezielle Problemlage einzustellen.

Schuldistanz, verstanden als ein multifaktorielles Bedingungsgefüge, stellt somit auf drei Ebenen eine Herausforderung für die Pädagogik dar. Diese sind:
- Die *soziokulturelle Ebene*, da bisher nicht-überwindbare Differenzen zwischen dem Wertesystem bildungsferner Familie und einer an der Mittelschicht orientierten Schule bestehen.
- Die *Ebene der Lehrer-Schüler-Interaktion*, da Stigmatisierungs- und Segregationstendenzen in dieser Beziehung deutlich werden.
- Die *Ebene des Unterrichts* mit Lerninhalten und -methoden, die sich in der Schule in der Regel nur wenig mit den Fähigkeiten und Motivationen der betroffenen Schüler decken.

8.2.4 Handlungsstrategien in Schulverweigererprojekten

Ich greife nun die Interventionen von Schulverweigererprojekten auf, bevor ich zu Lernzugängen für Schüler mit Schuldistanz in der allgemein bildenden Schule komme. Bundesweit gibt es eine große Anzahl an sogenannten Schulverweigererprojekten, die von der Jugendhilfe oder als Gemeinschaftsprojekte von Schulpsychologie, Jugendhilfe und Schulverwaltung für Schüler in der Sekundarstufe I und in vorberuflichen Bildungsgängen ins Leben gerufen wurden. Dazu gehören z.B. die Lernwerkstatt des Zentrums für Erziehungshilfe (ZFE) in Frankfurt am Main, das Schulverweigererprojekt von REBUS in Hamburg und die Werkstattschule in Chemnitz. Für Berlin sind die Jugendmanufaktur, die Lazarus-Stiftung, die „Stadt als Schule" und die Schulen mit Angeboten zum „Produktiven Lernen" zu nennen. Brandenburg hat 2003 ein Förderprogramm „integrierte Projekte von Jugendlichen und Schule zur Vermeidung von Schulabbrüchen bei schulverweigernden Jugendlichen" aufgelegt, das mit 5,9 Millionen Euro aus EU-Mitteln und Landesmitteln finanziert wird. Schüler aus 21 Schulen nehmen daran teil – das Projekt gilt inzwischen bundesweit als wegweisend unter Fachleuten.

Leider gibt es keine Studien über die Zahl und das Ausmaß, in denen diese Projekte die Schüler mit Schuldistanz erreichen, aber wenn Schüler sich dort melden, so zeigen Praxisforschungen, dass sie diese regelmäßig besuchen. Genaue Daten gibt es hierzu leider nicht. Das heißt, es gelingt in den Schulverweigererprojekten, die Schüler zu einem kontinuierlichen Besuch der Einrichtung zu motivieren. Ihre zentralen pädagogischen Handlungsstrategien sind: Elternberatung, Sozialpädagogisches Angebot, reduzierte schulische Anforderungen, werkpraktisches Arbeiten sowie die Bildung von Netzwerken im Sozialraum (Schreiber-Kittl 2002, 201ff.).

Somit gelingt es, Schüler mit Schuldistanz bei entsprechenden Beziehungs- und Unterrichtsangeboten zum Lernen und zum Erbringen schulischer Leistungen zu motivieren, aber die Intervention und Rehabilitation durch Schulverweigererprojekte weist ungelöste Probleme auf: durch den Charakter der Freiwillig- und Unverbindlichkeit, die Reintegration in allgemein bildende Schulen gelingt nur selten und der rechtliche Status von Jugendhilfeprojekten erschwert das Erreichen von Schulabschlüssen. Es stellt sich die Frage, ob Schulverweigererprojekte als Sondereinrichtungen bezeichnet werden können, die, wie die Sonderschule für Schüler mit sonderpädagogischem Förderbedarf, hinsichtlich Reintegration eine Sackgasse darstellen. Wie in der Sonderschule gelingt eine individuelle Förderung, die aber nicht für eine Reintegration in die allgemein bildende Schule ausreicht, da die Schere zwischen Sonderschule und allgemein bildender Schule sich mit zunehmenden Schuljahren immer weiter öffnet.

8.3 Lernzugänge für Schüler mit Schuldistanz

Ich möchte im Folgenden versuchen, Konsequenzen für eine integrative Pädagogik zu formulieren, die die positiven Erfahrungen aus den Schulverweigerprojekten aufgreifen und zugleich ihre Nachteile, durch eine Integration der Hilfen und Unterstützungsmaßnahmen in die Grundschule, die Schulen der Sekundarstufe I bzw. vorberufliche Bildungsgänge, vermindert. Die Realisierung dieser Konsequenzen fasse ich als Verbesserung von Lernzugängen auf, mit denen Strukturen geschaffen werden, die in allgemein bildenden Schulen Räume für Halt gebende Beziehungen garantieren. Diese Lernzugänge sind: Qualifizierung für Lehrer, Erzieher und Sozialarbeiter, Verbesserung der Lehrer-Schüler-Beziehung, Entwicklung ganztägiger Bildungseinrichtungen zu „sozialen Orten", Etablierung von Werkstatttagen, Entwicklungsräumen und -zeiten sowie die Beratung von Eltern.

Bisher kommt das Thema Schuldistanz in integrationspädagogischen Forschungen auffallend selten vor. Stellt dies eine Vernachlässigung eines hochrelevanten Themas in der Integrationspädagogik dar? Die integrationspädagogischen Untersuchungen beschäftigen sich mit der Gestaltung einer „Schule für alle". Die Schaffung von schulischen Lebenswelten, die auf den Prinzipien des Dialogs sowie der Schule als Erfahrungsraum basieren, wirkt präventiv und verhindern weitgehend sozialen Ausschluss (Schreiber-Kittl 2002, 201ff.). Insofern kommen Anomietendenzen seltener zum Tragen und das Phänomen der Schuldistanz ist in integrativ arbeitenden Schulen seltener zu beobachten (Schreiber-Kittl 2002, 201ff.), so dass Fehlzeiten von 53 Prozent, wie in der Schule für Erziehungshilfe, (Warzecha 2001) nicht zustande kommen (Warzecha 2001). Außerdem sind die Mehrzahl der Integrationsschulen und die entsprechenden Forschungsprojekte im Grundschulbereich angesiedelt und damit nicht in der Altersgruppe mit hoher Schuldistanz. Zur Prävention muss Schule ein Lern- und Erfahrungsraum sein. Trotzdem sind diese Schüler aufgrund ihrer erschwerten sozialen Lebenslage auch in der gemeinsamen Erziehung besonders gefährdet, der Schule fernzubleiben. Um dem entgegenzuwirken, benötigen sie pädagogische Angebote, die auf den positiven Erfahrungen der Schulverweigererprojekte basieren. Daraus resultiert für die „Schule für alle" eine integrative pädagogische Konzeption, die alle Schulen der Sekundarstufe I und Schulen mit berufsvorbereitenden Lehrgängen vorhalten sollten.

8.3.1 Lehrer-Schüler-Beziehung

Auf der *Ebene der Lehrer-Schüler-Interaktion* benötigen diese Jugendlichen Halt gebende und Grenzen setzende Beziehungsangebote (Bion 1962). Schüler können in ihrer Anbindung an die Schule und somit in ihrer sozialen und emotionalen Entwicklung unterstützt werden, wenn sie dort entsprechende Beziehungsangebote von ihren Lehrern wie Sozialpädagogen erfahren (Kapitel 6 und 7). Ein Großteil der Fälle von Schuldistanz erfordert nach Winnicott (1965), Bettelheim (1949), Bernfeld (1929) und Freyberg/Wolff (2006) als entscheidende Intervention zunächst die Analyse der Übertragungs- und Gegenübertragungsprozesse, denn dies stellt einen wesentlichen Ansatzpunkt der Unterstützung eines regelmäßigen Schulbesuchs bei diesen Jugendlichen dar (Becker, S. 1996). Dies ist bei diesen Schülern von besonders großer Bedeutung, da sie durch das wiederholte Fernbleiben von der Schule signalisieren, dass sie mit den Lehrern, Erziehern und Sozialpädagogen scheinbar nichts zu tun haben wollen. Deshalb fällt es diesen Bezugspersonen schwer, konsequent aktiv den regelmäßigen Schulbesuch der Schüler zu unterstützen. Die Lehrer, Sozialpädagogen und Erzieher fühlen sich oft von schuldistanzierten Schülern abgelehnt und reagieren in Folge ihrer Gegenübertragung ebenfalls nach einiger Zeit mit Teilnahmslosigkeit gegenüber dem Schulschwänzen einzelner Schüler. Um solche Kinder und Jugendliche beim Schulbesuch zu unterstützen, sind arbeitsintensive Hilfen notwendig. Hierzu gehören: Hausbesuche an den Tagen, an denen die Schüler der Schule fernbleiben, die Bereitschaft, zeitintensive Gespräche mit Jugendlichen zu führen und individuelle Lernangebote zu machen. Damit Lehrern, Sozialpädagogen und Erziehern dies möglich wird, ist es wichtig, dass die erwachsenen Bezugspersonen in der Schule die unbewussten Zuschreibungen der Schüler als ihre eigene Gegenübertragungsreaktion verstehen. Diese Analyse der unbewussten Beziehungsprozesse kann in regelmäßiger Supervision erfolgen. Diese ist wichtig, damit Lehrer, Sozialpädagogen und Erzieher verstehen, dass das Fernbleiben von der Schule als Alarmsignal zu verstehen ist, mit dem die Jugendlichen auf ihre innere Not aufmerksam machen. Erfahren schuldistanzierte Jugendliche, dass Lehrer, Erzieher und Sozialpädagogen Halt gebende wie Grenzen setzende Beziehungsangebote aufrecht erhalten, auch wenn sie über einen längeren Zeitraum darauf nicht positiv reagieren, beginnen sie diese Beziehungen als wichtige Anlaufstelle wahrzunehmen und besuchen die Schule wieder regelmäßig. Durch die gemeinsame Supervision von Lehrern, Erziehern, Sozialpädagogen und anderen Helfern kann nicht zuletzt die immer wieder von Wissenschaftlern und Bildungspolitikern proklamierte Kooperation zwischen den Vertretern der verschiedenen Professionen realisiert werden.

8.3.2 Ganztägige Bildungseinrichtung als „sozialer Ort"

Bernfeld betont die Bedeutung von Schule als „sozialem Ort" zur Verhinderung von Verwahrlosung (Bernfeld 1929). Die hier vorgestellten Befunde empirischer Untersuchungen zeigen, dass schuldistanzierte Jugendliche den Mangel an Anerkennung, Verständnis und Akzeptanz von Lehrern und auch Mitschülern in der Schule beklagen. Sie fühlen sich als Außenseiter. Die Schule ist offenbar nicht ihr „sozialer Ort". Vielmehr nehmen Treffpunkte während der Unterrichtszeit außerhalb der Institution Schule diese Funktion wahr. Um Schüler im regelmäßigen Schulbesuch zu unterstützen, ist es daher wichtig, ihnen wie in den Schulverweigererprojekten die Chance zu geben, diese Institution als „sozialen Ort" gebrauchen zu können, ohne sofort dem Unterricht mit all seinen Anforderungen gewachsen sein zu müssen. Diese Herangehensweise versucht, Ursachen für Schuldistanz auf der soziokulturellen Ebene (s.o.) zu begegnen. Dies wird möglich, wenn sich Schulen der Sekundarstufe I und Schulen mit vorberuflichen Bildungsgängen in ganztägige Bildungseinrichtungen verwandeln, die durch eine Verzahnung zwischen Schule und Jugendhilfe gekennzeichnet sind (Coelen 2003).

Coelen favorisiert ein Konzept, in dem die Schule nur einen Teil der ganztägigen Bildungseinrichtung darstellt, die von einem freien Träger, einem Verein geleitet wird: „Warum aber Verein? Die Institution des Vereins bietet die Chance einer gleichrangigen, lebensweltlichen und demokratischen Verständigung aller Beteiligten (Zimmer 1996) über Ziele, Inhalte und Formen eines solchen Ganztagskonzepts. In der Institution eines Vereins würde die Pädagogik der kommunalen Jugendbildung in öffentlicher Debatte auf lokaler Ebene diskutiert. Somit käme zum Ausdruck, was John Dewey als performatives Prinzip von Demokratie umrissen hat: Der Vorgang selbst ist auch Ziel und Ergebnis" (Coelen 2003). Da in der ganztägigen Bildungseinrichtung die Schule nur einen Teil der Institution ausmacht, kann ein schuldistanzierter Jugendlicher, auch wenn er den Unterricht nicht besucht, die Institution als sozialen Ort gebrauchen und dort in Angebote der Jugendhilfe oder in die Selbstverwaltung des Vereins sozial so eingebunden sein, dass er aufgefangen und in Pädagogen-Schüler-Beziehungen (s.o.) so viel an Halt und Grenzen erfährt, dass er den Unterricht hoffentlich wieder besuchen wird. Der große Vorteil solch einer ganztägigen Bildungseinrichtung liegt vor allem darin, dass die Jugendlichen von Angeboten der Jugendhilfe und Bezugspersonen bereits innerhalb der Institution erreicht werden, wovon auch andere Problemgruppen im Jugendalter erheblich profitieren könnten.

Es ist aber fraglich, ob es wünschenswert ist, den Staat von seinem Bildungs- und Erziehungsauftrag zu entbinden. Die freie Trägerschaft ist aber schon übliche Praxis bei außerbetrieblichen Lehrwerkstätten, insbesondere bei jenen, die sozial benachteiligte Jugendliche nach § 8, 19, 241, 1 und 3/SGB III integrieren und fördern. Lehrwerkstätten wie der Ausbildungsverbund Metall in Rüsselsheim am Main haben Modellcharakter. Der Berufsschulunterricht findet im Gebäude des Ausbildungsverbundes Metall statt und vor Ort werden Jugendhilfemaßnahmen realisiert. Solche Jugendhilfemaßnahmen sind z.B. betreutes Jugendwohnen in einer Wohngemeinschaft oder Maßnahmen der Eingliederungshilfe nach §53 und §54/SGB XII. In Rüsselsheim wirkt der Ausbildungsverbund Metall ebenfalls in Netzwerken des Sozialraumes mit, so dass die Jugendlichen wichtige soziale Aufgaben in der Kommune übernehmen (Main-Spitze 19.1.2007, 9).

8.3.3 Elternberatung

Beispiel 1: Dana besucht die dritte Klasse einer Grundschule. Die Familie ist aus einem anderen Landkreis zugezogen. Sie kommt unregelmäßig zur Schule. Nach einigen Wochen kommt die Schülerakte aus der Schule an, die sie vorher besuchte. Dort ist vermerkt, dass bei Dana vor einigen Monaten sonderpädagogischer Förderbedarf mit dem Schwerpunkt Lernen festgestellt wurde und die

Lehrer den Eltern den Wechsel an die Sonderschule sehr dringend nahegelegt haben.

Als die neue Lehrerin von Dana die Eltern zum Gespräch bittet, um über Danas häufiges Fehlen zu sprechen, erscheinen die Eltern nicht. Die Lehrerin macht einen Hausbesuch. Es stellt sich heraus, dass die Eltern u.a. umgezogen sind, um den Wechsel an die Sonderschule zu vermeiden, da sie selbst beide die Schule für Lernbehinderte besucht haben und mit allen Mitteln vermeiden möchten, dass Dana diese Schulform besuchen muss. Die Eltern haben nicht gewusst, dass die Schülerakten weitergeleitet werden. Sie schicken Dana bewusst sehr unregelmäßig zum Unterricht in die neue Grundschule. Sie hoffen, dass ihr Schulversagen nicht auffällt, wenn sie nur selten kommt. Die Lehrerin versichert den Eltern, dass Dana nicht in die Sonderschule wechseln muss, sondern als Schülerin mit dem Schwerpunkt Lernen an der Grundschule unterrichtet wird. Sie erläutert den Eltern die Wichtigkeit des Schulbesuchs. Dana soll später lesen, schreiben und rechnen können, so dass sie später Briefe verstehen, Formulare ausfüllen und mit Geld umgehen kann. Außerdem informiert die Lehrerin die Eltern über die Möglichkeiten im Hinblick auf Danas Schullaufbahn. Seit dem Hausbesuch kommt Dana regelmäßig zur Schule und nimmt gerne am Unterricht teil.

Beispiel 2: Tanja besucht mit 14 Jahren die achte Klasse der Hauptschule als Schülerin mit dem Förderbedarf Lernen und kommt nur am Donnerstag sowie am Freitag zum Unterricht. An diesen beiden Tagen arbeitet sie gerne im Unterricht mit. Der Lehrer bittet die alleinerziehende Mutter zum Gespräch. Am Telefon äußert sie, dass sie montags bis mittwochs nie Zeit habe, da sie bei einem Catering-Service etwa 200 Kilometer entfernt arbeite. Sie vereinbaren einen Termin am Donnerstagvormittag. Die Mutter von Tanja erscheint pünktlich in der Schule. Als der Lehrer sie auf das regelmäßige Fehlen von Tanja anspricht, berichtet sie, dass sie selbst drei Tage in der Woche arbeite und sich dann nicht um ihren sechsjährigen Sohn kümmern könne. Da die Grundschule, die ihr Kind besucht, sie „beim Jugendamt angeschwärzt habe", hat man ihr gedroht, ihren Sohn bei einer Pflegefamilie unterzubringen, wenn sie ihn nicht regelmäßig zur Schule bringen und abholen könne. Da sie an drei Tagen gar nicht zu Hause sei, müsse Tanja die Versorgung des Kindes übernehmen. Schließlich brauche sie das Kindergeld und, wenn ihr Sohn in ein Heim oder eine Pflegefamilie käme, würde man ihr dieses abziehen.

Offenbar erfüllt Tanja sehr zuverlässig diese Aufgabe, fühlt sich dann aber überfordert, um nach der morgendlichen Situation mit dem kleinen Bruder selbst noch in die Schule zu gehen, zumal sie dort erst 30 Minuten nach Unterrichtsbeginn eintreffen und sich mit Vorwürfen über ihr Zuspätkommen konfrontiert sehen würde.

Der Lehrer und Tanjas Mutter vereinbaren einen Termin mit der Sozialarbeiterin im Jugendamt, um Betreuungsmöglichkeiten für ihren Sohn zu besprechen, die Tanja den Schulbesuch ermöglichen würden.
Das Gespräch mit der Sozialarbeiterin verläuft entgegen der Erwartung von Tanjas Mutter positiv. Sie kann für ihren Sohn in der Grundschule, die seit diesem Schuljahr eine offene Ganztagsschule ist, eine Frühbetreuung buchen, so dass Tanja ihn so früh bringen kann, dass sie pünktlich zu ihrem eigenen Unterricht erscheinen kann. Außerdem wird Tanjas Bruder für die Spätbetreuung in der Schule angemeldet, so dass sie ihn erst um 18.00 Uhr abholen muss und er ganztägig versorgt wird. Tanja besucht seit dieser Regelung die Schule regelmäßig.

Beispiel 3: Mohammed, ein sozial benachteiligter Jugendlicher, hat einen Ausbildungsplatz als Konstruktionsmechaniker in einer außerbetrieblichen Lehrwerkstatt erhalten. Er ist im zweiten Ausbildungsjahr und erscheint seit zwei Wochen nicht mehr in der Lehrwerkstatt. Als sich der Ausbilder bei ihm zu Hause telefonisch meldet, verspricht er mehrmals, am nächsten Tag pünktlich zur Ausbildung zu erscheinen, kann dies aber nicht einhalten. Schließlich macht der Ausbilder an einem Vormittag einen Hausbesuch. Mohammed schläft. Die Eltern bieten dem Ausbilder Tee und Kaffee an. Es stellt sich heraus, dass Mohammed seit einigen Wochen nachts in einem Lager aushilft, damit die Familie einem erkrankten Verwandten in ihrem Heimatland Geld für teure Medikamente senden kann. Die Eltern teilen dem Ausbilder mit, dass er dann morgens schläft und es ihm nicht gelingt, zur Lehrwerkstatt zu gehen. Der Ausbilder zeigt Verständnis, erläutert aber, wie wichtig die Ausbildung für Mohammed sei, zumal er sehr gute Chancen habe, später einen festen Arbeitsplatz zu erhalten. Der Vater schaut ungläubig. Er selbst ist seit langem arbeitslos. Er äußert, dass er geglaubt habe, dass Mohammed, da er, so wie er selbst, keinen Hauptschulabschluss erreicht hat, ebenso keine Chance auf Arbeit habe. Daraus habe er geschlossen, dass Mohammed auch jetzt nachts arbeiten und die Ausbildung abbrechen könne. Der Ausbilder kann ihn davon überzeugen, dass Konstruktionsmechaniker in ihrem Landkreis gesucht seien. Der Vater sagt zu, Mohammed von dem Verdienen des Geldes für den kranken Verwandten in ihrer Heimat zu entbinden und darauf zu achten, dass er pünktlich und regelmäßig in der Lehrwerkstatt erscheint. Mohammed kommt nach zwei Tagen wieder dorthin und arbeitet bis zu seinem Ausbildungsende regelmäßig mit.

Beispiel 4: Tarek besucht im zweiten Jahr einen berufsvorbereitenden Lehrgang in der Volkshochschule. Er hatte während seiner Hauptschulzeit Förderbedarf mit dem Schwerpunkt emotionale und soziale Entwicklung. Tarek verließ die Hauptschule ohne Schulabschluss.

Als er im vorangegangenen Schuljahr zum ersten Mal den vorberuflichen Lehrgang besuchte, war er bereits in den ersten Wochen in mehrere Schlägereien verwickelt. Als er nach vier Wochen eine Schulbescheinigung erhielt, erschien er nicht mehr zum Unterricht. Der Lehrer rief mehrmals bei den Eltern an, die immer versprachen, ihn zur Schule zu schicken, aber Tarek ist das ganze Schuljahr über nicht mehr in seinem Lehrgang erschienen.

In diesem Schuljahr beginnt das Schuljahr für Tarek ähnlich. Er gerät häufig in körperliche Auseinandersetzungen und fragt täglich nach seiner Schulbescheinigung, die seine Eltern dringend bräuchten. Der neue Klassenlehrer besteht auf einem Gespräch mit den Eltern, um über Tareks Schwierigkeiten im Umgang mit anderen zu sprechen. Nachdem die Eltern auf seine Einladung zu einem Gespräch nicht reagieren, macht der Klassenlehrer zusammen mit der Sozialarbeiterin einen Hausbesuch. Die Eltern berichten, dass Tarek schon immer schwierig gewesen sei. Es habe in der Grundschule und in der Hauptschule immer Probleme gegeben. Als der Lehrer ihn auf sein Fehlen im letzten Schuljahr anspricht, sagt der Vater: „Das ist besser für alle. Geht Tarek in die Schule, leiden Lehrer, Schüler und ich. Bleibt er zu Hause, hat keiner Probleme, weil er niemanden schlägt. Also ist es besser für alle, wenn er nicht zur Schule geht. Oder?" Der Lehrer widerspricht ihm. Der Vater ist aber nicht zu überzeugen. Gegen Ende des Gespräches erinnert der Vater an die Schulbescheinigung. Er äußert, sie dringend zu benötigen. Die Sozialarbeiterin erklärt ihm, dass sie sich außer Stande sehe, diese auszustellen, wenn Tarek nicht komme. Schließlich gäbe es auch Kontrollen. Der Vater ist verzweifelt. Schließlich einigen sie sich darauf, dass die Volkshochschule die Bescheinigung immer nach einem solchen Monat ausstellt, den Tarek regelmäßig im Lehrgang erschienen ist und niemanden im Rahmen einer Auseinandersetzung verletzt hat. Der Vater stimmt widerwillig zu. Er werde mit Tarek sprechen.

Tarek kommt nun regelmäßig zum Unterricht. Seine Mitschüler sowie die Lehrer leiden unter seinen erheblichen Störungen, die er im Unterricht verursacht. Aber Tarek gelingt es, sich an die Vereinbarung mit seinem Vater zu halten und niemanden zu verletzten.

Die Sozialarbeiterin bewirkt, dass der Vater einen Antrag auf Eingliederungshilfe für Tarek beim Jugendamt stellt. Nach §54 SBG XII kann diese Hilfe zur Förderung einer angemessenen Schulbildung eingesetzt werden. Es wird für Tarek der Einsatz eines Einzelfallhelfers bewilligt, der zunächst als Lernbegleiter im Unterricht tätig ist und im weiteren Verlauf des Schuljahres sein Aufgabenfeld immer mehr in der außerschulischen Unterstützung wahrnimmt, da sich Tareks Verhalten im Unterricht verbessert.

In diesen Beispielen über Beratungen der Eltern von vier Schülern mit Schuldistanz wird deutlich, dass die Meinung dieser Eltern über die Bedeutung des regelmäßigen Schulbesuchs ihrer Kinder ausschlaggebend dafür ist, ob die Kinder oder Jugendlichen den Unterricht aufsuchen oder nicht. In diesen vier Beispielen haben alle Eltern große Vorbehalte gegenüber der Schule oder dem Jugendamt haben und sehen diese Institutionen nicht als ihre Helfer an. Vielmehr haben sie Feindbilder entwickelt. Der Hausbesuch erweist sich in drei der vier Elternberatungen als Schlüssel zum Erfolg. Der Lehrer taucht in die Welt der Eltern ein und kann sich auf diese Weise leichter in die subjektive Wahrnehmung der Eltern einfühlen, als dies bei Gesprächen in der Schule der Fall ist. Dies führt dazu, dass der Lehrer den Eltern ‚das Wort geben' und zuhören kann. Die Eltern wiederum empfinden es als Wertschätzung, wenn die Lehrer zu ihnen nach Hause kommen, und entwickeln ebenfalls eine Gesprächsbereitschaft. In allen vier Fällen verläuft das Gespräch als Dialog, so dass Eltern wie Lehrer ihre Einstellung gegenüber ihrem Gesprächspartner verändern. Der Lehrer stellt fest, dass das Fernbleiben von der Schule als Ausdruck familiärer Sorgen zu verstehen ist. Die Eltern erkennen, dass die Institution Schule nicht ihr ‚Feind', sondern ihr ‚Helfer' ist. Es wird deutlich, dass in den vier dargestellten Fällen die Elternberatung als Lernzugang für Lehrer, Eltern und Schüler wirksam wird. Die Schüler können ihre Schuldistanz überwinden und regelmäßig die Schule besuchen. Es wäre wichtig, in Schulen der Sekundarstufe I sowie in berufsvorbereitenden Lehrgängen regelmäßige Elternberatungen, ggf. in Form von Hausbesuchen, zu Beginn eines Schuljahres zu implementieren, um Eltern zu ermöglichen, ihre subjektive Einstellung gegenüber diesen Institutionen und den darin arbeitenden Lehrer und Sozialarbeiter so zu verändern, dass sie sie in schwierigen Situationen als Ansprechpartner sehen. Regelmäßige Elternberatung wirkt Schuldistanz bereits präventiv entgegen und hilft erhebliche Folgekosten einzusparen.

8.3.4 Qualifizierung von Lehrern, Erziehern und Sozialarbeitern

Eine Verwandlung von Schulen der Sekundarstufe I und Schulen mit vorberuflichen Bildungsgängen in ganztägige Bildungseinrichtungen verlangt eine Veränderung der Einstellung von Lehrern und Sozialarbeitern gegenüber der Institution, in der sie tätig sind. Coelen nennt drei entscheidende Faktoren für das Gelingen einer ganztägigen Bildungseinrichtung. „Die wechselseitige Anerkennung der unterschiedlichen Prinzipien von Verpflichtung in der Schule und Freiwilligkeit in der Jugendarbeit. 2. Eine dauerhafte Kooperation von Lehrerinnen und Sozialpädagoginnen auf sozialräumlicher Ebene. 3. Das Ganztagsangebot (…)" (Coelen 2003, 2f.). Dabei ist es wichtig, die Vertreter der verschiedenen Berufsgruppen so zu qualifizieren, dass sie die unterschiedlichen Augabenfelder

der jeweils anderen kennenlernen, damit sie so in der Lage sind, eine ganztägige Bildungseinrichtung gemeinsam zu tragen.

8.3.5 Werkstatttage

Das Dilemma ist, dass Kinder und Jugendliche mit sonderpädagogischem Förderbedarf der Schwerpunkte Lernen oder emotionale und soziale Entwicklung in der Integration wesentlich regelmäßiger die Schule besuchen, als wenn sie in einer Sonderschule unterrichtet werden, sie aber zu einem Großteil kein Interesse am schulischen Lernen entfalten können, da die Unterrichtsinhalte für sie subjektiv nicht bedeutsam sind. Damit Lernen in der Schule gelingen kann, müssen Schüler Unterrichtsthemen angeboten bekommen, die für sie subjektiv bedeutsam sind. Sie benötigen attraktive Lernangebote. Diese sind charakterisiert durch selbstbestimmtes Lernen und werkpraktisches Tun.

Ludwig, Bannach und andere Autoren zeigen, dass das interessegeleitete, selbstbestimmte Lernen an eigenen Themen zum Lernerfolg beiträgt. Der neue Rahmenlehrplan Lernen in Berlin, Brandenburg und Mecklenburg-Vorpommern verdeutlicht exemplarisch, wie subjektiv bedeutsame Inhalte der didaktische Anknüpfungspunkt für den Erwerb von Handlungskompetenzen in den Bereichen Kognition, Wissen, Technik, Medien und Soziales sein können. Dieser Herangehensweise könnte auch für die Unterrichtung von Schülern aller Altersklassen mit Schuldistanz in der allgemein bildenden Schule große Bedeutung gewinnen.

Unter werkpraktischem Arbeiten werden in den entsprechenden Publikationen Bezüge zur Berufswelt verstanden, d.h. Werkstatttage und handwerkliche Tätigkeiten. Dieser Ansatz knüpft an die Tätigkeitstheorie sowie an die Reformpädagogik an, die sich z.B. in der „Stadt als Schule" sowie in den Projekten mit Angeboten zum Produktiven Lernen konkretisieren. Diese Lernmethoden werden in der Sekundarstufe I nur in Ausnahmefällen wie einem Förderprogramm der EU praktiziert, an dem auch Berlin und Brandenburg mitwirken, oder in Projektwochen oder Projekttagen. Die Erfahrungen in diesen „Ausnahmesituationen" zeigen aber, dass „alle" Jugendliche, auch Schüler mit Schuldistanz, solche Angebote meistens begeistert wahrnehmen und oft ein solches Engagement zeigen, dass „sie nicht wiederzuerkennen sind" (Becker 2002a). Nicht selten nehmen Schüler mit Schuldistanz Unterricht nicht wahr, gehen aber gezielt zu Projekttagen und -wochen oder ins Betriebspraktikum. Offenbar halten sie ausschließlich den im Unterricht üblichen pädagogischen Diskurs nicht aus, lernen und arbeiten aber in einem solchen, der durch eine nicht-pädagogische Haltung geprägt ist (Mannoni 1982). In der Ecole expérimentale in Bonnueil s.M. in Frankreich (Mannoni 1982) findet zweimal wöchentlich ein Werkstatttag statt, an dem Jugendliche in einen Betrieb gehen, um dort zu lernen. Die zwanzigjährige Erfahrung dieser Einrichtung zeigt, dass Jugendliche an den verbleibenden drei Schultagen regelmäßig die Schule besuchen und im Unterricht besser mitarbeiten (Mannoni 1982). Dies bestätigen auch die Erfahrungen der Schule am Zwickauer Damm in Berlin-Neukölln, die des Schulversuchs zum Produktiven Lernen in Berlin sowie ebenfalls die des Ausbildungsverbundes Metall in Rüsselsheim. Eine Erhebung über den Zusammenhang zwischen Werkstatttagen und Häufigkeit des Schulbesuchs steht noch aus. In der pädagogischen Praxis dieser Projekte erweisen sich aber bereits heute zweimal wöchentlich stattfindende Werkstatttage als Lernzugänge für Schüler mit Schuldistanz.

8.3.6 Entwicklungsräume und -zeiten

Die Lernzugänge Lehrer-Schüler-Beziehung, ganztägige Bildungseinrichtung als „sozialer Ort", Elternberatung, Qualifizierung für Lehrer, Erzieher und Sozialarbeiter sowie Werkstatttage verwandeln in der subjektiven Wahrnehmung von Schülern mit Schuldistanz ihre Schule in „ihren sozialen Ort". Dort machen sie die Erfahrung, dass sie trotz der für das Jugendalter typischen Auflehnung gegen die Welt der Erwachsenen und die damit einhergehenden, von Lehrern oftmals nicht akzeptierten Verhaltensweisen, in der Institution wie in Beziehungen zu Lehrern, Sozialpädagogen und Mitschülern gehalten werden und Grenzen erfahren, die dazu führen, dass ihre Beziehungen zu diesen Bezugspersonen die konfliktreichen Phasen überdauern. Dies bedeutet, Schule eröffnet ihnen Entwicklungsräume und Entwicklungszeiten, die sie benötigen, um nach Phasen, die durch ein distanziertes Verhältnis zum Unterricht geprägt sind und in denen sie vorrangig auf nicht-schulische Angebote der ganztägigen Bildungseinrichtung zurückgreifen, wieder in den Unterricht zu reintegrieren.

8.4 Resümee

Die einschlägigen Forschungen sehen die Ursachen von Schuldistanz in einem multifaktoriellen Bedingungsgefüge. Viele Jugendliche unterliegen bildungsfernen familiären Einflüssen, die Bildung nicht als Wert vermitteln. Die Institution Schule nutzt unzureichend ihre Handlungsmöglichkeiten, die in der Lehrer-Schüler-Beziehung, in der Gestaltung von Unterricht sowie dem frühen Erkennen von Risikoschülern liegen. Lehrer wünschen oft Entlastung von schwierigen Schülern, aber keine Veränderung in der Institution Schule.

Die Ergebnisse der Studien über Schulverweigererprojekte zeigen deren Effizienz, so dass es zum Gelingen einer Integration von schuldistanzierten Schülern in der allgemein bildenden Schule wichtig ist, ihre zentralen pädagogischen Handlungsstrategien in der „Schule für alle" als Prävention, Intervention und Rehabilitation zu implementieren: Die Schulverweigererprojekte zeigen, dass Schüler mit Schuldistanz beim Wiedereinstieg ins schulische Lernen individualisierte Lernwege beschreiten und vorrangig von Angeboten der Jugendhilfe profitieren. Diese Schüler benötigen ihr eigenes Lerntempo, ihre Methode und entsprechend ihrer psychischen Verfassung temporär Einzelarbeit, Lernen in kleinen Gruppen oder im Klassenverband. Es ist wichtig, ihnen in der Schule diese individualisierten Lernwege sowie den Zugriff auf Angebote für Jugendliche zu ermöglichen. Es ist die besondere Herausforderung an die Integrative Pädagogik, die Erkenntnisse über zentrale pädagogische Handlungskonzepte für Schüler mit Schuldistanz in die aktuelle Debatte um Schul- und Unterrichtsentwicklung konsequent einzubringen und die Rechte auf Teilhabe von Jugendlichen mit Schuldistanz genauso zu vertreten wie die Rechte von Schülern mit Behinderung. Hierzu müssen sich Schulen der Sekundarstufe I und Schulen mit vorberuflichen Bildungsgängen in ganztägige Bildungseinrichtungen (s.o.) verwandeln und Strukturen implementieren, die als Lernzugänge wirksam werden. Diese sind: Qualifizierung für Lehrer, Erzieher und Sozialarbeiter, Lehrer-Schüler-Beziehung, ganztägige Bildungseinrichtung als „sozialer Ort", Werkstatttage, Entwicklungsräume und -zeiten sowie Elternberatung.

9 Zum Scheitern verurteilt?

Davon, ob sich einem Schüler der Zugang zum schulischen Lernen in der Grundschule erschlossen hat, hängt es entscheidend ab, in welchem Maß er seine Teilhabefähigkeit als junger Erwachsener in unserer Gesellschaft entwickeln kann (Fritsch 2006). Der Amoklauf bei der Eröffnung des Berliner Hauptbahnhofes am 27. Mai 2006 gibt uns einen Einblick in die Welt eines Jugendlichen, der diesen Zugang nicht finden konnte:

Ein sechzehnjähriger betrunkener Jugendlicher verletzte bei der Eröffnung des Berliner Hauptbahnhofes um 23.30 Uhr etwa 28 Personen durch Messerstiche. Er hatte ein Butterflymesser und einen Schlagring dabei (Tagesspiegel 28.5.2006): „Bis zu seiner Festnahme legt er knapp 800 m im Regierungsviertel zurück. Dabei sticht er nach Angaben der Polizei seinen Opfern wahllos in den Rücken, Brust und Po" (Tagesspiegel 28.5.2006). Freunde schildern ihn als leicht aufbrausend. An diesem Abend hat er kurz vorher einen Konflikt mit einem Gleichaltrigen seiner Clique. Gegen den jugendlichen Mike P. wurde Strafanzeige wegen gefährlicher Körperverletzung in 24 Fällen gestellt. Mike P. galt als „Wanderpokal", also als Schüler, der wegen seines unakzeptablen Verhaltens von Schule zu Schule weitergereicht wurde (Seifried 2006).

Der Amoklauf des Berliner Sechzehnjährigen ist ein Beispiel dafür, wie der mangelnde Zugang eines Jugendlichen zur Schule unverstanden bleiben kann, um dann Jahre später, wie ein Bumerang, bei der Eröffnung dieses Bahnhofes als Amoklauf wieder zu erscheinen.

Ich verstehe die Wut und die Aggressionen, die den Amoklauf des Jugendlichen ausgelöst haben, als eine Abwehr von Ohnmachtsgefühlen, die ihn in dieser Situation überwältigt haben. Besuchen Kinder und Jugendliche die Schule sehr unregelmäßig, werden sie wegen ihres problematischen Verhaltens von Schule zu Schule weitergereicht, ohne dort Lernzugänge zu finden und sich heimisch zu fühlen. In ganz anderen gesellschaftlichen Kontexten, wie eben der Eröffnung des Berliner Hauptbahnhofes am 27. Mai 2006, bricht sich ihre Verzweiflung als Destruktion Bahn. Es gibt einen eindeutigen Zusammenhang zwischen Schuldistanz und Jugendkriminalität (Tagesspiegel 17.9.2006). So werden z.b. Straftaten von Jugendlichen während der Unterrichtszeit begangen: „Der wichtigste Ansatzpunkt zur Verhinderung einer Intensivtäter- Karriere liegt im Kindesalter. So wird z.B. die Schuldistanz oft erst daran erkennbar, dass die Straftaten während der Schulzeiten begangen werden" (Senatsverwaltung für Schule, Jugend und Sport 2004).

Jugendliche, die schwere Verbrechen oder Serientaten begehen, werden in der Intensivstraftäterdatei erfasst: In Berlin ist nach offiziellen Angaben die Anzahl der Intensivstraftäter erheblich gesunken (Tagesspiegel vom 17.9.2006). Ich bin als Wissenschaftlerin überrascht. Als ich nach Klärung suche, stelle ich fest, dass die Anzahl der Serientäter offenbar so stark gestiegen ist, dass die „Eingangsvoraussetzungen für die so genannte Intensivstraftäter-Kartei drastisch verschärft wurden" (Tagesspiegel 17.9.2006). Bis 2003 ging die Polizei von etwa 250 Intensivstraftätern aus. Da es inzwischen 442 sind, wurde festgelegt, nur Jugendliche als Intensivstraftäter einzustufen, die 10, statt wie bisher 5 Straftaten verübt hatten. Auf diese Weise wurde die Statistik geschönt. Dies stellt einen Versuch dar, die Lage benachteiligter Jugendlicher und ihr Gewaltpotential zu verleugnen.

Um Gewalttaten wie in Erfurt und in Berlin zu verhindern, ist es kontraproduktiv, Statistiken zu beschönigen. Vielmehr sollten Schülern rechtzeitig, das heißt möglichst bereits in der Grundschule, Zugänge zur Teilhabe an Schule eröffnet werden, so dass einem Gefühl von Ohnmacht und Ausgeschlossensein in dieser Gesellschaft bereits präventiv begegnet werden kann (Landeskommission gegen Gewalt 2003, Fritsch 2006). Auf diese Weise können durch Hilfen in der Kindheit Straftaten im Jugendalter vermindert werden.

Die Landeskommission gegen Gewalt in Berlin hat Empfehlungen zur Prävention von Schuldistanz und Jugendkriminalität vorgelegt (2003). Diese sehen die Schaffung von Voraussetzungen zur Kooperation zwischen Schule, Polizei und Jugendhilfe, die Miteinbeziehung von Eltern bei der Integration von Schülern mit schuldistanziertem Verhalten sowie eine Reform von Unterricht vor, in dem sich auch benachteiligte Schüler mit ihrem sozialen und kulturellen Hintergrund so anerkannt fühlen, dass sie aktiv daran teilhaben können. So ist zu erklären, dass die Senatsschulverwaltung das Projekt „Übergang" in ihrer Handreichung zur Schuldistanz als positives Beispiel für gelungene Förderung, Integration und Kooperation darstellt (Landeskommission gegen Gewalt 2003).

Die Lernzugänge, die aus den in diesem Buch vorgestellten Untersuchungen resultieren, sind auch als ein Beitrag zur Prävention von Gewalt und Jugendkriminalität zu verstehen. Die Implementierung von Strukturen, die Räume für Beziehungen in Schule schafft, trägt zur Realisierung einer „Schule für alle" bei und wirkt auf diese Weise einem Scheitern von Schülern aus erschwerten Lebenslagen in der allgemein bildenden Schule aktiv entgegen. Dies erhöht erheblich die Teilhabechancen Jugendlicher und junger Erwachsener sowohl beim

Übergang von der Schule in die Arbeitswelt als auch am kulturellen und sozialen Leben. Auf diese Weise können Innovationen in der Primarstufe das Scheitern im Jugend- und Erwachsenenalter verhindern.

10 Literatur

Ahrbeck, B.: Offene Erziehung oder geschlossene Unterbringung? Eine Herausforderung an die Verhaltensgestörtenpädagogik. In: Die Sonderschule, 38, 1993, 460-477.
Ahrbeck, B./Scobel, W.: Möglichkeiten und Grenzen der Supervision bei beruflicher Überforderung von Lehrern – dargestellt am Umgang mit verhaltensgestörten Kindern. In: Zeitschrift für Heilpädagogik, 46, 1995, 2, 68-73.
Ahrbeck, B.: Konflikt und Vermeidung, Neuwied 1997.
Ahrbeck, B.: Emotionale Grundlagen des Lernens. In: Greisbach, M./Kulik, U./Souvignier, E. (Hrsg.): Von der Lernbehindertenpädagogik zur Praxis der schulischen Lernförderung. Lengerich 1998, 91-98.
Ahrbeck, B.: Kinder brauchen Erziehung. Die vergessene pädagogische Verantwortung. Stuttgart, Kohlhammer 2004.
Ahrbeck, B.: Entwicklungslinien und Zukunftsperspektiven im Fach Verhaltensgestörtenpädagogik. In: Sonderpädagogische Förderung, 50, 2005, 1, 4-12.
Ahrbeck, B.: Autonomie und Angewiesensein in der Verhaltensgestörtenpädagogik. In: Verband Sonderpädagogik (vds), Landesverband NRW (Hrsg.): Sonderpädagogische Förderung in Nordrhein-Westfalen, 2005, 3, 28-39.
Ahrbeck, B.: Der Fall des schwierigen Kindes. Weinheim, Beltz 2006.
Amtsblatt der Europäischen Gemeinschaft C 364/11, 2005.
Ahrbeck, B.: Hyperaktivität. Stuttgart, Kohlhammer 2007.
Aichhorn, A.: Verwahrloste Jugend. Leipzig 1925.
Andreo, C.: La déviance scolaire et le controle sociale. Paris 2005.
Angerhöfer, U.: Gedanken zum pädagogisch wirksamen Menschenbild in der DDR und sein Einfluss auf die Sonderpädagogik. Reflexionen und Ausblicke. In: Bleidick, U./Ellger-Rüttgardt (Hrsg.): Behindertenpädagogik im vereinten Deutschland. Weinheim, Deutscher Studien Verlag 1994, 11-28.
Antor, G./Bleidick, U. (Hrsg.): Handlexikon der Behindertenpädagogik. Stuttgart/Berlin/Köln, Kohlhammer 2001.
Apel, K.-O.: Die ‚Erklären:Verstehen'-Kontroverse in transzendalpragmatischer Sicht. Frankfurt/Main 1979.
Appel, S. (hrsg.): Handbuch Ganztagsschule. Praxis – Konzepte – Handreichungen. Schalbach/Ts., Wochenschau Verlag 2004.
Arbeitskreis Wissenschaftliche Begleitung: Zwischenbericht und erste Ergebnisse: Schulanfang auf neuen Wegen. Stuttgart 2000.
Asmussen, S./Heidenreich, R.: Empfehlungen zum Förderschwerpunkt emotionale und soziale Entwicklung. In: Drave, W./Rumpler, F./Wachtel, P. (Hrsg.): Empfehlungen zur sonderpädagogischen Förderung. Würzburg 2000, 367–372.

Bachmair, S.: Beraten will gelernt sein. München 1989.
Balint, M.: Urformen der Liebe. Hamburg 1969 (zuerst 1938).
Balint, M.: The doctor, his patient and the illness. London, Pitman Medical Publishing Co 1957.
Bandura, A.: Principles of behavior modification. New York, Holt, Rinehart and Winston 1969.
Bannach, M.: Selbstbestimmtes Lernen. Baltmannsweiler, Schneider Verlag Hohengehren 2002.
Barkley, R.A.: Hyperactive children: A handbook for diagnosis and treatment. New York, Guilford 1981.
Barthes, R.: Einführung in die strukturale Analyse von Erzählungen. In: Das semiotische Abenteuer. Frankfurt/Main, Suhrkamp 1988 (Edition Suhrkamp).
Baudisch, W.: Behinderung und Individualität – Pädagogische Herausforderung. In: Die Sonderschule, 3, 1991, 142-147.
Baudisch, W.: Identitätsentwicklung bei Jugendlichen. In: Zeitschrift für Heilpädagogik, 2, 54, 2003, 73-75.
Baur, J.: Kooperation Jugendhilfe und Schule. Freiburg 1997.
Beck, U.: Risikogesellschaft. Frankfurt/M. 1986
Becker, G./Becker, H./Huber, L. (Hrsg.): Ordnung und Unordnung. Ein Buch für Hartmut von Hentig. Weinheim 1985.
Becker, K.P./Sieck, K.: Aussonderung – Sonder- und Spezialschulen in der DDR. In: PLIB (Hrsg.): Erinnerung für die Zukunft. Zur Geschichte der Volksbildung in der DDR. Ludwigsfelde 1992.
Becker, N.: Perspektiven einer Rezeption neurowissenschaftlicher Erkenntnisse in der Erziehungswissenschaft. In: Zeitschrift für Pädagogik, 48, 2002, 707-717.
Becker, S.: Objektbeziehungspsychologie und katastrophische Veränderung. Tübingen., Edition Diskord 1990.
Becker, S. (Hrsg.): Psychose und Grenze. Gießen 1991.
Becker, S. (Hrsg.): Setting, Rahmen, therapeutisches Milieu in der psychoanalytischen Sozialarbeit. Gießen 1996.
Becker, U.: Krieg am Golf – Krieg in der Klasse. In: Neue Sammlung, 32, 1992, 1, 46-53.
Becker, U.: Trennung und Übergang. Tübingen 1995.
Becker, U.: Lernen zwischen „Fort" und „Da". In: Becker, St. (Hrsg.): Helfen statt Heilen. Gießen, Psychosozial-Verlag 1995, 177 ff.
Becker, U.: Projekt Übergang – Entwurf für ein Projekt mit Lehrern und Schülern. Unveröffentlichtes Manuskript. Berlin 1997a.
Becker, U.: Transition. Unveröffentlichtes Manuskript. Berlin 1997b.
Becker, U.: Institut für Schule und Innovation. In: Zimmer, J. (Hrsg.): Gründungsschrift der Internationalen Akademie für internationale Pädagogik, Psychologie und Ökonomie gGmbH. Unveröffentlichtes Manuskript. Berlin 1997c, 56-61.
Becker, U.: Von der Störung zur Botschaft. In: Pädagogik, 49, 1997d, 10, 25-30.
Becker, U.: Projekt „Übergang" – Ein Förderansatz für Schüler mit schwerwiegenden Verhaltensstörungen. Unveröffentlichtes Manuskript. Berlin 1998a.

Becker, U.: The project „Transition" as part of INAgGmbH. Unveröffentlichtes Manuskript 1998b.

Becker, U.: Von seelischer Behinderung bedroht – Zur Zusammenarbeit von Schule und Jugendhilfe im Bereich Verhaltensgestörtenpädagogik. In: Schmetz, D./Wachtel, P. (Hrsg.): Entwicklungen, Standorte, Perspektiven – Sonderpädagogischer Kongress. Würzburg 1998c, 443-450.

Becker, U.: Sonderpädagogische Beratung an Grundschulen – Perspektiven der Lehrerfort- und -weiterbildung. In: Sonderpädagogik in Berlin, Information des Landesverbandes (vds), 1999a, 3, 3-12.

Becker, U./Hermann, A./Stanek, M. (Hrsg.): Chaos und Entwicklung. Gießen 1999b.

Becker, U.: Die Rechenmaschine. Zur Bedeutung von Ordnung und Chaos. In: Becker, U./Hermann, A./Stanek, M. (Hrsg.): Chaos und Entwicklung. Gießen 1999c, 187-206.

Becker, U./Hermann, A./Stanek, M.: Vorwort. In: Becker, U./Hermann, A./Stanek, M. (Hrsg.): Chaos und Entwicklung. Gießen 1999d.

Becker, U.: Zur Integration und sonderpädagogischen Förderung von Schülern mit dem Förderschwerpunkt emotionale und soziale Entwicklung, Zeitschrift für Heilpädagogik, 52, 2001, 1, 13 –21.

Becker, U.: Von den Stärken ausgehen. Über Schüler mit Lernstörungen. In: Hansen-Schaberg, I./Schonig, B. (Hrsg.): Reformpädagogische Schulkonzepte. Band 5. Hohengehren, Schneider Verlag 2002a, 233-249.

Becker, U.: Hyperaktive Kinder im Unterricht. In: Arbeitshefte Kinderpsychoanalyse, 2002b, 5, 85-113.

Becker, U.: Über Schüler, die am Zugang zur Schule scheitern: Hyperaktivität als Konglomerat der Probleme kindlicher und jugendlicher Sozialisation. In: Sonderpädagogische Förderung, 49, 2004a, 4, 385-402.

Becker, U: Globalisierungstendenzen in der sonderpädagogischen Förderung – Wie kann sonderpädagogische Förderung Lernzugänge für Schüler mit den Förderschwerpunkten emotionale und soziale Entwicklung sowie Lernen eröffnen. In: Sonderpädagogische Förderung, 49, 2004b, 2, 116-129.

Becker, U.: Nach PISA und Erfurt. In: Behindertenpädagogik, 43, 2004c, 1, 3-19.

Becker, U./Hansen, E.: Elternberatung. In: Friedrich Jahresheft „Heterogenität", 23, 2004d, 123 (Jahresheft XXIII).

Becker, U., Hansen, E.: Die „Übergangsklasse". In: Friedrich Jahresheft „Heterogenität", 23, 2004e, 124 (Jahresheft XXIII).

Becker, U.: Strukturen für Schüler mit Lernbeeinträchtigungen in der Primarstufe. In: Wachtel, P./Rumpler, F. (Hrsg.): Fit fürs Lernen. Würzburg, Verband Sonderpädagogik e.V., 2005, 107-111.

Becker, U.: ADHS – Wo bleibt das Kind? In: Ahrbeck, B.: Der Fall des schwierigen Kindes. Weinheim, Beltz 2006a, 160-180.

Becker, U.: Innovative Organisationsstrukturen für Kinder mit Lernbeeinträchtigungen am Schulanfang. In: Behindertenpädagogik, 45, 2006b, 1, 68-78.

Becker, U.: Krakatit – Ein Mensch scheitert. In: Behindertenpädagogik, 45, 2006c, 2, 173-182.

Becker, U: Entwicklungsräume und Entwicklungszeiten für Schüler mit dem Förderschwerpunkt. In: Vierteljahresschrift für Heilpädagogik und ihre Nachbardisziplinen, 76, 2007a, 3, 241-252.

Becker, U.. Evaluation des Förderansatzes Projekt „Übergang". In: Zeitschrift für Heilpädagogik, 58, 2007b, 12, 497-501.

Becker, U.: Schüler mit sonderpädagogischem Förderbedarf in ganztägigen Grundschulen. Unveröffentlichtes Manuskript. Berlin 2008.

Begemann, E.: Die Erziehung sozio-kulturell benachteiligter Schüler. Hannover, Schrödel 1970.

Begemann, E.: Zum Verständnis von „Lernbehinderten" – Diagnostische Probleme in der Sonderschule im Wandel. In: Baier, H./Klein, G. (Hrsg.): Aspekte der Lernbehindertenpädagogik. Berlin, Marhold 1973, 135-160.

Behörde für Schule, Jugend und Berufsbildung, Freie und Hansestadt Hamburg 2001: REBUS-Bericht.

Benkmann, K.H.: Pädagogische Erklärungs- und Handlungsansätze bei Verhaltensstörungen in der Schule. In: Goetze, H./Neukäter, H.: Handbuch der Sonderpädagogik, Band 6. Berlin Edition Marhold/Spiess 1993, 71-119.

Benkmann, R.: Probleme sozialen Verhaltens lernauffälliger und nichtauffälliger Kinder als Aufgabe schulischer Integrationsforschung. Ein Überblick unter besonderer Berücksichtigung US-amerikanischer Untersuchungen. In: Zeitschrift für Heilpädagogik, 41, 1990, 369-388.

Benkmann, R.: Probleme und Perspektiven sonderpädagogischer Förderung von Kindern und Jugendlichen mit gravierenden Lernschwierigkeiten am Beispiel von Entwicklungen im neuen Bundesland Thüringen. In: Zeitschrift für Heilpädagogik, 51, 2000, 4-12.

Bennett, M.J. (Hrsg.): Basic Concepts of Intercultural Communication. Boston, Intercultural Press 1998.

Berg, I. K.: Familien zusammenhalten. Dortmund, Modernes Lernen 1992.

Bergsson, M./Luckfield, H.: Umgang mit schwierigen Kindern. Berlin 1998.

Berliner Morgenpost: Jugendkriminalität. 30.9.2005.

Bernfeld, S.: Der soziale Ort und seine Bedeutung für Neurosen, Verwahrlosung und Pädagogik. In: Werder, L./Wolff, R.: Antiautoritäre Erziehung und Psychoanalyse II. Ullstein TB Verlag 1974 (zuerst 1929).

Bettelheim, B.: Milieu Therapy – Indications and Illustrations. In: Psychoanalytic Review, 36, 1949, 1, S. 54-68.

Bion, W.: Learning from experience. London 1962.

Bion, W.R.: Second Thoughts. London 1967.

Bleidick, U.: Theorie der Behindertenpädagogik. Handbuch der Sonderpädagogik. Band 1. Berlin, Marhold 1985.

Bleidick, U.: Grundsatzentscheidung des Bundesverfassungsgerichtes zum Benachteiligtenverbot für Behinderte und zum Besuch von Sonderschulen. In: Die neue Sonderschule 43, 1998, 1, 39–41.

Boban, I./Hinz, A.: Diagnostik für Integrative Pädagogik. In: Eberwein, H./Knauer, S. (Hrsg.): Lernprozesse verstehen. Weinheim, Beltz 1998.

Boban, I./Schumann, I.: Einführung. In: Geiling, U./Hinz, A. (Hrsg.): Integrationspädagogik im Diskurs. Bad Heilbrunn, Verlag Julius Klinkhardt 2005, 135-137.

Bos, W./Klieme, E./Radisch F.: Gestaltungsmerkmale und Effekte ganztägiger Angebote im Grundschulbereich. Eine Sekundäranalyse zu Daten der IGLU-Studie. In: Zeitschrift für Erziehungswissenschaft, 9, 2006, 1, 30-50.

Boudon, R./Bourricaud, F. (1982): Soziologische Stichworte. Opladen, Westdeutscher Verlag 1992.

Bourdieu, P.: Zur Soziologie der symbolischen Formen. Frankfurt/Main, Suhrkamp Verlag 1970.

Bourdieu, P.: Das Elend der Welt. Konstanz 1997 (zuerst 1993).

Bovensiepen, G./Hopf, H./Molitor, G. (Hrsg.): Unruhige und unaufmerksame Kinder. Frankfurt/Main, Brandes und Apsel 2002.

Brazelton, T.B./Greenspan, S.I.: Die sieben Grundbedürfnisse von Kindern. Weinheim/ Basel, Beltz Verlag 2002.

Breitenbach, E. (2002): Lernen und Lernstörung. Würzburg 2002.

Briggs, J./Peat, F.D.: Die Entdeckung des Chaos. New York/Wien 1990 (zuerst 1989).

Brill, W.: Inklusion versus Integration? In: Geiling, U./Hinz, A. (Hrsg.): Integrationspädagogik im Diskurs. Bad Heilbrunn, Verlag Julius Klinkhardt 2005, 94-96.

Brisch, K.H.: Hyperaktivität und Aufmerksamkeitsstörung aus der Sicht der Bindungstheorie. In: Bovensiepen, G./Hopf, H./Molitor, G. (Hrsg.): Unruhige und unaufmerksame Kinder. Frankfurt/Main, Brandes und Apsel 2002, 45-69.

Bröse, B.: Gesellschaftlicher Wandel und Sonderpädagogik. In: Die Sonderschule, 7, 1991, 386-395.

Bronfenbrenner, U.: Die Ökologie der menschlichen Entwicklung. Stuttgart 1981 (zuerst 1979).

Bründel, H./Hurrelmann, K.: Einführung in die Kindheitsforschung. Weinheim, Beltz 1996.

Buber, M.: Reden über Erziehung. Heidelberg 1981 (zuerst 1960).

Bürli, A.: Normalisierung und Integration aus internationaler Sicht. In: Leonhardt, A./Wember, F.B. (Hrsg.): Grundfragen der Sonderpädagogik. Weinheim, Beltz 2003.

Buhmann, C.: Kind-Körper-Subjekt. Gießen, Psychosozial-Verlag 1997.

Bundesministerium für Arbeit und Sozialordnung: 4. Bericht der Bundesregierung über die Lage der Behinderten und die Entwicklung der Rehabilitation. Bonn 1998.

Bundesministerium für Bildung und Forschung. Bildung in Deutschland. Konsortium Bildungsberichterstattung: Ein indikatorengestützter Bericht mit einer Analyse zu Bildung und Migration. Bielefeld, Bertelsmann Verlag 2006.

Bundesministerium für wirtschaftliche Zusammenarbeit und Entwicklung 2006. Online im Internet: http//www.entwicklungshilfe.de (2.1.2006).

Bundschuh, K.: Emotionalität, Lernen und Verhalten. Bad Heilbrunn 2003.

Burk, K./Mangelsdorf, M./Schoeler, U.: Die neue Schuleingangsphase. Lernen und Lehren in entwicklungsheterogenen Gruppen. Weinheim, Beltz 1998.

Büttner, Chr./Kladzinski, M.: Partizipation, Entwicklungsförderung oder Anpassung? Kindliche Bedürfnisse und Interessen und ihre Implikationen für pädagogisches

Handeln. In: Textor, M.R. (Hrsg.): Kindergartenpädagogik – Online Handbuch. Online im Internet: http://www.kindergartenpaedagogik.de/1092.html (2006).
Campbell, S.B.: Behavior problems in preschool children: A review of resent research. In: Journal of Child Psychology an Psychiatry 1995, 36, 113-149.
Capek, K.: Krakatit. Berlin/Weimar, Aufbau Verlag 1991.
Carle, U.: Was bewegt die Schule? Baltmannsweiler 2000.
Carroll, M.: Counselling, Supervision. London 1996.
Christiani, R. (Hrsg.): Schuleingangsphase: neu gestalten. Berlin, Cornelson 2004.
Coelen, T.: „Ganztagsbildung" – Ausbildung und Identitätsbildung von Kindern und Jugendlichen durch die Zusammenarbeit von Schule und Jugendhilfe. In: Neue Praxis 2002, 1, 53-66.
Coelen, T.: Ganztagsbildung: Jugendbildung in gemeinsamer Trägerschaft. Vortrag auf der fachtagung „Kooperation konkret. Schule und Jugendhilfe für junge Menschen in Brandenburg". Blankensee 14.-15.11.2003.
Coelen, T.: Kommunale Jugendbildung. Vortrag auf der Fachtagung „Jugendhilfe und Schule im Sozialen Raum". Marburg 4.-5.12.2003.
Coelen, T./Otto, H.-U.: Grundbegriffe der Ganztagsbildung. Wiesbaden, VS Verlag 2004.
Coelen, T.: Ausbildung und Identitätsbildung. Theoretische Überlegungen zu ganztägigen Bildungseinrichtungen in konzeptioneller Absicht. In: Oelkers, J./Otto, H.U. (Hrsg.): Zeitgemäße Bildung. Herausforderungen für Erziehungswissenschaft und Bildungspolitik. München und Basel, Reinhardt Verlag 2006, 131-148.
Cohen, J./Stewart. I.: Ein Ausblick auf die Wissenschaft des 21. Jhd. Chaos-Antichaos. Berlin 1994.
Cruickshank, W.: Schwierige Kinder und Jugendliche in Schule und Elternhaus. Berlin, 2. Auflage, 1981.
Czerwenka, K. (Hrsg.): Das hyperaktive Kind. Weinheim, Beltz 1994.
Czerwenka, K./Bolvansky R./Kinze W.: Hyperaktive Kinder. Weinheim, Beltz 1997.
Datler, W./Eggert-Schmidt Noerr, A./Winterhager-Schmid, L. (Hrsg.): Das selbständige Kind. Gießen 2002.
Deegener, G.: Grundlagen der Psychotherapie mit Kindern und Jugendlichen. Weinheim 1990.
Denham, S.A./Burton, R.: Social and Emotional Prevention and Intervention Programming for Preschoolers. New York 2003.
Deppe-Wolfinger, H./Prengel, A./Reiser, H.: Integrative Pädagogik in der Grundschule. Deutsches Jugendinstitut. Materialien. München, Juventa 1990.
Deppe-Wolfinger, H.: Integration im gesellschaftlichen Widerspruch. In: Eberwein, H.: Handbuch Integrationspädagogik. Weinheim, Beltz, 4. Auflage 1997, 25-32.
Deppe-Wolfinger, H.: Integrationskultur – am Anfang oder am Ende? In: Sander, A./ Schnell, I. (Hrsg.): Inklusive Pädagogik. Bad Heilbrunn, Verlag Julius Klinckhardt 2004, 41-74.
Deppe-Wolfinger, H.: Was macht die inklusive Qualität einer guten Schule aus und wie kann sie umgesetzt werden? In: Geiling, U./Hinz, A. (Hrsg.): Integrationspädagogik im Diskurs. Bad Heilbrunn, Verlag Julius Klinkhardt 2005, 103-105.

Deutsche Bank Stiftung: Faltermann, J./Bylinski, U./Glinka, H.-J.: Schulverweigerung – jetzt handeln. Bände 1-5. Frankfurt/Main. Eigenverlag des deutschen Vereins für öffentliche und private Fürsorge 2006.

Deutscher Bildungsrat: Strukturplan für das Bildungswesen. Stuttgart 1970.

Deutsches PISA-Konsortium: PISA 2000. Opladen, Leske und Budrich 2001

Devereux, G.: Ethnopsychoanalyse. Die komplementaristische Methode in den Wissenschaften vom Menschen. Frankfurt/Main 1978.

Devereux, G.: Angst und Methode in den Verhaltenswissenschaften. Frankfurt/Main 1984.

Dewey, J.: Erziehung durch und für Erfahrung. Stuttgart 1986.

Dewey, J.: demokratie und Erziehung. Weinheim 1993.

Dilling, H. (Hrsg.): Weltgesundheitsorganisation (WHO): Lexikon zur ICD-10 Klassifikation psychischer Störungen. Bern, Verlag Hans Huber, 2. Auflage 2002.

Dilthey, W.: Entwürfe zu einer Kritik der historischen Vernunft. In: Gadamer, H.-G./Boehm, G. (Hrsg.): Seminar: Philosophische Hermeneutik. Frankfurt/Main 1976, 189-220.

Döpfner, M./Schürmann, S./Fröhlich, J.: Therapieprogramm für Kinder mit hyperkinetischem und oppositionellem Problemverhalten THOP. Weinheim, Beltz 1998.

Döpfner, M.: Hyperkinetische Störungen. In: Petermann, F. (Hrsg.): Lehrbuch der Klinischen Kinderpsychologie und –psychotherapie. Modelle psychischer Störungen im Kindes- und Jugendalter. Göttingen 2003, 151-186.

Dolto, F.: Dix ans après. Quel avenir? Paris, Fondation de France 1991.

Drave, W./Rumpler, F./Wachtel, P.: Empfehlungen zur sonderpädagogischen Förderung. Würzburg 2000.

Duckworth, K./de Jung (1986): Variation in Student Skipping: A Study of Six High Schools. New York.

Duckworth, K./de Jung: Inhibition Class Cutting Among High School Students. In: The High School Journal, April/May, 1989, 188-195.

Durkheim, E.: Der Selbstmord. Berlin/Neuwied 1973 (zuerst 1897).

Eberwein, H.. Zur Integration sogenannter lernbehinderter und verhaltensgestörter Schüler in die allgemeine Schule oder das neue Aufgaben- und Selbstverständnis des Sonderschullehrers. In: Iben, G.: Heil- und Sonderpädagogik. Kronberg 1975, 72-96.

Eberwein, H.: Behinderte und Nichtbehinderte lernen gemeinsam. Weinheim, Basel 1988.

Eberwein, H.: Handbuch Integrationspädagogik. Weinheim, Beltz, 4. Auflage 1997a.

Eberwein, H.: Lernbehinderung – Faktum oder Konstrukt? In: Zeitschrift für Heilpädagogik, 48, 1997b, 14-22.

Eberwein, H./Knauer, S.: Integrationspädagogik. Kinder mit und ohne Behinderung lernen gemeinsam. Ein Handbuch. Weinheim, Beltz Verlag 2002.

Eberwein, H.: PISA und die Selektion von Kindern mit Lernschwierigkeiten. In: Zeitschrift für Heilpädagogik, 54, 2003, 8, 338-342.

Eberwein, H./Knauer, S.: Lernprozesse verstehen. Weinheim, Beltz 2003.

Einstein, A.: Aus meinen späten Jahren. New York 1979.

Ekstein, R./Motto, R.L.: From learning to love to love of learning. New York, International Universities Press 1969.

Ellger-Rüttgardt, S.: Berliner Rehabilitationspädagogik. Eine pädagogische Disziplin auf der Suche nach neuer Identität. In: Die Sonderschule, 41, 1996, 3-20.

Ellger-Rüttgardt, S.: Kritiker der Hilfsschule als Vorläufer der Integrationsbewegung. In: Eberwein, H.: Handbuch Integrationspädagogik. Weinheim, Beltz, 4. Auflage 1997, 48-54.

Ellger-Rüttgardt, S.: Lernbehindertenpädagogik. Studientexte zur Geschichte der Behindertenpädagogik. Band 5. Weinheim/Basel 2003.

Erikson, E. H.: Identität und Lebenszyklus. Frankfurt/Main 1963 (1959)

Ertle, Chr./Neidhardt, W. (Hrsg.): Unterricht mit Kindern in Not. Bad Heilbrunn, Verlag Julius Klinkhardt 1994.

Esser, G./Schmidt, M.: Minimale cerebrale Dysfunktion. Stuttgart, Enke Verlag 1987.

Esser, G.: Der langfristige Verlauf von Teilleistungsschwächen. In: Steinhausen, Chr. (Hrsg.): Hirnfunktionsstörungen und Teilleistungsschwächen. Berlin, Springer 1998, 187-211.

Esterle-Hedibel, M.: La déscolarisation, une nouvelle forme de déviance juvenile. –Paris 2007.

Ettrich, C./Herbst, M.: Analyse von Selbst- und Fremdurteil bei Kindern und Jugendlichen mit Verhaltensauffälligkeiten. In: Zeitschrift für Heilpädagogik, 54, 2003, 363-369.

Europäische Kommission (Hrsg.): EURYDICE, Die Bekämpfung des Schulversagens. Eine Herausforderung an ein Vereintes Europa. Brüssel 1994.

Fann, K.T.: Peirce`s Theory of Abduction. The Hague, Nijhoff 1970.

Faust-Siehl, G./Garlichs, A./Ramseger, J./Warm, U. (Hrsg.): Die Zukunft beginnt in der Grundschule. Zur Neugestaltung der Primarstufe. Ein Projekt des Grundschulverbandes. Reinbek, Rowohlt 1996.

Faust-Siehl, G./Speck-Hamdan, A. (Hrsg.): Schulanfang ohne Umwege. Mehr Flexibilität im Bildungswesen. Frankfurt/Main, Arbeitskreis Grundschule 2001.

Faust, G.: Individuelle Förderung beim Übergang in die Grundschule. Maßnahmen zur Abstimmung der frühen Lernprozesse. In: Schulverwaltung spezial, Sonderausgabe 2004, 2, 40-42.

Faust, G./Götz, M./Hacker, H./Roßbach, H. (Hrsg.): Anschlussfähige Bildungsprozesse im Elementar- und Primarbereich. Bad Heilbrunn, Verlag Julius Klinkhardt 2004.

Faust, G.: Die neue Schuleingangsstufe und die Einschulung in den Bundesländern – eine aktuelle Bestandsaufnahme. Erscheint voraussichtlich gekürzt in: Hinz, A. (Hrsg.): Auf den Anfang kommt es an: Kompetenzen entwickeln – Kompetenzen stärken. Wiesbaden, Verlag für Sozialwissenschaften, 2005

Federn, E.: Ein Leben mit der Psychoanalyse. Gießen, Psychosozial Verlag 1999.

Feuser, G.: Gemeinsames Lernen am gemeinsamen Gegenstand. In: Hildeschmidt, A./ Schnell, I. (Hrsg.): Integrationspädagogik. Weinheim/München, Juventa 1998, 19-35.

Feuser, G.(Hrsg.): Integration heute. Frankfurt/Main 2003.

Feyerer, E.: Inklusion – Herausforderung an die Lehre am Beispiel der Pädagogischen Akademie des Bundes in Linz. In: Sander, A./Schnell, I. (Hrsg.): Inklusive Pädagogik. Bad Heilbrunn, Verlag Julius Klinckhardt 2004, 339-350.

Flick, U.: Qualitative Forschung. Reinbek 1995.
Foerster, H.v.: Sicht und Einsicht. Heidelberg, Carl-Auer-Systeme Verlag 1999.
Franzkowiak, T.: Kinder als Zeichen- und Schriftforscher. In: Rumpler, F./Wachtel, P.: Fit fürs Lernen.Würzburg 2005, 187-193.
Freire, P.: Pädagogik der Unterdrückten, Reinbek 1970.
Freud, S.: Jenseits des Lustprinzips. In: Stud. Bd. 3, Frankfurt/Main, Fischer Verlag 1982, 213-272 (zuerst 1920).
Freud, S.: Hemmung, Symptom und Angst. In: Stud. Bd. 6, Frankfurt/Main, Fischer Verlag 1982, 227-310 (zuerst 1926).
Freyberg, T.v./Wolff, A.: Störer und Gestörte. Giessen. Brandes und Apsel 2005.
Friebertshäuser, B./Prengel, A.: Studienausgabe des Handbuchs qualitative Forschungsmethoden in der Erziehungswissenschaft. Weinheim/München 2003.
Fritsch, C.: Der Umgang der Jugendhilfe mit Intensivtätern/-innen in Berlin. Hannover, Verlag Deutsches Jugendinstitut 2006.
Fuchs, H.W./Reuter, L.R.: Bildungspolitik seit der Wende. Dokumente zum Umbau des ostdeutschen Bildungssystems. Opladen 1995.
Fürstenau, P. : Zur Theorie Psychoanalytischer Praxis. Stuttgart 1978.
Gadamer, H.-G./Boehm, G. (Hrsg.): Seminar: Philosophische Hermeneutik. Frankfurt/Main 1976, 189-220.
Galtung, J.: Menschliche Bedürfnisse – Brennpunkt für die Sozialwissenschaften. In: Blum, F.H. (Hrsg.): Sozialwissenschaften – wozu? Brennpunkte 8, Frankfurt/Main 1977, 89-110.
Garlichs, A./Faust-Siehl, G./Ramsegger, J./Schwarz, H./Warm, U. (Hrsg.): Die Zukunft beginnt in der Grundschule. Zur Neugestaltung der Primarstufe. Ein Projekt des Grundschulverbandes. Reinbek, Rowohlt 1996.
Geertz, C.: Dichte Beschreibung. Beiträge zum Verstehen kultureller Systeme. Frankfurt 1983.
Gehrmann, P.: Neue Wege in der Lehrerausbildung – integrierte Sonderpädagogik mit Schwerpunkt Heterogenität im BA/MA-Studium Erziehungswissenschaft an der Universität Bielefeld. In: Geiling, U./Hinz, A. (Hrsg.): Integrationspädagogik im Diskurs. Bad Heilbrunn, Verlag Julius Klinkhardt 2005, 195-198.
Geiling, U./Hinz, A. (Hrsg.): Integrationspädagogik im Diskurs. Bad Heilbrunn, Verlag Julius Klinkhardt 2005.
Genette, G.: Die Erzählung. Stuttgart 1998.
Gergen, K. J.: Das übersättigte Selbst. Heidelberg 1996.
Gerken, N., Natzke, H./Petermann, F./Walter, H.J.: Verhaltenstraining für Schulanfänger. In: Kindheit und Entwicklung, 11, 2002, 119-128.
Gesetz zur Neuordnung des Kinder- und Jugendhilferechts. In: Sozialgesetzbuch VIII (SGB) - Kinder- und Jugendhilfe, 3. vollständig überarbeitete Auflage. München 2006 (zuerst 1990).
Giesecke, Th.: Die pädagogische und politische Dimension von Schule. In: Fauser, P.: Wozu die Schule da ist. Seelze 1996, 67ff.
Ginnold, A./Hans, M. (Hrsg.): Integration von Menschen mit Behinderung – Entwicklungen in Europa. Berlin/Neuwied, Luchterhand 2000.

Goetze, H.: Konzepte zur integrierten Unterrichtung von Schülern mit Verhaltensstörungen – dargestellt an Ergebnissen der amerikanischen Mainstreamforschung. Vierteljahresschrift für Heilpädagogik und ihre Nachbargebiete, 60, 1991, 6-17.

Goetze, H. Der personenzentrierte Ansatz. Die pädagogisch-therapeutisch orientierten Spielstunden mit Bernd. In: Wittrock, M.: Verhaltensstörungen als Herausforderung. Pädagogisch-therapeutische Erklärungs- und Handlungsansätze. Universität Oldenburg 1998, 62-82.

Goetze, H./Julius, H./Schlosser, R.W.: Kontrollierte Einzelfallstudien. Göttingen, Hogrefe 2000.

Goetze, H.: Grundriss der Verhaltensgestörtenpädagogik. Berlin, Edition Marhold/Spiess 2001.

Goetze, H./Julius, N.: Psychische Auffälligkeiten von Kindern in den neuen Bundesländern am Beispiel der Uckermark. In: Heilpädagogische Forschung, 27, 2001, 1, 15-22.

Goetze, H.: Die Effektivität der Life-Space-Konfliktlösungsintervention bei Förderschülern dargestellt an zwei kontrollierten Einzelfalluntersuchungen. In: Heilpädagogische Forschung, 24, 2003, 84-95.

Goetze, H./Neukäter, H.: Handbuch der Sonderpädagogik, Band 6. Berlin Edition Marhold/Spiess 1993.

Göppel, R.: Ursprünge der seelischen Gesundheit. Risiko- und Schutzfaktoren in der kindlichen Entwicklung. Würzburg, Edition Bentheim 1997.

Göppel, R.: Bildung als Chance. In: Opp, G./Fingerle, M./Freytag, A. (Hrsg.): Was Kinder stärkt. München, Ernst Reinhardt Verlag 1999, 170-190.

Götz, M.: Schuleingangsstufe. In: Einsiedler, W./Götz, M./Hacker, M./Kahlert, J./Keck, R./Sandfuchs, U. (Hrsg.): Handbuch Grundschulpädagogik und Grundschuldidaktik. Bad Heilbrunn, 2. Auflage 2001, 82-91.

Götz, M.: Die neue Schuleingangsphase in Deutschland: Alter Wein in neuen Schäuchen? In: Faust, G./Götz, M./Hacker, H./Roßbach, H. (Hrsg.): Anschlussfähige Bildungsprozesse im Elementar- und Primarbereich. Bad Heilbrunn, Verlag Julius Klinkhardt 2004, 254-272.

Greenhill, L.L.: Attention-deficit disorder in children. In: Garfinkel, B./Carlson G./Weller, E. (Hrsg.): Psychiatric disorders in children and adolescents. Philadelphia, Saunders 1990, 149-170.

Greisbach, M./Kulig, U./Souvignier, E. (Hrsg.): Von der Lernbehindertenpädagogik zur Praxis der schulischen Lernförderung. Lengerich 1998, 91-98.

Greschik, S.: Das Chaos und seine Ordnung. München, Deutscher Taschenbuch Verlag 1998.

Grimm, J. u. W.: Deutsches Wörterbuch. München 1984 (zuerst 1852).

Gröschke, D.: Psychologische Grundlagen der Heilpädagogik. Bad Heilbrunn 1999.

Grossmann, G.: Dialektik der Entwicklung geschädigter Kinder. In: Die Sonderschule, 22, 1977, 297-307.

Haase, P.: Nach einem Jahr Anfangsunterricht an der Förderschule für Lernhilfe zurück an die Allgemeine Schule – Förderdiagnostischer Schreib-Lese-Anfangsunterricht. In: Rumpler, F./Wachtel, P. (Hrsg.): Fit fürs Lernen. Würzburg 2005, 194-199.

Hacker, H.: Die Anschlussfähigkeit von vorschulischer und schulischer Bildung. In: Faust, G./Götz, M./Hacker, H./Roßbach, H. (Hrsg.): Anschlussfähige Bildungsprozesse im Elementar- und Primarbereich. Bad Heilbrunn, Verlag Julius Klinkhardt 2004, 272-284.

Häcker, H.v./Stapf, K.H.: Dorsch. Psychologisches Wörterbuch. Bern, Hans Huber Verlag, 13. Auflage 1998.

Haeberlin, U.: Die Integration von Lernbehinderten. Bern 1990.

Haeberlin, U./Jenny-Fuchs, E./Moser-Opitz, E.: Zusammenarbeit. Bern 1992.

Haeberlin, U.: Heilpädagogik als wertgeleitete Wissenschaft. Bern/Stuttgart/Wien 1996.

Hallahan, D.P./Cruickshank, W.M.: Lernstörungen bzw. Lernbehinderung, Reinbek 1979.

Häsel-Weide, U.: Sachrechnen im Unterricht der Primarstufe. In: Rumpler, F./Wachtel, P. (Hrsg.): Fit fürs Lernen. Würzburg 2005, 241-248.

Hans, M./Ginnold, A. (Hrsg.): Integration von Menschen mit Behinderung – Entwicklungen in Europa. Neuwied, Luchterhand 2000.

Hartmann, B./Mutzeck, W./Fingerle, M.: Die Prävalenz von Verhaltensauffälligkeiten. Ergebnisse einer Studie an Grundschulen. In: Sonderpädagogik, 33, 2003, 191-197.

Hasemann, K./Meschenmoser, H.: Pädagogik in Kooperation. Battmannsweiler 1996.

Hausotter, A.: Die Förderung von Schülerinnen und Schülern mit sonderpädagogischem Förderbedarf in Europa. In: Gemeinsam leben, 1998, 4, 152-156.

Hausotter, A.: Sonderpädagogische Förderung in Europa – eine bibliographische Auswahl. In: Ginnold, A./Hans, M. (Hrsg.): Integration von Menschen mit Behinderung – Entwicklungen in Europa. Berlin/Neuwied, Luchterhand 2000, 327-332.

Häussler, G.: Im Vorfeld der psychoanalytischen Behandlungdes hyperkinetischen Syndroms und der Aufmerksamkeitsstörung. In: Bovensiepen, G./Hopf, H./Molitor, G. (Hrsg.): Unruhige und unaufmerksame Kinder. Frankfurt/Main, Brandes und Apsel 2002, 136-164.

Hawking, S.W.: Eine kurze Geschichte der Zeit. Hamburg, Rowohlt Verlag 1991.

Hawking, S.W. Einsteins Traum. New York 1993.

Heinemann, E.: Mama Afrika. Frankfurt/Main 1990.

Heinemann, E.: Gewalttätige Kinder. Frankfurt/Main 1992 .

Heinemann, E./Hopf, H. : Psychische Störungen in Kindheit und Jugend. Stuttgart 2001.

Heinz, J.: Nervosität in der Moderne. In: Bovensiepen, G./Hopf, H./Molitor, G. (Hrsg.): Unruhige und unaufmerksame Kinder. Frankfurt/Main, Brandes und Apsel 2002, 315-343.

Helmke, A./Weinert, F.E.: Entwicklung im Grundschulalter. Weinheim, Beltz 1997.

Hennemann, T.: Fit for Emotion – Präventive Förderung emotionaler Kompetenzen von Kindern. In: Rumpler, F./Wachtel, P. (Hrsg.): Fit fürs Lernen. Würzburg 2005, 133-141.

Herzog, W.: Zeitgemäße Erziehung. Weilerswist, Velbrück Wissenschaft 2002.

Heyer, P.: Integrativer Unterricht und Schulleben. In: Heyer, P. (Hrsg.): Zehn Jahre wohnortnahe Integration. Frankfurt/Main, Arbeitskreis Grundschule 1993, 63-82.

Heyer, P. (Hrsg.): Zehn Jahre wohnortnahe Integration. Frankfurt/Main, Arbeitskreis Grundschule 1993.

Heyer, P./Preuss-Lausitz, U. (Hrsg.): Länger gemeinsam lernen. Frankfurt/Main, Grundschulverband 2003.
Heyer, P./Preuss-Lausitz, U./Schöler, J.: Behinderte sind doch auch Kinder wie wir. Erfahrungen mit dem Mehrebenenansatz in Brandenburg. Berlin 1997.
Hildeschmidt, A. (Hrsg.) (1979): Unregelmäßiger Schulbesuch. Weinheim 1979.
Hildeschmidt, A./Schnell, I. (Hrsg.): Integrationspädagogik. Weinheim/München, Juventa 1998.
Hillenbrand, C.: Reformpädagogik und Heilpädagogik unter besonderer Berücksichtigung der Hilfsschule. Bad Heilbrunn 1994.
Hillenbrand, C.: Einführung in die Verhaltensgestörtenpädagogik. München, Ernst Reinhardt Verlag, 1. Auflage, 1999.
Hillenbrand, C.: Einführung in die Verhaltensgestörtenpädagogik. München, Ernst Reinhardt Verlag, 2. Auflage, 2002.
Hillenbrand, C.. Pädagogische Interventionen bei Gefühls- und Verhaltensstörungen. In: Leonhardt, A./Wember, F. (Hrsg.): Grundfragen der Sonderpädagogik. Bildung – Erziehung – Behinderung. Weinheim, Beltz 2003, 518-544.
Hillenbrand, C.: Fit for Emotion – Grundlagen präventiver Erziehungshilfe in der Schule für Lernhilfe. In: Rumpler, F./Wachtel, P.: Fit fürs Lernen. Würzburg 2005, 124-132.
Hillenbrand, C./Hennemann, T.: Präventive Erziehungshilfe in der Grundschulstufe. In: Zeitschrift für Heilpädagogik, 57, 2006, 2, 42-51.
Hiller, G.G.: Perspektiven der Schule für Lernhilfe. In: Zeitschrift für Pädagogik, 35, 1988, 2, 227-245
Hiller, G.G.: Ausbruch aus dem Bildungskeller, Langenau-Ulm, Armin Vaas Verlag, 3. Auflage 1997.
Hiller, G.G.: Ein Bildungskonzept für Jugendliche in schwierigen Lebenslagen. In: Die neue Sonderschule, 47, 2002, 327-332.
Hinz, A.: Heterogenität in der Schule. Hamburg 1993.
Hinz, A./Katzenbach, D./Rauer, W./Schuck, K.D./Wocken, H./Wudke, H.: Die integrative Grundschule im sozialen Brennpunkt. Ergebnisse eines Schulversuchs. Hamburg 1998.
Hinz, A.: Sonderpädagogik im Rahmen von Pädagogik der Vielfalt und Inclusive Education. Überlegungen zu neuen paradigmatischen Orientierungen. In: Albrecht, F./ Hinz, A./Moser, V. (Hrsg.): Perspektiven der Sonderpädagogik. Neuwied, Luchterhand 2000a, 124-140.
Hinz, A.: Vom halbvollen zum halbleeren Glas der Integration – gemeinsame Erziehung in der Bundesrepublik Deutschland. In: Hans, M./Ginnold, A. (Hrsg.): Integration von Menschen mit Behinderung – Entwicklungen in Europa. Neuwied, Luchterhand 2000b, 230-237.
Hinz, A.: Von der Integration zur Inklusion. Terminologisches Spiel oder konzeptionelle Weiterentwicklung? In: Zeitschrift für Heilpädagogik, 53, 2002, 354-361.
Hinz, A.: Vom sonderpädagogischen Verständnis der Integration zum integrationspädagogischen Verständnis der Inklusion? In: Sander, A./Schnell, I. (Hrsg.): Inklusive Pädagogik. Bad Heilbrunn, Verlag Julius Klinckhardt 2004, 41-74.

Hinz, A.: Zur disziplinären Verortung der Integrationspädagogik – sieben Thesen. In: Geiling, U./Hinz, A. (Hrsg.): Integrationspädagogik im Diskurs. Bad Heilbrunn, Verlag Julius Klinkhardt 2005, 75-77.

Hippler, B.: Mobile schulische Erziehungshilfe. Pädagogisch-therapeutische Maßnahmen von Sonderschullehrern bei verhaltensgestörten Kindern an Grund- und Hauptschulen. Birkach 1985.

Hofmann, C./Bader, C./Ried, M.: Prävalenz und Korrelate des Schulschwänzens an allgemeinen Schulen aus der Sicht der Schüler und Lehrer. In: Giessener Universitätsblätter, 37, 2004.

Hofmann, C./Hollaschke, I./Kickartz, F.:„Jeder Schüler kann selbst zum Schulschwänzer werden" – Ergebnisse einer Untersuchung zu Schulabsentismus an vier Gesamtschulen. In: Zeitschrift für Heilpädagogik, 58, 2007, 12, 477-486.

Hoffmann, M.H.G.: Lernende lernen abduktiv: eine Methodologie kreativen Denkens. In: Ziebertz, H.G./Heil, S./Prokopf, A. (Hrsg.): Abduktive Korrelation. Religionspädagogische Konzeption, Methodologie und Professionalität im interdisziplinären Dialog. Münster, LIT-Verlag 2003, 125-136.

Holler-Zittlau, I.: Mit Sprache kommt man besser durch! In: Rumpler, F./Wachtel, P. (Hrsg.): Fit fürs Lernen. Würzburg 2005, 173-180.

Holtappels, H.G./Heitmeyer, W./Melzer, W./Tillmann, K.-J. (Hrsg.): Forschung über Gewalt an Schulen. Weinheim, Beltz 1997.

Holtappels, H.G./Höhmann, K./Schnetzer, T.: Ganztagsschule – Konzept, Forschungsbefunde, akutelle Entwicklungen. In: Holtappels, H.G. (Hrsg.): Jahrbuch der Schulentwicklung Bd. 13. Weinheim, Juventa 2004.

Holtappels, H.G./Höhmann, K./Kamski, I./Schnetzer, T.: Entwicklung und Organisation von Ganztagsschulen. Institut für Schulentwicklungsforschung. Dortmund 2005.

Holtappels, H.G.: Pädagogische Profile und Organisationsformen von ganztägigen Schulen. Ausgewählte Ergebnisse der IFS-Schulleiterbefragung 2003/04 in bis 2002 gegründeten Ganztagsschulen. Institut für Schulentwicklungsforschung. Dortmund 2006.

Holy, J.: Geschichte der tschechischen Literatur des 20. Jahrhunderts. Wien 2003.

Homfeldt, H.G.: Gesundheitsförderung und Schulsozialarbeit. In: Hartnuß, B./ Maykus, St. (Hrsg.): Handbuch Kooperation von Jugendhilfe und Schule. Frankfurt/ Main 2004, 371-388.

Hondrich, K.O.: Menschliche Bedürfnisse und soziale Steuerung. Reinbek, Rowohlt 1975.

Horstkemper, M./Tillmann, K.-J. (Hrsg.): Schulische Förderung im benachteiligten Stadtteil – zur pädagogischen Wirksamkeit des «Regionalen Verbundsystems Kassel» 1980 – 1982 (Abschlussbericht). Dortmund 1984.

Hössl, A.: Integration behinderter Kinder in Schweden. München, Verlag Deutsches Jugendinstitut 1982.

Hübner, R.: Die Rehabilitationspädagogik in der DDR: Zur Entwicklung einer Profession. Frankfurt/Main, Lang 2000.

Hüther, G./Adler, L./Rüther, E.: Die neurobiologische Verankerung psychosozialer Erfahrung. In: Zeitschrift für Psychosomatische Medizin und Psychoanalyse 45 (1999) 1, 2–17.

Hüther, G.: Kritische Anmerkungen zu den bei ADHD-Kindern beobachteten neurobiologischen Veränderungen und den vermuteten Wirkungen von Psychostimulanzien. In: Analytische Kinder- und Jugendlichen-Psychotherapie, XXXII. Jg., 4/2001, 471-486.

Hüther, G./Bonney, H.: Neues vom Zappelphilipp. ADS verstehen, vorbeugen und behandeln. Düsseldorf 2002.

Iben, G.: Armut als Thema der Sonderpädagogik. In: Zeitschrift für Heilpädagogik, 11, 47, 1996, 450-453.

ICD 10 (2007): Internationale Klassifikation der Krankheiten. Im Internet unter: www.dimdi.de/de/klassi/diagnosen/icd10 - Download vom 14.10.2007.

Inhelder, B. (1943): Le diagnostic du raisonnement. Paris 1943.

Jacob, M.: Psychodynamic Counselling in action. London 1988.

Jacobs, S.: Professionelle Kooperation als wesentlicher Grundpfeiler der Integrationspädagogik. In: Geiling, U./Hinz, A. (Hrsg.): Integrationspädagogik im Diskurs. Bad Heilbrunn 2005, 86-89.

Jansen, F.: Vortrag in der Universität Hamburg auf dem vds-Kongress, 2003.

Jantzen, W.: Eine neuropsychologische Theorie des Autismus. In: Behindertenpädagogik, 1985, 3, 274.

Jantzen, W.: Autoaggressivität und selbstverletzendes Verhalten. Berlin 1986 (zuerst 1980).

Jantzen, W.: Abbild und Tätigkeit. Solms, Oberbiel 1986.

Jantzen, W.: Natur, Psyche und Gesellschaft im heilpädagogischen Feld. In: Zeitschrift für Heilpädagogik, 54, 2003, 2, 59-66.

Jerg, J.: Assistenz – die Brücke zu den Mitmenschen. In: Geiling, U./Hinz, A. (Hrsg.): Integrationspädagogik im Diskurs. Bad Heilbrunn, Verlag Julius Klinkhardt 2005, 138-140.

Jühlich, M.: Schulische Integration in den USA. Bad Heilbrunn 1996.

Kanter, G.O./Speck, O. (Hrsg.): Pädagogik der Lernbehinderten. Handbuch der Sonderpädagogik. Band 4. Berlin, 2. Auflage 1980.

Kanter, G.O.: Von den generalisierenden Prinzipien der Hilfsschuldidaktik/-methodik zur konzeptgebundenen Lernförderung. In: Greisbach, M. u.a. (Hrsg.): Von der Lernbehindertenpädagogik zur Praxis schulischer Lernförderung.Lengerich 1998, 9-22.

Kanter, G.O.: Lernbehinderung, Lernbehinderte, Lernbehindertenpädagogik, in: Anton, G./Bleidick, U. (Hrsg.): Handlexikon der Behindertenpädagogik. Stuttgart 2001, 119-124.

Kanter, G.O.: Buchbesprechung. In: Zeitschrift für Heilpädagogik, 56, 2005, 6, 242-243.

Kaschade, H.J. (1992): Die Integration Behinderter in der amerikanischen und kanadischen Vorschulpädagogik. Münster/New York, Waxmann Verlag 1992.

Katzenbach, D.: Die soziale Konstitution der Vernunft. Heildelberg, Asanger 1992.

Katzenbach, D.: Wegmarken und Stolpersteine in der Weiterentwicklung der integrativen Grundschule. Hamburg, Hamburger Buchwerkstatt 1999.

Katzenbach, D.: Braucht die Inklusionspädagogik sonderpädagogische Kompetenz? In: Geiling, U./Hinz, A. (Hrsg.): Integrationspädagogik im Diskurs. Bad Heilbrunn, Verlag Julius Klinkhardt 2005, 86-89.

Kautter, H./Munz, W. (Hrsg.): Schule und Emotion. Heidelberg 2004.

Keimig, U.: Verstehen von Lernbehinderung unter Aspekten der genetischen Epistemologie und der Psychoanalyse. Unveröffentlichtes Manuskript, 1986.

Keimig, U./Buhmann, Ch.: Trennungen – ein Briefwechsel über eine besondere psychoanalytische Praxis in der Versuchsschule Bonneuil. In: Becker, St. (Hrsg.): Psychose und Grenze. Tübingen 1991, 17-29.

Kilb, J./Weidner, J.: „So etwas hat noch nie jemand zu mir gesagt (...)" Aktuelle Auswertungen zu Möglichkeiten und Grenzen des Anti-Aggressivitäts- und Coolness-Trainings. In: Kriminologisches Journal, 34, 2002, 298-303.

Kimberly, H.: Who`s Skipping School: Characteristics of Truants in 8th and 10th Grade. In: Journal of School Health, v 77, 2007, 1, S. 29-35.

Klein, M.: Die Psychoanalyse des Kindes. Stuttgart 1973 (zuerst 1932).

Klein, G.: Frühförderung für Lernbehinderte – eine verdrängte Aufgabe. In: Siepmann, G./Salzberg-Ludwig, K. (Hrsg.): Gegenwärtige und zukünftige Aufgaben in der Lernbehindertenpädagogik, Teil 1. Universität Potsdam 1996.

Klein, G.: Sozialer Hintergrund und Schullaufbahn von lernbehinderten Schülern 1969 und 1997. In: Zeitschrift für Heilpädagogik, 52, 2001, 2, 51-54.

Klieme, E./Radisch, F.: Wirkung ganztägiger Schulorganisation. Deutsches Institut für internationale Pädagogische Forschung. Frankfurt am Main 2003.

Knauer, S.: Integrationspädagogik im gesellschaftlichen Umbruch. Online im Internet: http://www.kiwif.de/Sommersemester 2003.

Knauf, A./Liebers, K./Prengel, A.: Länderübergreifende Curricula für die Grundschule. Bad Heilbrunn, Verlag Julius Klinkhardt 2005.

Kornmann, R.: Erneuter Anstieg der Überrepräsentation ausländischer Kinder in Schulen für Lernbehinderte. In: Zeitschrift für Heilpädagogik, 54, 2003, 7, 286-289.

Krapp, A./Prenzel, M. (Hrsg.): Interesse, Lernen, Leistung. Münster 1992.

Krapp, A.: Intrinsische Lernmotivation und Interesse. In: Zeitschrift für Pädagogik, 45, 1999, 3, 387-406.

Krapp, A.: Interest and human development during adolescence. In: Heckhausen, J. (Hrsg.): Motivational psychology of human development. London, Elsevier 2000, 109-128.

Krieg, O./Rumpler, F. (Hrsg.): Kinder in Not – Lehrer in Not?! Würzburg 1997.

Krowatschek, D.: ADS- und ADHS-Diagnose und Training. Borgmann, Dortmund 2003.

Keupp, H.: Identitätskonstruktionen, das Patchwork der Identitäten in der Spätmoderne. Frankfurt/Main 1996.

Lamnek, S.: Qualitative Sozialforschung. Methoden und Techniken. Band 2. München 1989.

Landeskommission gegen Gewalt: Handreichung Schuldistanz. Berlin 2003.

Landeskommission Berlin gegen Gewalt: Empfehlungen der von der Landeskommission Berlin gegen Gewalt eingesetzten Arbeitsgruppe „Schuldistanz" zum Umgang mit Schuldistanz. Berlin 2004.

Landeskommission Berlin gegen Gewalt: Dokumentation der Tagung am 3.12.2003 in der Friedrich-Ebert-Stiftung Berlin: „Null Bock auf Schule – Was tun?". Berlin 2004.

Lauth G.W./Schlottke, P.F.: Training mit aufmerksamkeitsgestörten Kindern. Weinheim, Beltz 1993.

Leber, A.: Heilpädagogik – was soll sie heilen? In: Schneeberger (Hrsg.): Erziehungserschwernisse. Luzern 1979.

Leber, A.: Reproduktion der frühen Erfahrung. Frankfurt/Main, Fachbuchhandlung für Psychologie 1983.

Leber, A.: Wie wird man Psychoanalytischer Pädagoge? In: Bittner, G./Ertle, C. (Hrsg.): Pädagogik und Psychoanalyse. Würzburg 1985.

Lemerise, E./Arsenio, W.F.: An integrated model of emotion processes and cognition in social information processing. In: Child Development, 71, 2000, 107-118.

Lempp, R.: Seelische Behinderung als Aufgabe der Jugendhilfe. Stuttgart, Berlin, München, Hannover, Dresden, Richard Boorberg Verlag 1995.

Lenzen, D.(Hrsg.): Erziehungswissenschaft. Rowohlts Enzyklopädie. Hamburg, Reinbek, 5. Auflage 2002.

Leonhardt, A./Wember, F. (Hrsg.): Grundfragen der Sonderpädagogik. Bildung – Erziehung – Behinderung. Weinheim, Beltz 2003.

Liebers, K.: Sonderpädagogik und Sonderschulwesen der DDR als Ausgangssituation für gemeinsame Erziehung nach der Wende in Brandenburg. In: Heyer, P./Preuss-Lausitz, U./Schöler, J.: Behinderte sind doch auch Kinder wie wir. Erfahrungen mit dem Mehrebenenansatz in Brandenburg. Berlin 1997, 53-78.

Liebers, K.: Abschlussbericht. Teil 1. In: Liebers, K. (Hrsg.): Abschlussbericht und Begleituntersuchungen zum Schulversuch „Flexible Schuleingangsphase" FLEX 20. Optimierung des Schulanfangs – fachliches und soziales Lernen in einer integrierten Eingangsphase im Land Brandenburg (2001-2004). Ludwigsfelde, LISUM Brandenburg 2004.

Lietz, H.: Individual- und Sozialpädagogik. In: Rein, W. (Hrsg.): Aus dem pädagogischen Universitätsseminar zu Jena, Bd. 1. Langensalza 1895, 57-80.

Lietz, H.: Deutsche Landerziehungsheime. Erziehungsgrundsätze und Einrichtungen. In: Hansen-Schaberg/Schonig, B.: Landerziehungsheimpädagogik. Reformpädagogische Schulkonzepte Bd. 2. Battmannsweiler. Schneider Verlag Hohengehren 2002 (zuerst 1912).

Loch, W. Perspektiven der Psychoanalyse. Stuttgart 1985.

Lorenzer, A.: Sprachzerstörung und Rekonstruktion. Frankfurt/Main, Suhrkamp Verlag 1970.

Lösel, F./Beelmann, A.: Effects of child skills training in preventing antisocial behaviour. In: The Annals of the American Academy of Political and Social Science, 2003, 587, 84-109.

Ludwig, J.: Zugangsprobleme der Pädagogik zur Informationsgesellschaft. In: Bulmahn, E. u.a. (Hrsg.): Informationsgesellschaft – Medien – Demokratie. Marburg 1996, 398-410.

Ludwig, J.: Zugänge zum selbstgestalteten Lernen aus subjektwissenschaftlicher Sicht. In: Literatur- und Forschungsreport Weiterbildung, 22, 1999, 43, 60-73.

Ludwig, J./Petersheim, A.: Lehr- und Lernprozesse in virtuellen Bildungsräumen: vermitteln – ermöglichen – verstehen. In: Arnold, R./Schüßler, I. (Hrsg.): Ermöglichungsdidaktik. Hohengehren, Schneider Verlag 2003, 262-275.

Ludwig, J.: Fallstudien. In: Literatur- und Forschungsreport Weiterbildung, 2005, 2, 51-60.
Luhmann, N.: Soziale Systeme. Frankfurt/Main, Suhrkamp Taschenbuch Verlag 1988.
Luhmann, N.: Ökologische Kommunikation. Opladen 1988.
Lukesch, H.(u.a.): Beratungsaufgaben in der Schule. München, Basel 1989.
Lütje-Klose, B./Werning, R.: Einführung in die Pädagogik bei Lernbeeinträchtigungen. München/Basel, Ernst Reinhardt Verlag 2006.
Lyotard, J.-F: La condition postmoderne. Paris 1979 (zuerst 1957).
Maaz, H.-J.: Mangel an Mütterlichkeit in der vereinten deutschen Gesellschaft. In: Geiling, U./Hinz, A. (Hrsg.): Integrationspädagogik im Diskurs. Bad Heilbrunn, Verlag Julius Klinkhardt 2005, 35-54.
Main-Spitze: AVM restauriert Rennbahn. 19.12.2007, 9.
Main-Spitze: AVM sieht viel Arbeit für 2008. 19.12.2007, 10.
Malina, Chr.: Leitlinien der UNESCO. In: Stiftung UNESCO - Bildung für Kinder in Not. Der Zugang zu Bildung ist Menschenrecht. Online im Internet: www.entwicklungshilfe.de (2.1.2006).
Mand, J.: Über den Zusammenhang von Lern- und Verhaltensproblemen. In: Zeitschrift für Heilpädagogik, 55, 2004, 319-324.
Mannoni, M.: L'enfant arriéré et sa mère. Paris 1964.
Mannoni, M.: D'un impossible à l'autre. Paris 1982
Mannoni, M.: D'un impossible à l'autre. Paris 1982.
Markowetz, R.: Alle Kinder alles lehren! Aber wie? In: Geiling, U./Hinz, A. (Hrsg.): Integrationspädagogik im Diskurs. Bad Heilbrunn, Verlag Julius Klinkhardt 2005, 167-186.
Maslow, A.H.: Psychologie des Seins. Frankfurt/Main 1985.
Matthes, G.: Lagebewusstsein als Faktor von Lernbeeinträchtigung und Bedingung der Förderung von Lernfähigkeit. In: Salzberg-Ludwig, K./Siepmann, G. (Hrsg.): Gegenwärtige und zukünftige Aufgaben in der Lernbehindertenpädagogik. Konferenzband zum wissenschaftlichen Symposium 1996, 192-200.
Matthes, G./Emmer, A./Hofmann, B.: Elementares Training bei Kindern mit Lernschwierigkeiten: Training der Motivation – Training der Lernfähigkeit. Neuwied/Berlin, Luchterhand 2000.
Matthes, G.: Förderdiagnostische Lernbeobachtung als Zeichen der FLEX. In: Pädagogisches Landesinstitut Brandenburg (Hrsg.): Die Ausgestaltung der flexiblen Eingangsphase – Konzepte und Ergebnisse: Dokumentation der bundesweiten Fachtagung vom 26.-27.11.2001, Ludwigsfelde 2002.
Matthes, G.. Förderdiagnostische Beobachtung des Lernens. In: Lernchancen, 3, 2002, 16, 18-23.
Meichenbaum, D./Asarnow, J.: Cognitive-behavioral modification and metacognitive development: Implications for the classroom. In: Kendall, P.C./Hollon, S. (Hrsg.): Cognitive-behavioral interventions: theory, research and procedures. New York, Academic Press, 1971, 11-35.
Merton, R. K.: Social Structure and Anomie. In: American Sociological Review 1938, 3, 672-682.

Meyer-Drawe, K.: Leiblichkeit und Sozialität. Phänomenologische Beiträge zu einer pädagogischen Theorie der Inter-Subjektivität. München 1987.

Minister und Senatoren der Länder Berlin, Brandenburg, Bremen und Mecklenburg-Vorpommern: Gemeinsames Vorwort der Minister und Senatoren der Länder Berlin, Brandenburg, Bremen und Mecklenburg-Vorpommern zu den länderübergreifend erarbeiteten Rahmenlehrplänen für die Grundschule. Im Internet unter: amor.rz.hu-berlin.de/~h0584azo/downloads/PSE%2054234/Vorwort_Rahmenlehrplaene.pdf (2005).

Ministerium für Bildung, Jugend und Sport des Landes Brandenburg: SopV vom 24.6.1997 in der Fassung vom 21.7.2005. Potsdam 2005.

Ministerium für Bildung, Jugend und Sport des Landes Brandenburg: Rundschreiben 14/03, 3. Potsdam 2003.

Ministry of education: Attendance, Absence and Truancy in New Zealand Schools. New Zealand 2005.

Möckel, A.: Geschichte der Heilpädagogik. Stuttgart, Klett Cotta 1988.

Moor, P.: Heilpädagogik. Bern/Stuttgart 1965.

Morgenthaler, Fritz: Technik. Hamburg, Eva Verlag 1991.

Münder, J.: Frankfurter Lehr- und Praxiskommentar zum KJHG. Münster 1993

Munoz, V.: Bericht des Sonderberichterstatters für das Recht auf Bildung, Deutschlandbesuch 2. In: Vereinte Nationen, Generalversammlung, Rat der Menschenrechte, 4. Sitzung am 9.3.2007.

Musial, R./Trüter, C.: Härte und Sanktionen statt Empathie und Mitgefühl. In: Zeitschrift für Heilpädagogik, 56, 2005, 6, 218-227.

Mutzeck, W.: Aspekte zur Weiterentwicklung der Lehrerbildung. In: Marsand, O. (Hrsg.): Zukunftsperspektiven der Lehrerbildung. Würzburg, vds 1997.

Mutzeck, W.: Förderdiagnostik bei Lern- und Verhaltensstörungen. Weinheim, Beltz 1998.

Mutzeck, W.: Kooperative Beratung. Weinheim, Beltz, 3. Auflage 2002.

Mutzeck, W. (Hrsg.): Umgang mit Schulverweigerung. Weinheim 2004.

Myschker, N.: Verhaltensstörungen bei Kindern und Jugendlichen. Stuttgart, Kohlhammer, 4. Auflage 2002.

Nadig, M.: Zur ethnopsychoanalytischen Erarbeitung des kulturellen Raumes der Frau. In: Psyche, 15, 1986, 3, 193 ff.

Nauck, W.: Schulschwänzen bei lernbehinderten Kindern. Lernbehinderte Kinder, 1968, 1, 26-35.

Neidhardt, W.: Kinder, Lehrer und Konflikte. München 1977.

Neidhardt, W.: Psychoanalytische Didaktik. In: Bittner, Ertle (Hrsg.): Pädagogik und Psychoanalyse. Würzburg 1985.

Neuhaus, C.: Das hyperaktive Kind und seine Probleme. Ravensburg, Ravensburger Buchverlag 1999.

Neukäter, H./Schröder, U.: Metakognition bei Kindern aus Schulen für Lernbehinderte und Verhaltensgestörte im Vergleich mit Grundschulkindern. In: Sonderpädagogik 1991, 21, 12-27.

Neukäter, H./Ricking, H.: Schulabsentismus als Forschungsgegenstand. Heilpädagogische Forschung 23, 1997, 2, 50 – 70.

Neukäter, H./Ricking, H.: Sozial-kognitive Verhaltensanalyse bei Schulabsentismus. In: Schmetz, D./Wachtel, P. (Hrsg.). Entwicklungen – Standorte – Perspektiven. Würzburg, Verband Sonderpädagogik e.V. 1998, 415-423.

Nohl, H.: Die pädagogische Bewegung in Deutschland. Frankfurt am Main, Vittorio Klostermann Verlag 1988 (zuerst 1935).

Obolenski, A.: Integrationspädagogische Lehrerinnen- und Lehrerbildung. Bad Heilbrunn 2001.

Obolenski, A.: Qualifizierung für eine inklusive Pädagogik: Anforderungen an die LehrerInnenbildung. In: Sander, A./Schnell, I. (Hrsg.): Inklusive Pädagogik. Bad Heilbrunn, Verlag Julius Klinckhardt 2004, 41-74.

Oelsner, W.: Möglichkeiten der Arbeit mit schwierigen Kindern in der offenen Ganztagsschule. Vortrag im Landesjugendamt Münster am 25.8.2006.

Oerter, R./Montada, L. (Hrsg.): Entwicklungspsychologie. Weinheim, Beltz, 5. Auflage 2002.

Oevermann, B./Allert, T./Konau, E./Krambeck, J.: Die Methodologie einer objektiven Hermeneutik und ihre allgemeine forschungslogische Bedeutung in den Sozialwissenschaften. In: Soeffner, H.G. (Hrsg.): Interpretative Verfahren in den Sozial- und Textwissenschaften. Stuttgart, Metzler 1979, 352-433.

Opp, G.: Mainstreaming in den USA. München, Ernst Reinhardt Verlag 1993.

Opp, G.: Schulische Integration: Impulse für eine Neubestimmung der Diskussion. In: Zeitschrift für Heilpädagogik 47, 1996, 490-496.

Opp, G./Fingerle, M./Freytag, A. (Hrsg.): Was Kinder stärkt. Erziehung zwischen Risiko und Resilienz. München 1999.

Opp, G.: Symptomatik, Ätiologie und Diagnostik bei Gefühls- und Verhaltensstörungen. In: Leonhardt, A./Wember, F. (Hrsg.): Grundfragen der Sonderpädagogik. Bildung – Erziehung – Behinderung. Weinheim, Beltz 2003, 504-517.

Opp, G./Kulig, W./Puhr, K.: Einführung in die Sonderpädagogik. Wiesbaden, Verlag für Sozialwissenschaften 2005.

Orthmann, D.: Lebensentwürfe benachteiligter Jugendlicher. In: Zeitschrift für Heilpädagogik, 56, 2005, 4, 132-143.

Palmer, St.: Handbook of Counselling. London 1989.

Palmowski, W.: Der Anstoß des Steines. Dortmund, Borgmann 1995.

Patton, M.J.: Psychoanalytic Counselling. London 1992.

Peirce, Ch.S.: Schriften zum Pragmatismus und Pragmatizismus (heraugegeben von K.-O.Apel). Frankfurt/Main, Suhrkamp 2. Auflage, 1991 (zuerst 1903).

Peirce, Ch.S. (1905): Semiotische Schriften II von 1903 bis 1906 (heraugegeben von Kloesel, Ch.J.W./Pape, H.), Frankfurt/Main, Suhrkamp 2000 (zuerst 1906).

Petermann, F./Jugert, G./Tänzer, U./Verbeek, D.: Sozialtraining in der Schule. Weinheim, Beltz 1997.

Petermann, F./Petermann U.: Training mit aggressiven Kindern. Weinheim, Beltz 2000.

Petermann, U./Natzke, H./Petermann, F./Brokhausen S.: Prävention von aggressivem und unaufmerksamen Verhalten. In: Zeitschrift für Heilpädagogik, 56, 2005, 6, 210-217.

Piaget, J.: Die Bildung des Zeitbegriffes. Frankfurt/Main, Suhrkamp Verlag 1974 (zuerst 1946).

Piaget, J.: Das Erwachen der Intelligenz beim Kinde. Stuttgart 1975 (zuerst 1936).
Piaget, J.: Die Äquilibration der kognitiven Strukturen. Stuttgart 1975.
Pijl, S.J./Meijer, C.J.W./Hegarty, S. (Hrsg.): Inclusive Education. A global agenda. London/ New York 1997.
Prengel, A.: Pädagogik der Vielfalt. Wiesbaden, VS Verlag für Sozialwissenschaften 3. Auflage, 2006.
Prengel, A.: Neues Schulgesetz in Brandenburg. In: Die Grundschulzeitschrift, 5, 1995, 3 ff.
Prengel, A.: Vielfalt durch gute Ordnung im Anfangsunterricht. Opladen, Leske und Budrich 1999.
Prengel, A./Geiling, U./Carle, U.: Schulen für Kinder. Flexible Eingangsphase und feste Öffnungszeiten in der Grundschule. Bad Heilbrunn 2001.
Prengel, A.: Kinder akzeptieren, diagnostizieren, etikettieren? – Kulturen- und Leistungsvielfalt im Bildungswesen. Vortrag, gehalten am 22.11.2002 in der Universität Hamburg.
Prengel, A.: Spannungsfelder, nicht Wahrheiten – Heterogenität in pädagogisch-didaktischer Perspektive. In: Friedrich Jahresheft 2004: Heterogenität – Unterschiede nutzen –Gemeinsamkeiten stärken. Seelze 2004, 4-46.
Prengel, A.: Anerkennung von Anfang an – Egalität, Heterogenität und Hierarchie im Anfangsunterricht und darüber hinaus. In: Geiling, U./Hinz, A. (Hrsg.): Integrationspädagogik im Diskurs. Bad Heilbrunn, Verlag Julius Klinkhardt 2005, 15-34.
Prengel, A./Liebers, K. u.a.: ILeA 1. Individuelle Lernstandsanalysen. 1. Ein Leitfaden für die ersten sechs Schulwochen und darüber hinaus. LISUM Brandenburg 2005. Online im Internet: http://www.lisum.brandenburg.de/sexcms/media.php/3355/ ILeA1.pdf.
Prengel, A./Liebers, K. u.a.: ILeA 1. Individuelle Lernstandsanalysen. 1. Schülerarbeitsheft. LISUM Brandenburg 2005. Online im Internet: http://www.lisum.brandenburg. de/sexcms/media.php/3355/SHeft pdf.
Prengel, A./Liebers, K.: ILeA 1. Individuelle Lernstandsanalysen in der Grundschule. Ein Beobachtungsheft zur psychosozialen Gesamtsituation. LISUM Brandenburg 2005. Online im Internet: http://www.lisum.brandenburg.de/sexcms/media. php/3355/ILeA_Psycho.pdf.
Prengel, A./Liebers, K. u.a.: Sieben diagnostisch-pädagogische Verfahren für den Schulanfang. Ein Reader zum Leitfaden „ILeA 1 – Individuelle Lernstandsanalysen in den ersten sechs Schulwochen und darüber hinaus. LISUM Brandenburg 2005. Online im Internet: http://www.lisum.brandenburg.de/sexcms/media.php/3355/ILeA1.pdf.
Prenzel, M.: Die Wirkungsweise von Interesse. Ein pädagogisch-psychologisches Erklärungsmodell. Opladen, Westdeutscher Verlag 1988.
Prenzel, M./Krapp, A./Schiefele, H.: Grundzüge einer pädagogischen Interessentheorie. In: Zeitschrift für Pädagogik, 32, 1986, 2, 163-173.
Preuss-Lausitz, U.: Fördern ohne Sonderschule. Weinheim/Basel 1981.
Preuss-Lausitz, U. (1991): Erforschte Integration. In: Heilpädagogische Forschung, 1, 1991, 17, 50-60.
Preuss-Lausitz, U.: Die Kinder des Jahrhunderts: zur Pädagogik der Vielfalt im Jahr 2000. Weinheim, Beltz Verlag 1993.

Preuss-Lausitz, U.: Integrationsforschung: Ergebnisse und „weiße Flecken". In: Eberwein, H. (Hrsg.): Handbuch Integrationsforschung. Weinheim/Basel, Beltz, 4. Auflage 1997, 299-306.
Preuss-Lausitz, U. (Hrsg.): Schwierige Kinder – Schwierige Schule. Weinheim, Beltz 2004.
Preuss-Lausitz, U. (Hrsg.): Verhaltensauffällige Kinder integrieren. Weinheim, Beltz 2005.
Preuss-Lausitz, U. /Textor, A.: Verhaltensauffällige Kinder sinnvoll integrieren – eine Alternative zur Schule für Erziehungshilfe. In: Zeitschrift für Heilpädagogik, 57, 2006, 1, 2-8.
Ramseger, J./Dreier, A./Kucharz, D./Sörensen, B.: Grundschulen entwickeln sich. Ergebnisse des Berliner Schulversuchs „Verlässliche Halbtagsgrundschule". Münster 2004.
Rapoport, J.L./Zametkin, A. (Hrsg.): Treatment of hyperactive children with monoaminooxidase inhibitors. In: Arch. Gen. Psychiat. 42, 1985, 962-966.
Rauh, B.: Organisieren von Lehr-/Lernprozessen und Gestalten von Beziehungsprozessen – kontingente, konträre oder komplementäre sonderpädagogische Aufgaben. In: Rumpler, O./Wachtel, P.: Fit fürs Lernen. Würzburg, Verband Sonderpädagogik e.V. 2005, 112-123.
Rauschenberger, H.: Differenz und Gleichheit im Schulunterricht. In: Die Deutsche Schule, 93, 2001, 266-278.
Redl, F.: Erziehung schwieriger Kinder. München 1971.
Redl, F./Wineman, D. (1970): Kinder, die hassen. München 1984.
Redl, F.: Steuerung des aggressiven Verhaltens beim Kinde. München 1986.
Reichmann-Rohr, E.: Formen der Ausgrenzung in historischer Sicht. In: Eberwein, H.: Handbuch Integrationspädagogik. Weinheim, Beltz, 4. Auflage 1997, 33-39.
Reid, K.: The Self-Concept and Persistent School Absenteeism. In: British Journal of educational Psychology, 52, 1982, 179-187.
Reid, K.: Truancy and School Absenteeism. London 1985.
Reid, K.: Truancy and schools. London 1999.
Reiser, H./Gutberlet, M.: Sonderschullehrer in Grundschulen. Weinheim/Basel 1984.
Reiser, H. 1988: Nichtaussonderung bei Lern- und Verhaltensbeeinträchtigungen. In: Eberwein, H. (Hrsg.): Behinderte und Nichtbehinderte lernen gemeinsam. Weinheim/Basel 1988, 28-25.
Reiser, H./ Loeken, H.:Das Zentrum für Erziehungshilfe der Stadt Frankfurt/Main 1993.
Reiser, H./Lotz, W.: Themenzentrierte Interaktion als Pädagogik. Mainz 1995.
Reiser, H. 1996: Arbeitsplatzbeschreibungen – Veränderungen der sonderpädagogischen Berufsrolle. In: Zeitschrift für Heilpädagogik, 7, 1996, 5, 36-54.
Reiser, H.: Lern- und Verhaltensstörungen als gemeinsame Aufgabe von Grundschul- und Sonderpädagogen unter dem Aspekt der pädagogischen Selektion. In: Zeitschrift für Heilpädagogik, 8, 1997, 7, 266-275.
Reiser, H. /Werning, R.: Changing Roles of Special Education Teachers in Germany. In: Ainscow, M./Mittler, P. (Hrsg.): Including the Excluded. Proceedings of the 5th Special Education Congress, University of Manchester 2001.

Reiser, H.: Der Beitrag der Sonderpädagogik zu einer „Schule für alle". In: Behindertenpädagogik, 41, 2002, 4, 402-16.
Reiser, H./Werning, R.: Störungsbegriff und Klassifikation von Lernbeeinträchtigungen und Verhaltensstörungen aus konstruktivistischer Sicht. In: Schröder, U./Wittrock, M. (Hrsg.): Lernbeeinträchtigungen und Verhaltensstörung. Konvergenzen in Theorie und Praxis. Stuttgart 2002, 53-64.
Reiser, H./Willmann, M.: Integrierte und ambulante Formen der Unterstützung bei Erziehungsschwierigkeiten in der Schule. In: Preuss-Lausitz, U. (Hrsg.): Schwierige Kinder – Schwierige Schule. Weinheim, Beltz 2004, 152-166.
Reiser, H.: Psychoanalytisch-systemische Pädagogik. Stuttgart, Kohlhammer 2006.
Renker, K.: Grundlagen der Rehabilitation in der DDR. Berlin 1964.
Renker, K./Renker, U. (Hrsg.): Grundlagen der Rehabilitation. Berlin 1985.
Rennicke, S.: Stiftung UNESCO - Bildung für Kinder in Not. Der Zugang zu Bildung ist Menschenrecht. Online im Internet: www.entwicklungshilfe.de (2.1.2006).
Ricken, G./Fritz, A.: Fit für das Rechnen – Früherfassung mathematischer Kompetenzen. In: Rumpler, F./Wachtel, P. (Hrsg.): Fit fürs Lernen.Würzburg 2005, 221-226.
Ricking, H.: Schulabsentismus als Forschungsgegenstand. Oldenburg, Bibilioheks- und Informationssystem der Universität Oldenburg 2003.
Ricking, H.: Bausteine der schulischen Prävention und frühen Intervention bei Schulabsentismus. In: Zeitschrift für Heilpädagogik, 58, 2007, 42-50.
Rieker, P. Delinquenz von Kindern – Ausmaß und Hintergründe. In: Geiling, U. (Hrsg.): Pädagogik, die Kinder stark macht. Opladen, Leske und Budrich 2000, 181-193.
Rieker, P.: „Akzeptierende" und „Konfrontative" Pädagogik: Differenzen – Gemeinsamkeiten – Entwicklungsbedarf. Deutsches Jugendinstitut, München 2005. Online im Internet: http://www.konfrontative-paedagogik.de/content/c-fachartikelrieker.htm.
Rifkin, J.: Access. New York/Berlin 2000.
Robert, P.: Micro Robert en Poche. Dictionnaire Le Robert. Paris 1973.
Roberts, R./Mather, N.: The return of students with learning disabilities to regular classrooms. A sellout? In: Learning disabilities Research and Practice, 10, 1995, 1, 46-58.
Robinsohn, S.B.: Erziehung als Wissenschaft. Stuttgart, Klett Cotta 1973.
Röhner-Münch, K.: Sieben Irrtümer über den Prozess des Lesen- und Schreibenlernens mit Kommentaren aus Sicht der Schriftspracherwerbs- und Legasthenieforschung. In: Rumpler, F./Wachtel, P. (Hrsg.): Fit fürs Lernen. Würzburg 2005, 181-186.
Rolff, G./Buchen, H.: Professionswissen Schulleitung. Weinheim, Beltz 2006.
Roth, G.: Fühlen, Denken, Handeln. Wie das Gehirn unser Verhalten steuert. Frankfurt/Main 2001.
Sacher, P.: Tschechische Erzähler des 19. und 20. Jahrhunderts. Zürich 1990.
Saleh, L.: The rights of children with special needs. In: Prospects, Paris, 29, 1999, 2, 203-216.
Salzberg-Ludwig, K./Siepmann, G./Heier, A.: Belastungserleben von Schulkindern. In: Zeitschrift für Heilpädagogik, 55, 2004, 2, 42-49.
Salzberg-Ludwig, K.: Wie flexibel muss die Flexible Eingangsphase sein, um allen Kindern gerecht zu werden? In: Rumpler, F./Wachtel, P. (Hrsg.): Fit fürs Lernen. Würzburg 2005, 63-76.

Sander, A.: Zum Problem der Klassifikation in der Sonderpädagogik – ein ökologischer Ansatz. In: Vierteljahresschrift für Heilpädagogik und ihre Nachbargebiete, 54, 1985, 15-31.
Sander, A.: Behinderungsbegriffe und ihre Konsequenzen für die Integration. In: Eberwein, H. (Hrsg.): Behinderte und Nichtbehinderte lernen gemeinsam. Weinheim 1988, 75–82
Sander, A.: Von der integrativen zur inklusiven Bildung – Internationaler Stand und Konsequenzen für die Förderung in Deutschland. In: Hausotter, A./Boppel, S./Meschenmoser, H. (Hrsg.): Perspektiven Sonderpädagogischer Förderung in Deutschland. Middelfart/Dänemark, European Agency 2002, 143-164.
Sander, A./Schnell, I.: Inklusive Pädagogik. Bad Heilbrunn, Verlag Julius Klinkhardt 2004.
Sander, A.: Konzepte einer inklusiven Pädagogik. In: Zeitschrift für Heilpädagogik, 56, 2005, 240-244.
Sasse, A./Vitková, M./Störmer, N. (Hrsg.): Integrations- und Sonderpädagogik in Europa. Bad Heilbrunn, Verlag Julius Klinckhardt 2004.
Sattler, K.-O.: Freier Zugang zur Bildung. Online im Internet: www.bundestag.de/das parlament/2005/44/Thema/015html.
Schäger, G.E. (Hrsg.): Soziale Erziehung in der Grundschule – Rahmenbedingungen, soziales Erfahrungsfeld und pädagogische Hilfen. München 1994.
Scherer, P.: Diagnose und Förderung im Mathematikunterricht – Konkretisierungen für Lernprozesse im Anfangsunterricht. In: Rumpler, F./Wachtel, P.: Fit fürs Lernen. Würzburg 2005, 227-231.
Schmetz, D./Wachtel, P. (Hrsg.): Entwicklungen, Standorte, Perspektiven. Würzburg, Verband Sonderpädagogik 1998.
Schmetz, D.: Förderschwerpunkt Lernen. In: Zeitschrift für Heilpädagogik, 50, 1999, 134-143.
Schmetz, D.: Empfehlungen zum Förderschwerpunkt Lernen. Kommentar. In: Drave, W./ Rumpler, F./Wachtel P. (Hrsg.): Empfehlungen zur sonderpädagogischen Förderung. Würzburg 2000, 323–343
Schmetz, D.: Förderschwerpunkt Lernen. In: Zeitschrift für Heilpädagogik, 55, 2004, 3, 113-128.
Schnell, I.: 2003: Geschichte schulischer Integration. Bad Heilbrunn, Verlag Julius Klinkhardt 2003.
Schöler, J.: Nichtaussonderung von Kindern und Jugendlichen mit besonderen pädagogischen Bedürfnissen. Auf der Suche nach neuen Begriffen. In: Eberwein, H. (Hrsg.): Handbuch Integrationspädagogik. Weinheim/Basel, Beltz Verlag 1997, 108-118.
Schoeps, C.: 30 Jahre schulische Integration in Berlin. In: Verband Sonderpädagogik e.V. (Hrsg.): Sonderpädagogik in Berlin. Informationen des Landesverbandes 2005, 2, 1-7.
Scholz-Ehrsam: Sind Hilfsschüler schwachsinnig? In: Die Sonderschule, 2, 1957, 167-173.
Schönwiese, V.: Disability Studies und die Frage nach der Produktion von Behinderung. In: Geiling, U./Hinz, A. (Hrsg.): Integrationspädagogik im Diskurs. Bad Heilbrunn, Verlag Julius Klinkhardt 2005, 53-70.

Schor, B.J.: Was leistet das Bildungswesen für junge Menschen mit hohem Erziehungsbedarf? In: Zeitschrift für Heilpädagogik, 54, 2003, 2, 48-58.

Schreiber, E. (Hrsg.): Nicht beschulbar? München, Verlag Deutsches Jugendinstitut 2005 (Band 5).

Schreiber-Kittl, M./Schröpfer, H.: Abgeschrieben? Ergebnisse einer empirischen Untersuchung über Schulverweigerer. München, Verlag Deutsches Jugendinstitut 2002 (Band 2).

Schröder, U.: Neuere Entwicklungen sonderpädagogischer Förderung und schulischer Integration in Frankreich. Vierteljahresschrift für Heilpädagogik und ihre Nachbardisziplinen, 63, 1994, 292-299.

Schröder, U.: Lernbehindertenpädagogik. Stuttgart, Kohlhammer 2000.

Schröder, U./Wittrock, M.: Lernbeeinträchtigung und Verhaltensstörung. Stuttgart/Berlin/Köln 2002.

Schrödter, M.: Normieren ohne dermaßen zu regieren. Vortrag für das Symposium 23. DGfE- Kongress „Bildung macht Gesellschaft" in Frankfurt/Main am 21.3.2006.

Schumann, B.: Soziale Integration durch stadtteilbezogene Arbeit am Beispiel des Ruhrgebietes. In: Schnell, I./Sander, A.: Inklusive Pädagogik. Bad Heilbrunn, Verlag Julius Klinkhardt 2004, 103-110.

Seifried, K.: Schuldistanz – Zahlen, Ursachen, Maßnahmen. Vortrag 2005 in Berlin.

Seifried, K.: Schulpsychologie im Netzwerk der Fachdienste – Ein Modellprojekt in Berlin. Vortrag auf dem schulpsychologischen Kongress „Leistung – Lust und Last" vom 18. bis 22.9.2006 in Köln.

Seitz, R.: Der Sohn des Verbrechers. In: Bovensiepen, G./Hopf, H./Molitor, G. (Hrsg.): Unruhige und unaufmerksame Kinder. Frankfurt/Main, Brandes und Apsel 2002, 237-256.

Senatsverwaltung für Schule, Jugend und Sport: Anlage 1 zum Rundschreiben Nr. 3/2004. Berlin 2004.

Senatsverwaltung für Schule, Jugend und Sport: Das Schulgesetz für das Land Berlin vom 26.1.2004, geändert durch Artikel III des Gesetzes vom 23.6.2005a.

Senatsverwaltung für Schule, Jugend und Sport. Grundschulordnung. Rundschreiben II Nr. 11/2005b.

Senatsverwaltung für Schule, Jugend und Sport. VO über die sonderpädagogische Förderung vom 19.1.2005c.

Senatsverwaltung für Bildung, Jugend und Sport: Rundschreiben 63/2006. Berlin 2006.

Senge, P. (Hrsg.): Die fünfte Disziplin. New York 1990, Stuttgart 1997.

Senge, P. (Hrsg.): Das Fieldbook zur fünften Disziplin. New York 1994. Stuttgart 1996.

Siepmann, G.: Frühförderung im Vorschulbereich. Frankfurt/Main, Peter Lang Verlag 2000.

Siepmann, G.: Kinder und Jugendliche mit dem Förderschwerpunkt Lernen im Land Brandenburg. In: Sonderpädagogische Förderung in Brandenburg. Potsdam 2005. Online im Internet: http://www.uni-potsdam.de/u/sonderpaed/spd/siepmann/siep.1.pdf.

Sörensen, B.: Bevor Kinder zu Fällen werden. Seelze, Kallmeyer 1997.

Sozialgesetzbuch Drittes Buch (SGB III) – Arbeitsförderung – , zuletzt geändert durch Art. 1 Gv. 10.10.2007.

Sozialgesetzbuch Zwölftes Buch (SGB XII). – Sozialhilfe– , zuletzt geändert durch Art. 5 und 6 Gv. 20.7.2007.
Speck, O.: Auch die Erziehungs-Umwelt ist gefährdet. Unsere Jugend 39, 1987, 1, 20–25.
Speck, O.: Sonderpädagogik auf dem Weg in die Postmoderne. In: Opp, G./Freytag, A. /Budnik, I. (Hrsg.): Heilpädagogik in der Wendezeit. Luzern 1996, 259-263.
Speck, O.: Chaos und Autonomie in der Erziehung. München 1997.
Spiegel Online: Amoklauf in Berlin: 800 Meter blutiger Irrsinn. Online im Internet: http://www.spiegel.de/ panorama/0,1518,418358,00.html (28.5.2006).
Spiess, W.: Die Logik des Gelingens. Dortmund, Borgmann 1999.
Spiess, W.: Empfehlungen zum Förderschwerpunkt emotionale und soziale Entwicklung. Kommentar. In: Drave, W./Rumpler, F./Wachtel P. (Hrsg.): Empfehlungen zur sonderpädagogischen Förderung. Würzburg 2000, 373-383.
Spiess, W.: Förderschwerpunkt emotionale und soziale Entwicklung. In: Zeitschrift für Heilpädagogik, 55, 2004, 3, 128-136.
Stähling, Reinhard: „Du gehörst zu uns" Inklusive Grundschule. Hohengehren, Schneider Verlag 2006.
Stanzel, F.K.: Theorie des Erzählens. Göttingen 1995.
Statistisches Bundesamt: Schüler in allgemein bildenden Schulen von 2001-2006. Im Internet unter: http://www.destatis.de/presse/deutsch/pm2006/p0780071.htm (07.05.2006).
Steiner, E.: Erkenntnisentwicklung durch Arbeiten am Fall. Zürich 2005.
Steinhausen, Chr. (Hrsg.): Das konzentrationsgestörte und hyperaktive Kind. Stuttgart, Kohlhammer 1982.
Steinhausen, Chr.: Hyperkinetische Störungen im Kindes- und Jugendalter. Stuttgart 1995.
Steinhausen, Chr.: Psychische Störungen bei Kindern und Jugendlichen. Lehrbuch der Kinder- und Jugendpsychiatrie. München, Urban und Schwarzenberg, 3. Auflage 1996.
Stiftung UNESCO - Bildung für Kinder in Not 2006. Der Zugang zu Bildung ist Menschenrecht. Online im Internet: www.entwicklungshilfe.de (2.1.2006).
Stork, J.: Über die psychischen Hintergründe des hyperkinetischen Verhaltens. In: Kinderanalyse, 1993, 2 , 203-230.
Straub, J.: Verstehen, Kritik, Anerkennung. Das Eigene und das Fremde in der Erkenntnisbildung interpretativer Wissenschaften. Göttingen, Wallstein 1999.
Synwoldt, J.: Berlin fördert schwach begabte Kinder in der Gemeindeschule. In: Zeitschrift für Heilpädagogik, 55, 2004, 9, 413-421.
Tagesspiegel Online: Zahl der Intensivtäter sinkt – statistisch. Online im Internet: http:// archiv.tagesspiegel.de/archiv/16.9.2006/2781332.pnn (17.9.2006).
Tenorth, H.-E.: Schulische Einrichtungen. In: Lenzen, D. (Hrsg.): Erziehungswissenschaft. Rowohlts Enzyklopädie. Reinbek, Rowohlt, 5. Auflage 2002, 427-446.
Tenorth, H.-E./Lüders, Chr.: Methoden erziehungswissenschaftlicher Forschung 1: Hermeneutische Methoden. In: Lenzen, D. (Hrsg.): Erziehungswissenschaft. Rowohlts Enzyklopädie. Reinbek, Rowohlt, 5. Auflage 2002, 519-542.

Teumer, St.: Was tun, wenn „Zappelphilipp" in die Schule kommt? In: Rumpler, F./ Wachtel, P.: Fit fürs Lernen. Würzburg 2005, 142-146.
Thiele, P.: Karel Capek. Leipzig 1988.
Thimm, K.: Schulverweigerung. Münster 2000.
UNESCO: Salamanca-Erklärung. Pädagogik für besondere Bedürfnisse. In Deutsch herausgegeben von der Österreichischen UNESCO-Kommission. Linz 1996 (zuerst 1994).
UNESCO: Aufbau von Wissensgesellschaften. Online im Internet: www.unesco.heute.de (11.11.2005).
Vernooij, M.A.: Hampelliese – Zappelhans. Bern/Stuttgart, Verlag Paul Haupt 1992.
Verthus, B.: Konzentrationsschwierigkeiten in der Schule. Walsrode, Geistliches Rüstzentrum Krelingen 2004.
Wagenschein, M.: Verstehen lehren. Weinheim, Basel 1999.
Wagner, M.: Die Verbreitung des Schulschwänzens in Köln und im Regionalvergleich. SchulVerwaltung. Ausgabe Nordrhein-Westfalen, 13, 2002, 10, 282-285.
Wagner, M.: Schulverweigerung. Empirische Analysen zum abweichenden Verhalten von Schülern. In: Kölner Zeitschrift für Soziologie und Sozialpsychologie, 56, 2004, 3, 457-489.
Wagner, M.: Schulverweigerung. Soziologische Analysen zum abweichenden Verhalten von Jugendlichen. In: Barth/Henseler (Hrsg.): Jugendliche in Krisen. Battmannsweiler 2005, 23-39.
Warzecha, B.: Schuleschwänzen und Schulverweigerung. Eine Herausforderung an das Bildungssystem. Münster 2001.
Wember, F.: Piagets Bedeutung für die Lernbehindertenpädagogik. Heidelberg, Edition Schindele 1986.
Werner, B.: Sonderpädagogik im Spannungsfeld zwischen Ideologie und Tradition: zur Geschichte der Sonderpädagogik unter besonderer Berücksichtigung der Hilfsschulpädagogik in der SBZ und der DDR zwischen 1945 und 1950. Hamburg, Kovac Verlag 1999.
Werner, B.: Förderdiagnostisch orientierte Verfahren für den Mathematikunterricht: Chancen und Grenzen –.ein Erfahrungsbericht. In: Zeitschrift für Heilpädagogik, 54, 2003, 8, 324-331.
Werning, R.: Konstruktivismus. In: Pädagogik, 50, 1998, 7-8, 39-41.
Werning, R.: Sonderpädagogik. München, Oldenbourg Verlag 2002.
Werning, R.: Anmerkungen zu einer Didaktik des gemeinsamen Unterrichts. In: Zeitschrift für Heilpädagogik, 47, 1996, 11, 463-469.
Wilde, D.: Rhythmisierung: Die Zeit in der Schule neu strukturieren. In: Deutsche Kinder- und Jugendstiftung (Hrsg.): Den ganzen Tag – von Anfang an. Berlin 2006.
Wilfert de Icaza, K.: Schulische Integration Behinderter in Deutschland und Spanien. Frankfurt/Main, Peter Lang 1999.
Winderlich, K.: Das Bilderbuch – Erfahrungsräume zwischen Bild und Text. In: Rumpler, F./Wachtel, P. (Hrsg.): Fit fürs Lernen. Würzburg 2005, 200-204.
Winkel, R.: Theorie und Praxis der Schule. Baltmannsweiler 1997.
Winnicott, D.W.: Vom Spiel zur Kreativität. Stuttgart, Klett Cotta 1971.

Winnicott, D.W.: Reifungsprozesse und fördernde Umwelt. München 1974 (zuerst 1965).
Wittrock, M./Schulze, G.: Schulaversives Verhalten. In: Warzecha, B. (Hrsg.): Institutionelle und soziale Desintegrationsprozesse bei schulisch Heranwachsenden. Hamburg 2000.
Wittrock, M./Schulze, G.: Unterrichtsabsentismus als Signal – Unterrichtsabsentismus als Signal zum sonderpädagogischen Handeln. In: Herz, B./Puhr, K./Ricking, H.: Problem Schulabsentismus. Bad Heilbrunn 2004, S. 31-44.
Wocken, H./Antor, G.: Integrationsklassen in Hamburg. Erfahrungen – Untersuchungen – Anregungen. Solms 1987.
Wocken, H.: Kooperation von Pädagogen in integrativen Grundschulen. In: Wocken, H./ Antor, G./ Hinz, A: Integrationsklassen in Hamburger Grundschulen. Bilanz eines Modellversuchs. Hamburg 1988a, 199-274.
Wocken, H./ Antor, G./ Hinz, A: Integrationsklassen in Hamburger Grundschulen. Bilanz eines Modellversuchs. Hamburg 1988b.
Wocken, H.: Hilfsschule – Schule für Lernbehinderte – Förderschule. Der Wandel einer Schule im Spiegel der Aufnahmeverfahren. In: Zeitschrift für Heilpädagogik, 47, 1996, 7, 266-276.
Wocken, H.: Schulleistungen in heterogenen Lerngruppen. In: Eberwein, H.: Handbuch Integrationspädagogik. Weinheim, Beltz, 4. Auflage 1997, 315-320.
Wolf, F.A.: Der Quantensprung ist keine Hexerei. New York 1981.
Wood, M.M.: Life Space Intervention. Georgia 1990.
Wood, M.M./Davis, K.P./Qirk, C./Swindle, F.L.: Developmental therapy-developmental teaching. Georgia, 3. Auflage 1996.
Wulf, Chr.: Mimetische Grundlagen kulturellen Lernens. In: Wulf, Chr.: Anthropologie. Reinbek, Rowohlt 2005, 156-172 (Rowohlt Enzyklopädie).
Zametkin, A.J./Rapoport, J.L.: Neurobiology of attention deficit disorder with hyperactivity: Where have we come in 5o years? J. Amer. Acad., Child, Adol. Psychiatry, 26, 1987, 676-686.
Zentall, S.: Environmental Stimulation Model. Exceptional Child, 43, 1977, 502-510.
Ziebarth, F.: Mit Symptomen in Beziehung. In: Preuss-Lausitz, U. (Hrsg.): Schwierige Kinder – Schwierige Schule. Weinheim, Beltz 2004, 101-112.
Zimmer, J.: Die Provokation durch die Wirklichkeit. In: Becker, U./Hermann, A./Stanek, M. (Hrsg.): Chaos und Entwicklung. Gießen, Psychosozial-Verlag 1998, 74-97.
Zimmermann, I./Alexander, A.: „Schau hin, was ich kann! Hör zu, was ich weiß!" Förderdiagnostik im Mathematikunterricht. In: Rumpler, F./Wachtel, P.: Fit fürs Lernen. Würzburg 2005, 227-231.
Zulliger, H.: Versager in der Schule. In: Zeitschrift für Psychoanalytische Pädagogik.4, 1930, 11/12.

Sachregister

A

Abduktion 25, 26, 27, 28, 113, 143, 144
Abwehr 18, 106, 119, 146, 148, 149, 193
Aggression 106, 119, 127, 140, 144, 145, 146, 148, 149, 151, 193
Akkomodation 137
Allgemeine Pädagogik 42, 43
Alphabetisierung 66
Amoklauf 23, 193
Anerkennung 18, 36, 37, 41, 42, 43, 44, 47, 49, 77, 80, 89, 95, 106, 108, 140, 154, 175, 184, 189
Ängste 18, 51, 98, 145, 146, 148, 149, 151
Anschlussfähigkeit 39, 40, 43, 44, 45
Anti-Aggressivitätstraining 82
Antisoziale Tendenz 179
Äquilibration der kognitiven Strukturen 109
Arbeitslosigkeit 63, 94, 172
Armut 62, 94, 97, 174
Assimilation 109, 137
Attraktor 26
Aufmerksamkeits-Defizit-Syndrom (ADS) 75, 80, 98, 102, 105, 106
Aufmerksamkeitsstörung 80
Ausbildungsverbund Metall 185
Autismus 172

B

Bedürfnis 33, 73, 92, 97, 98, 108, 109, 110, 112, 136, 177
Beeinträchtigungen in der emotionalen und sozialen Entwicklung 16, 17, 19, 20, 21, 22, 28, 49, 59, 61, 68, 69, 70, 71, 72, 73, 75, 78, 79, 80, 81, 82, 83, 84, 85, 86, 88, 89, 106, 108, 116, 120, 122, 123, 124, 125, 127, 129, 131, 132, 133, 134, 136, 137, 142, 143, 144, 145, 146, 157, 159, 161, 166
Behandlungsansatz, multimodaler 77
Behinderung, seelische 71
Benachteiligung, soziokulturelle 61, 62, 94
Benachteiligungen, soziale 44, 160
Beobachtungsklassen 68, 112
Beratung 18, 19, 20, 22, 26, 28, 36, 46, 53, 66, 72, 73, 83, 86, 87, 89, 108, 111, 113, 132, 138, 141, 142, 150, 151, 152, 153, 154, 157, 159, 166, 167, 182, 189
Beratungsansätze 87, 88
Bezugsperson 69, 77, 111, 117, 118, 119, 130, 131, 132, 133, 142, 145, 146, 147, 148, 151, 152, 161, 180, 183, 184, 185, 191
Bildung 15, 16, 21, 23, 24, 39, 40, 41, 43, 44, 45, 46, 47, 51, 52, 55, 64, 73, 88, 90, 91, 96, 97, 98, 109, 112, 113, 114, 115, 118, 120, 122, 126, 127, 160, 174, 182, 191
Bildungsgänge, vorberufliche 182, 184
Bildungskonzepte 39, 45
Bildungsprozesse, vorschulische 39
Bildungswesen 29, 36, 50, 52, 55, 68, 71
Bindungsschwäche 154

C

Chaostheorie 26
Classes d'integration scolaire 54, 55
Coolness-Training 74, 82

D

Deduktion 22, 25, 26, 27, 28, 113, 143
Descolariation 173
Déviance scolaire 173

Diagnose-Förderklassen 69
Diagnostik 33, 34, 44, 46, 47, 52, 53, 57, 58, 71, 72, 76, 179
Didaktik 58, 65, 66
Differenz 37, 42, 114
Dyade 149

E
Eingang 21, 23, 90, 92, 107, 113
Eingliederungshilfe 121, 185, 188
Einrichtung, außerschulische 73
Einschulungsalter 15, 44
Einstellungsänderungen, minimale 89, 111
Eltern-Kind-Beziehung 77, 119, 158, 179
Elternberatung 27, 28, 138, 157, 182, 185, 189, 191, 192
Entkoppelung, soziale 105
Entwicklung, individuelle 24
Entwicklung, körperliche 172
Entwicklungschance 41, 44, 132, 142
Entwicklungsprozess 39, 42, 109, 114, 137, 149, 150, 152, 167, 180
Entwicklungsräume und -zeiten 18, 113, 132, 133, 142, 149, 150, 191, 192
Entwicklungstherapeutischer Unterricht 74
Ergänzungsreihe 131
Erklärungsansätze, individuumzentrierte 174, 179
Erklärungsansätze, umweltzentrierte 174
Erwachsenenpädagogik 21, 92
Erziehung, gemeinsame 29, 37, 48, 119, 120, 121, 122, 124, 142, 183
Erziehungshilfe, mobile 72
Erziehungswissenschaft 21, 25, 48, 93, 94
Ethnopsychoanalyse 25, 144
Etikettierungsansatz 175
Etikettierungsprozesse 33

F
Faktoren, psychosoziale 76
Fehlzeiten 162, 171, 172, 174, 176, 183
Feldforschung 21, 92
Filterfunktion 26
Fläming-Grundschule 29, 34
Förderbedarf, sonderpädagogischer 15, 31, 34, 46, 53, 70, 71, 88, 100, 101, 119, 120, 121, 122, 129, 138, 142, 153, 155, 172, 182, 185, 190
Förderdiagnostische Lernbeobachtung 69
Fördermaßnahmen 15, 46, 57, 128
Förderplanung 128, 129
Förderschule 17, 52, 53, 171, 172
Förderschwerpunkt 15, 16, 22, 29, 45, 49, 55, 56, 57, 58, 61, 62, 63, 65, 69, 71, 72, 73, 75, 78, 82, 83, 86, 99, 100, 110, 114, 119, 121, 149, 150, 151, 157, 158
Förderung 16, 17, 18, 19, 20, 21, 22, 24, 29, 30, 33, 34, 39, 40, 42, 43, 44, 46, 50, 51, 52, 53, 54, 55, 57, 58, 64, 66, 68, 70, 72, 73, 74, 79, 85, 86, 89, 94, 96, 110, 113, 115, 120, 121, 122, 123, 124, 125, 127, 128, 129, 131, 132, 138, 142, 143, 144, 149, 153, 160, 161, 166, 182, 188, 194
Förderzentrum 18, 46, 53
Forschung, integrationspädagogische 24, 30, 35, 36, 37, 39, 42, 49, 90
Forschung, sonderpädagogische 24, 34, 50, 56, 66, 68, 71, 72, 73, 78, 89
Forschungsmethode 25, 26, 28, 60
Fortbildung 19, 30, 38, 46, 83, 159, 160
Freinet-Pädagogik 109, 132
Frontalunterricht 51, 131
Full inclusion 31, 33

G
Ganztagsschule 36, 112, 116, 118, 119, 120, 121, 122, 123, 124, 125, 127, 128, 129, 130, 187
Ganztagsschule, gebundene 112, 128, 129, 133

Sachregister

Gegenübertragung 18, 25, 110, 111, 145, 146, 151, 152, 180, 184
Gewalttat 92, 160, 169, 195
Grundschule, ganztägige 23, 116, 117, 118, 120, 121, 122, 123, 124, 125, 129, 131, 132, 133, 137, 138, 142
Grundschullehrer/-lehrerin 46, 47, 53, 86, 87, 153, 156, 157
Grundstörung 153

H

Handlungsstrategien, pädagogische 182, 192
Heimat 44, 61, 108, 109, 117, 132, 160, 187
Heterogenität 33, 37, 40, 41, 43, 44, 48, 73, 139, 140
Hilfe 20, 27, 33, 39, 42, 49, 64, 75, 77, 85, 98, 99, 102, 103, 114, 118, 119, 121, 125, 132, 139, 142, 143, 151, 153, 155, 156, 161, 167, 182, 184, 188, 194
Hilfs-Ich 18, 84, 132, 133, 142, 147, 167
Hilfsangebote 118, 139, 177
Hilfsschule 51, 57
Hyperaktivität 76, 80, 90, 98, 99, 100, 101, 103, 104, 105, 106

I

Ich 75, 84, 105, 133, 148, 155
Ich-Funktionen 84
Ich-Integration 131
Identifikation 17, 44, 80, 128, 130, 180
Imitation 80
Individualisierung 36, 94, 109, 132
Induktion 22, 25, 26, 27, 28, 113, 143, 144
Inklusive Pädagogik 31, 33, 37, 38, 40, 41, 42, 43, 48
Innovation 22, 90
Integration, soziale 20, 24, 44, 64, 88, 113, 115, 138, 144
Integrationsfachkonferenz 18
Integrationsklassen 29, 36, 49, 87
Integrative Pädagogik 21, 22, 33, 35, 37, 115, 169, 182, 183, 192
Intensivstraftäter 194
Interesse 18, 30, 45, 71, 73, 92, 93, 107, 108, 110, 111, 112, 129, 131, 147, 190
Interkulturelle Pädagogik 33, 36, 109, 132
Intervention 70, 74, 77, 81, 86, 173, 181, 182, 183, 192

J

Jugendhilfe 18, 20, 70, 73, 85, 86, 88, 94, 122, 126, 143, 144, 153, 160, 181, 184, 185, 192, 194
Jugendkriminalität 193, 194

K

Kinder, schwierige 18, 20, 23, 58, 70, 118, 125, 127, 128, 129, 130, 132, 133, 134, 144
Klassenlehrer/-lehrerin 19, 54, 116, 117, 118, 139, 151, 156, 157, 161, 162, 166, 188
Kleinklassen 54, 55, 68, 112
Koedukation 174
Kompensation 109, 146
Konfrontation 84, 178
Konfrontative Pädagogik 74, 82, 83, 84
Konstruktivismus 65, 73, 75
Kontrolltheorie 175
Konzentration 77, 79, 102, 105
Konzepte 17, 35, 44, 57, 84, 85, 110, 150, 169
Kooperation 18, 20, 36, 40, 41, 45, 46, 47, 49, 70, 73, 86, 88, 108, 113, 125, 127, 153, 157, 160, 166, 184, 189, 194
Kultusministerkonferenz 45, 52, 56, 62, 68, 69, 71, 87

L

Lage, soziale 61, 62, 63, 64
Learning disabilities 55, 57

Lebenslagen, soziale 20, 22, 23, 26, 49, 63, 67, 78, 88, 108, 109, 111, 112, 160, 183
Lehrer-Schüler-Beziehung 19, 22, 83, 85, 89, 110, 111, 112, 113, 125, 143, 145, 147, 149, 161, 175, 181, 182, 183, 191, 192
Lehrerberatung 83, 155
Leistungsbereitschaft 28, 133
Lernbeeinträchtigungen 16, 21, 30, 44, 50, 51, 52, 54, 55, 56, 57, 58, 59, 60, 61, 64, 65, 66
Lernbegleitung 132, 142
Lernbehindertenpädagogik 54, 56, 57, 58, 65
Lernen, soziales 80
Lerngruppe, temporäre 17, 19, 55, 74, 155, 156, 159, 166, 167
Lerngruppen, heterogene 17, 36, 37, 41, 44, 131, 133, 138, 160
Lernpsychologie 66, 74, 78, 83, 178
Lerntheorie 75, 80, 81
Lerntherapie 74
Lernwiderstände 110, 152
Lernzugang 18, 19, 21, 22, 23, 24, 28, 49, 61, 65, 66, 88, 90, 92, 93, 97, 98, 99, 106, 107, 108, 109, 110, 111, 112, 113, 114, 115, 132, 133, 139, 142, 143, 144, 146, 147, 149, 159, 167, 180, 181, 182, 189, 191, 192, 193
Lesekompetenz 64
Life-Space-Interview 75
Life-Space-Konfliktlösungsintervention 85

M
Mainstreaming 33, 70
Medienpädagogik 21, 92, 93
Mehrpersonensetting 132, 133, 142
Mehrperspektivität 65
Migrationshintergrund 64
Modell- und Beobachtungslernen 80

N
Netzwerk 96, 100, 182, 185
Neugier 92, 108, 140
Nichtaussonderung 35

O
Ohnmacht 119, 193, 194
Ordnung 137, 150, 152
Organisationsstrukturen 44, 61, 70, 86, 88, 112, 137
Ort, sozialer 23, 89, 104, 112, 132, 133, 160, 182, 184, 185, 191, 192

P
Pädagogik bei Verhaltensstörungen 71
Pädagogik der Vielfalt 33, 36, 42, 43, 48, 109, 131
Pädagogik für Erziehungshilfe 71, 73
Peergroup 91, 94, 95, 119, 154, 178
PISA 36, 59, 63, 101, 113, 160
Prävention 74, 75, 78, 183, 192, 194
Praxisfelder 22, 23, 115
Primarstufe 22, 24, 49, 54, 55, 65, 70, 90, 107, 108, 112, 113, 114
Produktives Lernen 181, 190, 191
Projekt „Übergang" 17, 18, 19, 20, 23, 25, 26, 88, 110, 111, 113, 138, 143, 146, 149, 153, 155, 159, 161, 166, 167, 194
Psychoanalyse 75, 84, 108, 112, 145, 178, 179
Psychoanalytische Pädagogik 18, 84, 179
Psychostimulanzien 77, 78

Q
Qualifikationen für Lehrer in heterogenen Lerngruppen 18, 22, 114, 159

R
Raum, intermediärer 149
Raum, sozialer 22, 23, 24, 45, 107, 108, 112, 114, 115
REBUS 69, 70, 71, 88, 153, 180
Reform 15, 44, 48, 52, 73, 98, 112, 120, 123, 194

Reformpädagogik 123, 124, 190
Regeln 81, 119, 157
Rehabilitationspädagogik 50
Responsible inclusion 31
Rhythmisierung 124, 125, 127, 129, 133, 137
Rückkopplungsprozess 150

S
Sanktionen 83, 177
Scheitern 21, 23, 24, 64, 90, 98, 101, 102, 104, 106, 107, 115, 193
Schulabstinenz 170
Schulanfang 15, 24, 39, 40, 43, 44, 45, 46, 52, 58, 63, 66, 70, 74, 78, 112, 119, 130
Schulbesuch 19, 50, 61, 63, 101, 161, 162, 177, 180, 183, 184, 187
Schuldistanz 23, 168, 169, 170, 172, 173, 174, 175, 176, 177, 178, 179, 180, 181, 182, 183, 184, 189, 190, 191, 192, 193, 194
Schule, allgemein bildende 68, 69, 98, 108, 182
Schule für alle 15, 36, 43, 49, 89, 160, 183, 192
Schule für Erziehungshilfe 15, 17, 59, 60, 68, 69, 78, 122, 168, 172, 183
Schule für Lernbehinderte 26, 52, 53, 54, 59, 60, 61, 103, 144, 186
Schuleingangsphase 39, 40
Schüler-Schüler-Beziehung 19, 150
Schülerbüro 156, 157
Schülerpopulation 55, 62, 63
Schulleistungen 19, 20, 35, 49, 61, 64, 69, 113, 161, 162
Schulpädagogik 41, 108, 169
Schulpsychologie 46, 169, 181
Schulschwänzen 170, 173, 174, 176, 178, 179, 180, 184
Schulverweigererprojekte 181, 182, 183, 184, 191
Segregation 33, 125, 175, 181
Sekundarstufe I 23, 127, 168, 181, 182, 183, 184, 189, 190, 192

Selbstinstruktion 79, 80
Setting 18, 22, 66, 74, 75, 84, 108, 110, 111, 113, 125, 142, 143, 144, 145, 146, 147, 149, 150, 152, 159, 167
Situationsansatz 45, 62, 109, 110, 132
Sonderpädagoge/-in 38, 46, 53, 54, 58, 70, 151, 155, 156
Sonderpädagogik 21, 33, 34, 38, 41, 42, 46, 47, 52, 53, 56, 57, 58, 65, 70, 72, 169, 177
Sonderschullehrer/-lehrerin 20, 29, 36, 40, 45, 46, 47, 48, 53, 54, 55, 60, 65, 86, 87, 150, 156, 157
Sozialarbeiter/-in 83, 125, 182, 187, 188, 189, 191, 192
Sozialisation 45, 94, 104, 105, 153, 160
Sozialisationsforschung 24, 26, 108, 109, 112
Sozialpädagoge/-in 40, 160, 170, 183, 184, 189, 191
Sozialstruktur 58, 61
Sozialverhalten 44, 49, 58, 59, 60, 61, 74, 179
Sprache 53, 117, 119, 126, 172
Stadt als Schule 181, 190
Stigmatisierung 122, 175
Straf- oder Gewalttaten 169
Straftaten 174, 193, 194
Strafvollzug 74
Strukturen, innovative 22, 24, 49, 90, 107, 108, 113, 115
Subjekt 22, 23, 24, 92, 93, 107, 108, 110, 111, 114, 115, 149
Supervision 25, 87, 111, 113, 131, 132, 133, 154, 184
Symbolischer Interaktionismus 74, 89
Systeme, soziale 114, 137
Szenisches Verstehen 25

T
Tätigkeitstheorie 178, 190
Teams, multiprofessionelle 125, 133
Teilhabefähigkeit 90, 93, 96, 193
Themenzentrierte Interaktion 75
Trainingsprogramme 74, 77, 78, 174

Trennungsangst 147, 179, 181
Triade 149
Triangulierung 151
Truancy 173, 174

U
Über-Ich 84, 105, 181
Übergangsklasse 17, 18, 155, 156, 157, 158, 159, 167
Übergangsobjekt 144, 147, 148, 149, 151, 152, 156
Übergangsraum 149, 150, 151, 156, 167
Übergangsthema 157
Übertragung 28, 110, 111, 112, 131, 145, 146, 147, 151
Übertragungs-Gegenübertragungsgeschehen 25
Uckermark-Grundschule 29, 34
Umweltfaktoren 180
Unruhe, motorische 99, 101, 103, 104, 105, 134
Unterricht, offener 20, 49
Unterrichtsstörung 84, 147
Unterrichtung, geschlechtsspezifische 174
Urvertrauen 100

V
Verdrängung 63, 106
Verhalten, schulvermeidendes 175
Verhaltensgestörtenpädagogik 71, 72, 83, 85
Verhaltensmodifikation 81
Verhaltensmuster, unterrichtsvermeidende 180
Verhaltensstörung 56, 57, 59, 60, 68, 69, 71, 72, 75, 84, 93, 98, 106, 110, 144, 146, 149, 153, 160, 172
Verhaltenstherapie 70, 74, 77, 81
Verhaltensweisen, aggressive 18, 71, 146
Verlässliche Halbtagsgrundschule 112, 125
Vernetzung 18, 20, 70, 91, 96, 166
Verursachungstheorie, multifaktorelle 51
Vorschulalter 39

W
Werbellinsee-Grundschule 17, 18, 140, 161, 162
Werkpraktisches Arbeiten 182
Werkstatttage 182, 190, 191, 192
Wiederholung 15, 146
Wochenplan 131, 138, 156, 157

Z
Zugang 21, 22, 23, 24, 26, 27, 30, 32, 40, 41, 42, 45, 48, 49, 58, 66, 70, 85, 89, 90, 91, 92, 93, 95, 96, 97, 98, 101, 102, 106, 107, 108, 112, 113, 115, 120, 131, 132, 133, 139, 144, 145, 149, 167, 168, 169, 172, 193
Zusammenarbeit, multiprofessionelle 42, 47, 87, 125, 126, 131, 153

MIX
Papier aus verantwortungsvollen Quellen
Paper from responsible sources
FSC® C105338

If you have any concerns about our products,
you can contact us on
ProductSafety@springernature.com

In case Publisher is established outside the EU,
the EU authorized representative is:
Springer Nature Customer Service Center GmbH
Europaplatz 3, 69115 Heidelberg, Germany

Printed by Libri Plureos GmbH
in Hamburg, Germany